D1928274

Jörg Zittlau

NERDS

Jörg Zittlau

NERDS

Wo eine Brille ist, ist auch ein Weg

List

List ist ein Verlag
der Ullstein Buchverlage GmbH

ISBN 978-3-471-35069-0

© 2011 by Ullstein Buchverlage GmbH, Berlin
Alle Rechte vorbehalten
Gesetzt aus der Scala
Satz: Pinkuin Satz und Datentechnik, Berlin
Druck und Bindearbeiten: CPI – Clausen & Bosse, Leck
Printed in Germany

Inhalt

All by myself, all by myself
I don't need nobody help me, I can do it all by myself

Big Bill Broonzy (1898–1958, Blues-Musiker)

*M*ächtig abgedreht!
Ein Vorwort

»Nerds? Sind das nicht die armen Tiere, denen immer das Fell abgezogen wird?« Meine Mutter verstand nicht, worum es in dem neuen Buch ihres Sohnes gehen sollte. Wahrscheinlich ein Generationenproblem, dachte ich. Immerhin ist sie schon über 80. Ich setzte noch einmal zu einer Erklärung an, und diesmal legte ich mehr Wert auf die Aussprache: »Nein, nicht der Nerz. *Nöhrds*! (wobei ich das *r* nur ganz leicht anrollte). Das sind die Freaks mit den dicken Brillen und fettigen Haaren, immer gut für einen einstündigen Vortrag über irgendein abseitiges Thema, das niemanden interessiert. Nerds eben. Ihr hattet in eurer Schule bestimmt auch welche.«

Meine Mutter überlegte eine Weile, dann antwortete sie: »Nein, so etwas gab es bei uns nicht.«

Vielleicht hatte sie sogar recht. Sie ging im Dritten Reich zur Schule, und zu dieser Zeit hatten Nerds keine Chance, weil sie ganz und gar nicht der Blond-und-Blauäugig-Ideologie vom kollektiv zupackenden Herrenmenschen entsprachen. Kann man sich einen echten Nerd vorstellen, der als HJ-Bursche durch den Bayerischen Wald stapft und dabei lauthals »Hört ihr die Trommel schlagen« singt? Wohl kaum. In der Nazi-Zeit musste sich der Nerd in der Schule möglichst unauffällig verhalten, um danach vielleicht irgendwo in den Entwicklungszentren der Waffen- und Chemieindustrie einen Unterschlupf zu finden. Oder aber ins Exil gehen.

Denn Nerds können nur dort gedeihen, wo man ihre Eigenarten duldet und nicht gewaltsam glatt zu bürsten versucht. Sie sind deswegen so etwas wie ein Indikator für den Grad der Meinungsfreiheit und Entfaltungsmöglichkeit des Individuums: Eine Gesellschaft ist umso liberaler, je unverstellter Nerds sich in ihr zeigen können. Die Geschichte der Nerds ist daher ähnlich wechselhaft – und genauso spannend – wie die Geschichte der Freiheit.

Womit wir bei einer Kernthese dieses Buches sind: Der Nerd hat eine lange Geschichte. Er ist keine bloße Erscheinung des Computerzeitalters mit seinen Horden von Wikipedianern und Hackern, und er existiert auch nicht erst seit den 1950er Jahren, als der Begriff im Sinne von »Trottel«, »Spinner«, »Streber« und »Fachidiot« auf die Welt kam. Den Nerd gibt es schon viel länger, wahrscheinlich sogar schon so lange, wie es den Homo sapiens gibt. Entfalten konnte er sich jedoch erst in dem Augenblick, als sich der Mensch von seinem primitiven, auf bloßen Lebens- und Arterhalt abzielenden Jäger- und Sammlerdasein verabschiedete und den verpeilten Mitgliedern in seinen Reihen genug Raum für ihre – auf den ersten Blick sinnlosen – Spinnereien ließ. Besonders häufig taucht er in den verhältnismäßig friedlichen und produktiven Epochen der Weltgeschichte auf.

Die erste große Blütezeit der Nerds ist daher im antiken Griechenland zu beobachten, in dem das Individuum sich erstmals in seiner ganzen Einzigartigkeit artikulieren und entfalten durfte. Die Athener, Ionier und Makedonen verstanden zwar auch nicht immer, was Thales, Heraklit, Archimedes, Aristoteles und die anderen Nerds eigentlich sagen wollten, aber man ließ sie gewähren. Oft bewunderte man sie sogar. So wurde Diogenes schon zu Lebzeiten als echter –

wenn auch etwas seltsamer – Heros verehrt, weil er keine Angst hatte, sich mit den Mächtigen seiner Zeit anzulegen. Legendär ist sein Dialog mit Alexander dem Großen, den er kurzerhand aus der Sonne scheuchte. Die mutige Konfrontation des schmächtigen, aber klugen Nerds mit dem mächtigen makedonischen Testosteronbrocken taugt bis heute für große Dramen. Man denke nur an die Auseinandersetzung des *Facebook*-Gründers Mark Zuckerberg mit den gegnerischen Anwälten im Film *The Social Network*. Als ihn einer der Advokaten mit langatmigen Erklärungen und frechen Forderungen zutextete, schaute er desinteressiert aus dem Fenster und sagte: »Es hat angefangen zu regnen.« Worauf ihn der verdutzte Anwalt fragte: »Mister Zuckerberg, habe ich noch Ihre volle Aufmerksamkeit?« – »Nein.« – »Glauben Sie, ich verdiene sie?« – »Nein.«

Ein Nerd kuscht nicht vor den Großen und Wichtigen. Er hat Besseres zu tun, als sich auf irgendwelche Scharmützel mit ihnen einzulassen – und wenn das nur heißt, den Regen zu beobachten oder sich in der Sonne zu aalen. Es ist etwas Edles und Erhabenes in ihm, das man erst auf den zweiten oder dritten Blick wahrnimmt. Der klassische Adel musste immer seine Wichtigkeit herausstellen, etwa durch Kleidung, Prunk und Gewalt. In Management und Politik findet man ähnliche Verhaltensweisen noch heute. Der Nerd hat so etwas nicht nötig. Er ist etwas Besonderes, weil er auf seinem Gebiet, und mag es noch so abseitig sein, unfassbar viel besser ist als fast alle anderen Menschen auf der Welt. Der Rest ist Unscheinbarkeit.

Nichtsdestoweniger ist die Geschichte des Nerds vom antiken Griechenland bis heute gekennzeichnet von einem unruhigen Auf und Ab. Im weitgehend militaristischen Rom ging er unter, in den Klöstern blühte er wieder auf, um dann zu Zeiten der Inquisition oft eingekerkert und gefoltert zu werden. Mit der Aufklärung und dem Aufkommen der Wissenschaften kehrte er abermals zurück, um sich später unter Stalin und Hitler entweder zu verstecken oder aber eine Nische in deren Vernichtungsprogramm zu suchen. So zeigen Josef Mengele und Adolf Eichmann eindrucksvoll, wie ein Nerd aufgrund seiner Akribie und seiner permanenten Suche nach klaren Strukturen und Lösungen auch dem Bösen anheimfallen kann – solange es nur systematisch genug vorgeht.

Während der US-amerikanischen McCarthy-Ära und ihrer Anti-Intellektuellen-Politik verschwanden die Nerds dann wieder nahezu vollständig in der Versenkung. Doch dann kamen die Computer und damit wohl die bisher größte Epoche der Nerds. Sie stehen derzeit so hoch im Kurs, dass man sogar von einem »Hype« sprechen kann. Die Eingabe von »Nerd« führt mittlerweile bei *Google* zu fast 115 Millionen Treffern (Stand: August 2011), die Medien führen den Begriff wie selbstverständlich im Repertoire, und man bekommt sogar T-Shirts, Brillen, Schuhe, Gürtelschnallen, Hosen und andere Accessoires im Nerd-Style. Barack Obama traf sich unlängst mit Bill Gates (*Microsoft*), Steve Jobs (*Apple)*, Eric Schmidt (*Google*) und Mark Zuckerberg (*Facebook*), weil er weiß, dass er an diesen Giganten der Computer- und Internetbranche nicht mehr vorbei kommt, wenn er ernsthaft Politik machen will. Sein Verteidigungsministerium holte Anfang 2010 sogar den berüchtigten Hacker Peiter »Mudge« Zatko ins Boot zwecks Erhöhung der Computersicherheit. Vorbei sind die Zeiten, als nur die braungebrannten Lobbyisten der Waffen-, Öl- und Autoindustrie dem US-Präsidenten das Zepter hielten. Heute wandeln auch ausgebleichte Stubenhocker mit dicken Brillen durchs Weiße Haus oder durchs Pentagon, die zwanzig Jahre zuvor dort nicht einmal den Boden hätten wischen dürfen.

Der Einlass der Nerds in die Etagen der Macht birgt natürlich das Risiko, dass sie geschliffen werden und ihnen ihr prinzipiell anarchischer Wesenszug verlorengeht. Man sollte es nicht verschweigen: Nerds, die sich der dunklen Seite der Macht verschrieben haben, können enormen Schaden anrichten und verwandeln sich schlimmstenfalls – wie etwa im Dritten Reich – in inhumane Technokraten. Aber derzeit ist diese Gefahr nicht akut. Bei Internet-Plattformen wie *WikiLeaks*, *OpenLeaks* und *GuttenPlag* gibt es noch genug Nerds, die das Establishment von einer Verlegenheit in die nächste stürzen. Als sich im Herbst 2009 das chinesische Verteidigungsministerium mit einer neuen Website präsentierte, wurde sie bereits in den ersten drei Monaten 2,3 Millionen Mal attackiert, und im November 2010 übernahm eine Hacker-Fraktion die Gestaltung der Homepage des *Deutschen Atomforums*: Statt des üblichen Auftritts der Atomlobby sah man die aus der Anti-Atombewegung bekannte rote Sonne mit Streichholz in der Hand sowie einen brennenden Computer und den Slogan »Kernenergie – So sicher wie diese Website«. Und im März/April 2011 musste die Homepage der *Bundesfinanzagentur* vom Netz genommen werden, weil man auf ihr unerwünschte Datenbewegungen entdeckt hatte.

Die Berufung des Nerds liegt im Subversiven, Kreativen. Sie sind Agenten des Wandels und des Fortschritts. Die Ausübung von Macht im Dienste des Status quo ist ihnen genauso wesensfremd wie eine gute Frisur.

Außerdem zeigt die Geschichte, dass sich Nerds prinzipiell alle Betätigungsfelder erschließen können. Der Vorwurf, sie interessierten sich nur für Mathematik, Naturwissenschaften und Informatik, ist ohnehin ein Vorurteil. So hatte Friedrich Nietzsche relativ wenig Ahnung von Physik und Mathematik, doch in seiner Besessenheit für Musik,

Philosophie und altgriechische Kultur sowie seinen Problemen mit den Mitmenschen (vor allem mit den Frauen) war er ein Nerd par excellence. Albert Einstein wiederum interessierte sich nicht nur für Physik, sondern auch für Musik und Politik – und für Frauen, mit denen er allerdings auch nicht klarkam. Die Künste sind spätestens seit Michelangelo vom Nerdtum infiziert, und die Musik geriet durch große Sinfonienschreiber wie Mozart und Beethoven unter seinen Einfluss.

Derzeit schreiben die Medien sogar Fußballer wie Arjen Robben in den Nerd-Olymp hinein, doch diesem Trend wollen wir nicht unbedingt folgen. Mag sein, dass der holländische Dribbelkönig auf dem Platz in seinem eigenen Tunnel wirbelt und die Schiedsrichterbeschimpfungen (»Du Vollpfosten«) auf sein Problem mit Autoritäten zurückzuführen sind. Doch nicht jeder, der von einer Sache besessen ist und dabei die Menschen um sich herum vergisst, wird dadurch automatisch zum Nerd. Im Kapitel *Anatomie und Psychologie des gemeinen Nerds* werden wir sehen, dass Attribute wie analytische und leidenschaftslose Intelligenz sowie eine prinzipielle Körperfeindlichkeit und die Indifferenz gegenüber Geld und Besitz ganz wesentliche Kriterien sind – also Eigenschaften, die man im Fußballgeschäft eher selten antrifft.

Allerdings ist es den Nerds gelungen, den Tempel aller Eitelkeiten einzunehmen: die Modebranche. Womit weniger die erwähnten Accessoires gemeint sind, sondern eher die Riege der Mode-Ikonen und Fashion-Blogger. Am bekanntesten ist die erst 1996 geborene Amerikanerin Tavi Gevinson. Sie beschreibt sich selbst als »hübsch wie eine nasse Ratte« und als dünnen »Dork« (die dümmere Variante eines Nerds), der meist drinnen sitze und »peinliche Jacken und hübsche Hüte« trage. Was eine ziemliche Untertreibung und irgendwie auch eine Verdrehung der Tatsachen ist, denn in Wahrheit sind ihre Jacken schrill und ihre Hüte absurd, und wenn man dann noch ihre riesigen Brillen, die grau gefärbten Haare und die Schultern betrachtet, die nicht viel breiter sind als ihr Kopf, wirkt Tavi wie eine Mischung aus einem Papageitaucher und einem Brillenäffchen. Sie könnte einer Liaison von Julian Assange und Andy Warhol entsprungen sein. In jedem Falle sorgt sie mit ihrem Internet-Blog (www.thestylerookie.com), auf dem sie schon als Elfjährige über die etablierte Mode-Szene spottete und ihrerseits neue Fashion-Linien entwarf, für Aufsehen. Die Designerschwestern Kate und Laura Mulleavy von *Rodarte* stehen mit ihr in Kontakt, und sie wird regelmäßig auf die New Yorker Modeschauen eingeladen. Dort sitzt sie in der ersten Reihe – wo sonst Madonna und Victoria Beckham zu sehen sind. Was einige Mitglieder der Mode-Szene für lustig und erfrischend halten, andere eher für ärgerlich. So zeterte Anna Wintour, die Chefin von *Vogue*: »Wir haben den Eindruck, dass viele der Neuankömmlinge in dieser Welt nicht ganz das Verständnis für Mode und nicht ganz die Erfahrung haben, die sie haben sollten.« Wahrscheinlich aber war sie nur sauer, dass Tavi auf ihrem Blog gespottet hatte, in den USA gebe es kaum interessante Modemagazine ...

Das »gemeine Mode-Volk« scheint sich ohnehin sein eigenes Urteil über diese Frage gebildet zu haben. Tavis Anhängerschar geht mittlerweile in die Millionen, während die *Vogue* Jahr für Jahr bröckelnde Einnahmen im Anzeigengeschäft hinnehmen muss, obwohl die Hochglanz-Zeitschrift ihre Modebilder mit hochkarätigen Models und Fotografen produziert, während die Nerd-Konkurrenz ihre Kreationen oft nur mit einer Handykamera ablichtet.

Die Szene ist also in Bewegung. Wenn die Nerds bereits in der Modebranche angekommen sind, darf man gespannt sein, was als Nächstes kommt. Es wäre schon witzig, wenn im Bundestag demnächst ein pickliger Mittzwanziger in Kapuzenpullover und Adiletten über die Außenpolitik in Afghanistan referieren würde. In jedem Fall hat sich bereits so viel getan, dass jetzt auch meine Mutter in einer Zeitschrift auf den Nerd gestoßen ist. Es war vermutlich eine Frauenzeitschrift, denn der Nerd wurde als unappetitlich, unsexy und schlichtweg unmöglich (»Geht ja gar nicht«) beschrieben. »Ich weiß jetzt, was ein Nerd ist«, sagte meine Mutter neulich. »Scheint ja ein ganz schöner Stubenhocker zu sein. Kann man über solche Leute überhaupt ein Buch schreiben?«

Man kann.

Von der Höhlenzeichnung zur Atombombe
Eine kleine Weltgeschichte des Nerds

Generell muss man bei den Nerds zwischen zwei Geschichten unterscheiden: die des Begriffs, den es vermutlich erst seit den 1950er Jahren gibt, und die des Typen, der schon sehr lange existiert. »Es hat in der Menschheitsgeschichte schon immer Nerds gegeben«, erklärt Medienwissenschaftler Mathias Mertens von der Universität Hildesheim, »so wie es zu allen Zeiten auch Dandys und Yuppies gegeben hat.«

Der Begriff »Dandy« kam Mitte des 18. Jahrhunderts auf, Anfang des 19. Jahrhunderts setzte er sich dann im allgemeinen Sprachgebrauch durch. »Während die anderen sich kleiden, um zu leben, lebt der Dandy, um sich zu kleiden«, schrieb der schottische Historiker Thomas Carlyle. Doch seinen Typus gibt es schon viel länger. Bereits in der Antike gab es eitle Selbstdarsteller, die durch ihr edles und extravagantes Outfit herausstachen, und genauso verhält es sich mit dem Nerd: Die Geschichte des Phänomens ist um vieles älter als die des Begriffs.

Vermutlich gab es schon in prähistorischen Zeiten Nerds, die der Jagd nicht besonders zugetan waren und lieber Sternbilder an die Wand malten oder Käfer sammelten und systematisch ordneten. Nur hatte man damals kein Verständnis für jemanden, der seine Zeit mit überflüssigen Dingen vergeudete, anstatt sich sinnvoll und arterhaltend den Bedürfnissen der Gruppe unterzuordnen. Die frühen Nerds wurden wahrscheinlich entweder zu sinnvoller Arbeit gezwungen oder aber einfach bei den Wanderungen des Stammes zurückgelassen. Denn im harten Überlebenskampf konnte und wollte man sich nicht erlauben, einen verpeilten Spinner mitzuschleppen.

In Erscheinung traten die Nerds erst in den frühen Hochkulturen, vor allem im antiken Griechenland. Hier waren Meinungsfreiheit und Toleranz etabliert genug, um auch schräge Vögel singen zu lassen, und da die trivialen Tätigkeiten des Lebens durch Sklaven erledigt wurden, konnte es sich die Gesellschaft auch leisten, die Sonderlinge durchzufüttern. Es verwundert daher nicht, dass zu dieser Zeit die Nerds regelrecht aus dem Boden schossen und die Kulturgeschichte um schräge Typen wie Thales von Milet, den Kyniker Diogenes, Heraklit »den Dunklen« und viele andere bereichert wurde.

Danach wurde es vorerst still um die Nerds. Im militaristischen Rom hatte man keine Verwendung für sie. Selbst zur Teilnahme an Orgien taugten sie vermutlich nicht, weil sie es damals wie heute gemeinhin weder mit dem Alkohol noch mit den Frauen hatten. Mit den Klöstern kehrten sie jedoch zurück. Die dortige Abgeschiedenheit bot ihnen genug Freiraum und Ruhe, um sich entfalten zu können. Die Nerds des Mittelalters waren daher vor allem Kloster-Nerds, wie etwa Anselm von Canterbury, Albertus Magnus (dem die Erfindung eines sprechenden und denkenden Roboters nachgesagt wurde) oder Thomas von Aquin.

Als aber immer mehr Klöster die Pforten schließen mussten, war die Zeit der Nerds erst einmal wieder vorbei. In der frühen Neuzeit fristeten sie fortan ein tristes Dasein als Dorftrottel oder mussten sogar damit rechnen, als Hexer gefoltert und verbrannt zu werden.

Die nächste Nerd-Blüte kam mit der Renaissance und der Wiederkehr antiker Ideale im 15. und 16. Jahrhundert. Nun endlich konnten wieder schräge und verkopfte Typen die öffentliche Bühne betreten, etwa Niccolò Machiavelli (1469–1527). Sein Biograph Pasquale Villari beschrieb ihn folgendermaßen: »... mager, mit sehr lebhaften Augen, einem etwas kleinen Kopf, einer leicht gebogenen Nase, einem stets zusammengepressten Mund: Alles hatte bei ihm den Eindruck eines sehr gewandten Beobachters und eines Denkers, doch nicht eines achtungsgebietenden und auf andere einwirkenden Mannes. Er konnte sich nicht leicht von seinem Sarkasmus frei machen, der immerfort um seine Lippen spielte, aus seinen Augen sprühte und ihm den Anschein eines berechnenden und nüchternen Kopfes gab.« Den hochintelligenten, sachlichen und sarkastischen Machiavelli mit seinem schmächtigen Körper könnte man sich heute durchaus als Gründer einer Internet-Plattform vorstellen. Der Titel seiner Site wäre vermutlich www.be-locked-and-formidable.it (Sei verschlossen und gefürchtet), eine Art Gegenentwurf zu *WikiLeaks*.

In der Kunst kam die Zeit der großen Genies wie etwa Michelangelo, Albert Dürer und Leonardo da Vinci, die alle drei recht deutliche Züge eines Nerds trugen. Michelangelo (1475–1564) wird mittlerweile sogar eine ausgeprägte Asperger-Symptomatik nachgesagt, er soll also jene gemäßigte Variante des Autismus gehabt haben, die als beste Voraussetzung für eine Nerd-Karriere gelten darf.

Der nächste Nerd-Hype kam mit den großen Philosophen des 18. und 19. Jahrhunderts sowie mit dem Aufstieg der modernen Naturwissenschaften. Beide Wissenszweige wollten der Welt – entweder durch ausgeklügelte Systeme oder aber durch Fakten, Zahlen, Formeln und physikalische Gesetze – eine verbindliche Struktur aufdrücken, und so etwas trifft sich ziemlich exakt mit den entscheidenden Wesenszügen eines Nerds. Georg Wilhelm Friedrich Hegel (1770–1831) ging sogar so weit, dass er den Verlauf der Weltgeschichte mit seinem eigenen philosophischen System für beendet erklärte. Es ist daher kein Zufall, dass dieser verkopfte, grantige, nuschelnde, sich ständig räuspernde Philosoph, den lange Zeit keine Universität als Lehrer haben wollte, geradezu das Paradebeispiel eines Nerds darstellt.

Interessant ist, dass zu jener Zeit auch die Musik immer systematischer, strukturierter und bombastischer wurde. Das 17. und 18. Jahrhundert wurden zur Epoche der großen Opern und Sinfonien und damit auch zum Zeitalter von Musik-Nerds wie Mozart, Bruckner, Schumann und Beethoven.

Das martialische Getöse des Ersten und Zweiten Weltkriegs erstickte die Nerdhaftigkeit dagegen schon im Keim. Vom Idealtyp des starken, testosterongeleiteten Mannes, der zu diesen Zeiten gefordert war, ist der typische Nerd meilenweit entfernt. Faschismus und Kommunismus sorgten zudem in Europa für ein denkbar ungünstiges gesellschaftliches Klima, so dass sich die Neue Welt als Refugium für absonderliche Charaktere anbot. Viele Nerds gingen daher ins Exil nach Amerika und legten mit ihren vielfältigen Begabungen die Grundlage für die kulturelle Hegemonie der USA im 20. Jahrhundert.

Nach dem Zweiten Weltkrieg war es dann endlich so weit: Der Nerd wurde auf den Begriff gebracht. Wo der allerdings genau herkam, steht nicht fest. Eine mögliche Herkunftsgeschichte geht so: 1950 veröffentlichte der US-amerikanische Cartoonist und Autor Theodor Seuss Geisel ein Buch namens *If I ran the zoo,* in dem er darüber sprach, von seiner Reise »a Nerkle, a Nerd and a Seersucker« für seinen imaginären Zoo mitzubringen. Doch hier war der Nerd eigentlich nur eine der vielen abstrusen Wortschöpfungen, denen sich Seuss gerne bediente. Nichtsdestoweniger schnappte die *Newsweek* den Begriff ein Jahr später auf, um ihn als Synonym für einen *Square* zu verwenden. *Pulp Fiction*-Fans und Leser der Beat-Legende Jack Kerouac werden es wissen: *Square* ist eine spießige und langweilige Person, die keine Risiken eingeht und ziemlich verbohrt ist.

Andere Theorien besagen, dass *Nerd* ursprünglich *Knurd* geschrieben wurde, die Umkehrform von *Drunk*. Der Begriff soll sich auf College-Studenten bezogen haben, die sich lieber ihren Studien widmeten, anstatt zu feiern und zu trinken, und später soll dann aus *Knurd* der phonetisch ähnliche *Nerd* geworden sein.

Überzeugend klingt aber auch die Theorie, wonach der Begriff eine Abkürzung von *Northern Electric Research and Development* (heute *Nortel Networks*) gewesen sei. Die Angestellten des Unternehmens – man darf sie sich mit dicken Brillen und einem Phasenprüfer in der Brusttasche vorstellen – sollen demnach den Kürzel N.E.R.D auf ihren Monturen getragen haben, und im Laufe der Zeit seien die in technischer Hinsicht patenten Jungs eben geradezu sprichwörtlich geworden.

Ein anderer Erklärungsvorschlag lautet, *Nerd* sei ein Akronym für *Non Emotionally Responding Dude*. Das passt zu einem der wesentlichen Charakterzüge des Nerds – seiner emotionalen Distanziertheit – und klingt daher logisch und nachvollziehbar, zumal in den letzten Jahren zahlreiche ähnliche Abkürzungen für moderne Sozialtypen ins Leben gerufen worden sind. Man denke nur an den *Dink* als Abkürzung für *Double Income No Kids* oder die *Lohas* für *Lifestyles of Health and Sustainability*.

Doch egal, wo der Begriff nun herkommt, mit dem Aufkommen der Personal Computer ab den 70er Jahren war der Siegeszug des Nerds nicht mehr aufzuhalten. Denn die Welt der Computer erwies sich schnell als seine natürliche Biosphäre, in der er aufblühen und gedeihen konnte. Wobei man klar festhalten muss: Nicht der Computer produzierte den Nerd – denn der war schon längst da –, vielmehr fand der Nerd in der elektronischen Rechenmaschine endlich den perfekten Gesprächspartner. »Nicht der Computer hat die Nerds hervorgebracht«, erläutert auch Medienwissenschaftler Mertens, »vielmehr hat er so viele Nerds angezogen, dass man sie als Typus überhaupt erkennen konnte und in metonymischer Verwechslung den Computer als die Ursache verstand.«

Bis vor kurzem war der Begriff *Nerd* noch eindeutig negativ besetzt. Man sah in ihm das picklige, stinkende, fetthaarige und unattraktive Bleichgesicht, das sich zwar in der Welt der Bits und Bytes auskannte, dafür aber beim Sport ständig den Ball auf die Nase bekam und bei den Mädchen keine Chance hatte. »Vor einem Jahr hörte ich erstmals das Wort Nerd«, schrieb Max Goldt 1998 in seinem Buch *Mind-Boggling*. »Von einer Amerikanerin erfuhr ich, dass man während ihrer High-School-Zeit vor zwanzig Jahren zuerst kein passendes Wort für diese bei den Studentinnen weniger beliebten Kommilitonen gekannt habe, aber plötzlich wäre Nerd aufgetaucht und alle wären für dieses dringend benötigte Wort dankbar gewesen wie für einen lang ersehnten Regenschauer.«

Der Physiker und Autor Carl Sagan interviewte Anfang der 1990er eine Schülerin, und ihr Urteil über die Nerds klang geradezu vernichtend: »Diese Spinner tragen ihren Gürtel direkt unter dem Brustkorb. Sie tragen kurzärmelige Hemden mit Brusttaschen, in denen eine beachtliche Zahl von Vierfarb- und Bleistiften steckt. In einer speziellen Gürteltasche tragen sie einen programmierbaren Taschenrechner. Alle haben eine dicke Brille mit zerbrochenem Nasenflügel, der mit Heftpflaster geflickt ist. Ihnen fehlt jeder gesellschaftliche Schliff, und dieser Mangel ist ihnen nicht bewusst, oder er ist ihnen egal. Wenn sie lachen, geben sie schnaubende Geräusche von sich. Sie quasseln in einer unverständlichen Sprache miteinander … Sie schauen auf normale Menschen herab, die sie wiederum auslachen … Es gibt unter diesen Spinnern mehr Jungen als Mädchen, aber von beiden genug. Sie gehen nie mit einem Mädchen (oder Jungen) aus. Du kannst eben nicht cool sein, wenn du ein Spinner bist.«

Tja, so war das damals in den Neunzigern. Aber der Wind hat sich gedreht. Seitdem nämlich Nerds wie Bill Gates, Steve Wozniak, Steve Jobs, Julian Assange und Mark Zuckerberg der Welt ihren Stempel aufgedrückt haben und praktisch jeder froh ist, wenn er einen Nerd in seinem Bekanntenkreis hat, der ihm nach dem Totalabsturz den Computer wieder zum Laufen bringt, geht es mit dem Image dieser Spezies deutlich bergauf. Der *FAZ*-Herausgeber Frank Schirrmacher analysiert treffend, die Nerds hätten »die Gesellschaft längst geentert«, weil sie die Einzigen seien, die das digitale Herz der Gesellschaft verstünden. Als Beispiel einer typischen Nerd-Karriere dient ihm Charles Simonyi, der Erfinder von *Word*, dem einflussreichsten Textverarbeitungsprogramm aller Zeiten. Als Vierjähriger spielte der kleine Charles, noch im kommunistischen Ungarn, in der seinerzeit begehbaren Zentraleinheit des Computers, den sein Vater bediente. Mit zehn schrieb er seine ersten Programme, mit 18 ging er in die USA, wo er sich tagsüber als Privatlehrer durchschlug und die Nächte am IBM-Rechner verbrachte. Als 31-Jähriger traf er Bill Gates, für den er neben *Word* auch noch *Excel* entwickelte, wobei er beiden Programmen winzige Gedenktafeln einpflanzte, auf denen er sich selbst – »The Hungarian« – als Urheber verewigte. Im April 2007, mittlerweile Milliardär, ließ sich Simonyi auf eigene Kosten ins Weltall schießen. Er erntete dafür zwar auch verständnisloses Kopfschütteln, doch für den bekennenden Jules-Verne- und *Star-Wars*-Fan schloss sich damit nur ein Kreis, der ihn aus den Katakomben der ersten Computer über *Microsoft* und das Zentrum der Weltherrschaft (welcher Windows- und Office-User würde daran zweifeln …?) in die Weiten des Alls katapultierte, um so einen Kindheitstraum wahr werden zu lassen. »Das ist sozusagen der Nerd in Reinkultur«, schwärmt Schirrmacher.

Zur gewachsenen Bedeutung des Nerds passt, dass es mittlerweile diverse Alternativbegriffe für ihn gibt. In den USA ist es der *Geek* (bezeichnete im Mittelalter noch einen Menschen, der auf Jahrmärkten lebendigen Tieren den Kopf abbiss), in Japan der *Otaku* (wurde ursprünglich als Anrede in einem Science-Fiction-Comic verwendet). In England, Indien und Südafrika findet man den *Buffin* (der seinen Namen wahrscheinlich einem Vogel namens »Puffin« verdankt, dessen Gesicht in der Tat so aussieht, als wäre es durch einen Farbdrucker gelaufen). Die *Dorks* werden zwar auch gerne als Synonym für die Nerds benutzt, doch ihnen fehlt eigentlich das Wesentliche: die Intelligenz. Nicht umsonst werden sie in der Regel einfach nur als »Deppen« oder »Idioten« übersetzt.

Der Imagewechsel zeigt sich auch dadurch, dass Nerds in Filmen immer seltener als verschrobene und unfreiwillig komische Schlauköpfe dargestellt werden, wie etwa noch Dr. David Huxley (Cary Grant) in *Leoparden küsst man nicht* oder Prof. Howard Bannister (Ryan O'Neal) in *Is was Doc?*. Der neurotische und erfolglose Nerd à la Woody Allen hat ebenfalls ausgedient, allenfalls der Typ des außerirdischen, emotionslosen und unendlich klugen »Vulkaniers«

Mr. Spock (Leonard Nimoy) hat sich in den letzten Jahrzehnten als halbwegs konstante Größe im Filmgeschäft etabliert. Die neuen Movie-Nerds – und davon gibt es eine Menge – sind jedoch aus einem ganz anderen Holz geschnitzt.

Mitte der 90er Jahre beginnt sich die Wahrnehmung der Nerds zu verschieben. So ist der Hauptdarsteller von *Vernetzt: Johnny Mnemonic* (Keanu Reeves) eine Art 007 des modernen Digitalzeitalters, der als fleischgewordenes Gedächtnis die damals unglaubliche Datenmenge von 320 Gigabytes von A nach B bringen soll. Selbst Frauen können jetzt waschechte Nerds werden: Sandra Bullock spielt in *Das Netz* eine Software-Spezialistin, die eine Hacker-Truppe daran hindert, die Weltherrschaft an sich zu reißen; ansonsten stellt sie allerdings den klassischen Geek dar, der vom Pizza-Service gefüttert wird, vom Leben überfordert ist und beim Urlaub im Paradies erst mal im Hotelzimmer nach einer Telefonbuchse fürs Modem sucht. Aber Reeves und Bullock – beide jung, sexy und als Nerds irgendwie unglaubwürdig – machten lediglich den Anfang. Mittlerweile ist nicht mehr zu übersehen, dass der Nerd mit Filmen wie *Napoleon Dynamite, Fanboys, Kick-Ass, Superbad* und vielen anderen das Herz der Kinozuschauer erobert hat.

Eine Art Supernerd stellt Lisbeth Salander (Noomi Rapace) dar, die Heldin der Stieg-Larsson-Krimis. Als zierliches, sozialschwaches Asperger-Mädchen wird sie zwar immer wieder zum Opfer schwerer Körperverletzungen, kann aber auch aufgrund ihrer phänomenalen Hackerfähigkeiten und ihrer emotionslosen Brutalität gnadenlos austeilen. Wenn sie ihrem gefesselten Peiniger »Ich bin ein sadistisches Schwein« auf den Körper tätowiert oder ihren Feinden kaltblütig einen Baseballschläger über den Schädel zieht, stockt dem Leser der Atem. Ihre Aggressivität scheint auf den ersten Blick nerduntypisch zu sein, ist es aber nicht:

Nerds sind ebenso konsequent wie loyal und können brutal austeilen, wenn sie ihre moralischen Wertvorstellungen verletzt sehen oder man ihren wenigen Freunden etwas antut. Larssons Nerd-Figur ist daher absolut glaubwürdig; nerduntypisch ist eigentlich nur, dass sie eine Frau ist. Aber wie gesagt: Das Image des Nerds wandelt sich, und dazu gehört auch, dass immer mehr weibliche Exemplare ihre Nerd-Natur ausleben und dabei Erfolg haben – nicht nur im Film, sondern auch im realen Leben. Man denke nur an Marissa Mayer von *Google*.

Auf einem anderen Blatt steht hingegen, dass zunehmend typische Nerd-Accessoires auf den Markt kommen. Es gibt mittlerweile Brillen, Shirts, Kapuzenpullover, Hosen, Schuhe, Zahnspangen und – man merke auf! – Barbie-Puppen im Nerd-Look. Sogar Nerd-Kochrezepte werden im Internet herumgereicht, eine Website mit dem Titel *Nerd am Herd* wirbt mit dem Slogan »Ungesund, aber lecker«. Wie immer, wenn etwas trendy ist, wird es finanziell ausgeschlachtet und als Vehikel für bestimmte Lebenseinstellungen missbraucht.

Den Nerd selbst freilich wird das kaum stören, wird ihm doch endlich die Anerkennung und Aufmerksamkeit zuteil, die ihm schon seit langem zusteht. Über 2000 Jahre nachdem Archimedes seinen ersten Kreis in den Sand gezeichnet hat, und nach Abertausenden von Kränkungen – wer wurde immer als Letztes in die Fußballmannschaft gewählt? – ist der Nerd zu einer Art Supermodel der digitalen Kultur aufgestiegen. Es ist nicht zu übersehen: Die Stunde des Nerds ist endlich gekommen. Zeit, sich näher mit seinem Innenleben zu beschäftigen.

Anatomie und Psychologie des gemeinen Nerds

Jede Typologie hat den Nachteil, dass sie konkrete Individuen in ein Raster zu stecken versucht. Das klappt natürlich nicht immer. Wenn wir also im Folgenden die typischen Merkmale des Nerds auflisten, darf man nicht erwarten, dass man *alle* von ihnen wiederfindet, wenn man auf einen realen Nerd trifft. Abstrakte Typologie und individuelle Realität des Nerds müssen sich also nicht hundertprozentig entsprechen, auch für sie gilt der ewige Widerspruch zwischen Theorie und Wirklichkeit.

Andererseits braucht man Typologien, um überhaupt zu wissen, wovon man redet. Wer die Begriffe nicht geklärt hat, kann nicht begreifen. Deswegen beansprucht die folgende Liste der nerdtypischen Merkmale zwar nicht, jedem Nerd auf dieser Welt gerecht zu werden, aber sie vermag immerhin das Phänomen des Nerd an sich zu beschreiben. So, wie Biologen eine Tierart beschreiben, ist sie eine Typologie des gemeinen Nerds.

Ein Tipp: Sie können die folgende Liste auch als Selbsttest nutzen. Treffen von den beschriebenen 14 Merkmalen mindestens zehn auf Sie zu, sollten Sie sich mit dem Gedanken anfreunden, selber ein Nerd zu sein. Ob Sie das eher als beunruhigend oder als schmeichelhaft empfinden, ist Ihnen selbst überlassen. Einem echten Nerd ist es vermutlich egal.

Nerds sind hochintelligent – aber zugleich auch das Gegenteil

Dass Genies wie Newton, Einstein und Marie Curie hochintelligent waren, muss man nicht diskutieren. Dennoch sollte man einen hohen IQ nicht als notwendiges Kriterium für einen Nerd nehmen. Denn Intelligenz wird in der Regel als Fähigkeit verstanden, sich an bestimmte Situationen *anzupassen* – und genau das gelingt dem Nerd meist nicht. Oft will er es auch gar nicht.

Wissenschaftler gehen heute davon aus, dass Einstein einen IQ von etwa 150 hatte. Das ist hoch, aber es gibt diverse Menschen mit höheren Werten. Trotzdem haben sie zu keinem Zeitpunkt ihres Lebens einen Gedanken gehabt, der nur ansatzweise die Bedeutung der Relativitätstheorie erreichte – weil ihnen die Kreativität dazu fehlt oder auch die Phantasie oder der unbedingte Wille, das Alte aufzubrechen und die Gesetze und Abläufe in der Natur wirklich zu verstehen. Doch all das wird in den üblichen Intelligenztests, in denen man eine Reihe von standardisierten und im Wesentlichen bekannten Aufgaben zu lösen hat, nur unzureichend gemessen.

Hier bietet sich die umgekehrte Methode des sogenannten Divergenztests an, der dem Probanden freien Raum zur Lösung lässt. Ein Beispiel: Der englische Psychologe Liam Hudson forderte einmal eine Gruppe von Schülern auf, alle Verwendungsmöglichkeiten für einen Ziegelstein aufzulisten. Sie erhielten keinerlei Vorgaben, konnten also nach eigenem Gutdünken antworten. Nichtsdestoweniger überwogen Antworten wie »Häuser bauen« oder »Dach decken«, was ja auch naheliegend ist. Was soll man mit Ziegeln schon anderes machen?

Einer der Schüler – Typ: Nerd – antwortete jedoch: »Verwenden beim Schaufenstereinbruch. Haus zusammenhalten. Verwenden beim russischen Roulette, wenn du gleichzeitig was für deine Fitness tun willst (zehn Schritte, umdrehen, werfen, Ausweichen nicht erlaubt), Bettdecke mit einem Stein in jeder Ecke des Betts fixieren. Leere Colaflaschen zerdeppern.«

Auf so etwas muss man erst einmal kommen! Im normalen IQ-Test, bei dem man sich im Rahmen von Standardantworten bewegt, wäre das untergegangen. Was im Fazit bedeutet: Die typische Nerd-Intelligenz lässt sich mit den üblichen IQ-Tests kaum ermitteln. Der Umkehrschluss: Wer in diesen Tests gut abgeschnitten hat, mag sich wohl für snobistische Zirkel wie die *Mensa Kids* qualifiziert haben, nicht aber zwangsläufig für den Club der Nerds. Hier findet man sogar oft »Test-Versager«, die gemäß den üblichen IQ-Kriterien als unterdurchschnittlich eingestuft werden.

Drumherum ist weit weg: Der Nerd-Tunnel

Sean Parker, der erste Präsident von *Facebook*, konnte richtig rabiat werden, wenn irgendjemand den an seinem Laptop tüftelnden Mark Zuckerberg stören wollte. »Er ist jetzt in seinem Tunnel«, schrie er dann, und darin dürfe er keineswegs gestört werden. Nötigenfalls schubste Parker die Besucher eigenhändig aus dem Raum. Er war zwar kein Nerd, doch er wusste, dass sein Geschäftspartner einer war, der seinen Tunnel brauchte wie der normale Mensch die Luft zum Atmen.

Das Fokussieren aller geistigen Kräfte auf seine Herzensangelegenheit gehört zu den Schlüsselmerkmalen eines Nerds. Ohne die Eigenschaft, sich mit voller Hingabe in *das Projekt* zu stürzen – für das die meisten anderen Menschen mitunter keinerlei Verständnis aufbringen –, kann niemand ein Nerd sein. Schon Archimedes konnte bekanntlich sehr unwirsch werden, wenn man seine mathematischen Kreise störte, und Albert Einstein vermochte zwar beim Arbeiten seine Kinder auf dem Schoß zu wiegen, aber dies ging nur, weil er eben in seinem Tunnel und damit ganz bei sich selbst und seinem Projekt war. Wenn man ihn dann jedoch ansprach und aus seinem Tunnel herausholte, konnte er regelrecht aus der Haut fahren.

Die Fähigkeit zur unbedingten geistigen Fokussierung ist eine beneidenswerte Eigenschaft des Nerds. Andererseits geht sie Hand in Hand mit einem eher unsozialen Verhalten und der Vernachlässigung des eigenen Aussehens sowie von Gesundheit und Hygiene.

The Loneliness of the Long Distance Nerd

In seinem Buch *The Loneliness of the Long Distance Runner* beschrieb der US-Schriftsteller Alan Sillitoe eindringlich, wie sich Colin, der jugendliche Insasse einer Erziehungsanstalt, in sein Langstreckenlauftraining stürzt und dabei erfährt, wie man in dem steten Flow der Schritte und des Atmens die ständig nervenden, stets etwas von einem wollenden Menschen um sich herum vergessen kann – eine Erfahrung, die er nicht gesucht hat, aber jetzt, wo sie da ist, als angenehm empfindet. Das heißt: Er ist nicht zum Laufen gekommen, weil er der Welt entfliehen wollte, sondern beim Laufen hat sich wie von selbst die Erkenntnis eingestellt, dass man sich so von den Zumutungen der Welt befreien kann.

Beim Nerd ist das ein wenig anders. Es ist ein wenig komplizierter, wie so vieles am Nerd ein wenig komplizierter ist. Denn beim Nerd kann man nicht zweifelsfrei sagen, ob seine soziale Inkompetenz ihn in die hochkonzentrierte Beschäftigung mit einer Sache getrieben hat – nach dem Motto: Menschen können mir weh tun, Dinge hingegen nicht – oder ob seine hochkonzentrierte Beschäftigung mit einer Sache ihn nach und nach den anderen Menschen entfremdet hat. Wir alle kennen das Gefühl: Wer etwa zu lange am PC sitzt, verliert den persönlichen Draht nach draußen und weiß am Ende kaum noch, wie sich ein Mensch aus Fleisch und Blut verhält. Der echte Nerd freilich erlebt am Computer etwas viel Besseres, wie Eugene Jarvis, einer der ersten Computerspiele-Entwickler, zu berichten weiß: »Wenn du ein wahrer Nerd bist, dann kannst du mit Menschen überhaupt nichts anfangen. Sehen Sie, der Ego-Trip des Computer-Programmierers ist es, Gott zu spielen. Man kann ein Universum erschaffen, eine ganz berechenbare Welt, eine Welt, die nach deinen Gesetzen läuft.«

Tatsache ist, dass sich das asoziale Verhalten des Nerds und sein Fokussieren auf *sein Projekt* – sei es ein Computerprogramm, höhere Mathematik oder die linguistischen Tücken der Elbensprache in Tolkiens *Herr der Ringe* – gegenseitig verstärken. Wer im Tunnel ist, vergisst schnell die Menschen um sich herum, und wer die Menschen um sich herum meidet oder ignoriert, ist schneller im Tunnel. Was zuerst da war, ist im Endeffekt ziemlich egal.

An der Tendenz zur, wie man in der Psychologie sagt, »sozialen Isolierung« der Nerds gibt es jedenfalls keinen Zweifel. Sie können zwar die Menschen faszinieren und in ihren Bann ziehen, so wie es etwa Steve Jobs immer wieder gelingt, und sie können mitunter auch witzig rüberkommen wie Albert Einstein oder Bill Gates, doch es fällt ihnen schwer, sich den Mitmenschen zu öffnen. Nerds wirken oft verschlossen und ängstlich, wenn sie mit anderen Menschen zusammen sind. Mark Zuckerberg war einmal bei einem Kongress als

Referent geladen. Bevor er an der Reihe war, kauerte er wie ein verängstigtes Kaninchen auf seinem Stuhl. Der Veranstalter fragte ihn, ob er sich denn als Redner vor anderen Menschen wohl fühle. Als Antwort gab es nur ein trockenes »Nein«. Als der *Facebook*-Gründer dann aber aufs Rednerpult stieg und sein Laptop öffnete, blühte er sichtbar auf. Jetzt war er endlich bei der Sache – *seiner* Sache. Die Zuhörer waren begeistert von seinem Vortrag.

Trotz ihrer Probleme im Umgang mit anderen Menschen – Andy Warhol etwa zog sich sogar auf seinen eigenen Partys in eine stille Ecke zum Zeichnen zurück – können Nerds sehr loyal sein, vor allem dann, wenn sie merken, dass der andere ähnliche Moralvorstellungen hat wie sie selbst.

Straight: Die Moral der Nerds

Dem Nerd wird gerne vorgeworfen, im Grunde amoralisch zu sein, weil er sich ausschließlich für *seine* Sache interessiert und zu wenig Empathie für andere Menschen besitzt. Tatsache ist jedoch: Nerds sind in der Regel weitaus moralischer als andere Menschen, gerade weil sie sich *nicht* von zwischenmenschlichen Gefühlen irritieren lassen. Sie halten sich konsequent an ihre einmal gefassten Grundsätze, nur dass diese eben nicht unbedingt konform mit denen der Gesellschaft gehen. Nicht zufällig konstruierte Immanuel Kant, der Nerd unter den Philosophen, eine eigene Ethik, die auf Grundlage des kategorischen Imperativs (»Handle nur nach derjenigen Maxime, durch die du zugleich wollen kannst, dass sie ein allgemeines Gesetz werde.«) bis heute nichts an Aktualität verloren hat. Allerdings wird sie auch von den meisten Menschen bis heute nicht verstanden – ein typisches Nerd-Schicksal.

Wie streng Nerds in ihren Moralvorstellungen sein können, zeigte die Plagiatsaffäre um Karl-Theodor zu Guttenberg. Die Verdachtsmomente gegen ihn waren gerade erst aufgekommen, als sich im Internet auch schon eine Plattform namens *GuttenPlag* gründete, um die Dissertation einer akribischen Vivisektion zu unterziehen. Die freiwilligen Mitarbeiter des Portals wurden dann in einem Maße fündig, wie es sich Guttenberg wohl in seinen schlimmsten Alpträumen nicht ausgemalt hat. Keine Hochschule und keine Professorenkonferenz hätte auch nur annähernd ähnlich viele problematische Stellen zutage fördern können. Medien und Politiker belächelten die Aktion jedoch als Bienenfleiß der »Wiki-Nerds«, die eben nichts anderes zu tun hätten, als eine über 500 Seiten dicke juristische Promotionsschrift durchzuackern.

Dabei basieren Websites wie *GuttenPlag* und *VroniPlag* (fahndet unter anderem nach Plagiaten in den Doktorarbeiten von Silvana Koch-Mehrin und der Stoiber-Tochter Veronika Saß) auf einer essentiellen Wertvorstellung des Nerds: dass keiner die Meriten für etwas ernten soll, was er gar nicht geleistet hat. Denn Nerds mögen zwar schräg, spleenig, anarchistisch und weltfremd wirken, doch im Grunde fühlen sie sich dem Leistungsideal verpflichtet. Unter den Computerhackern etwa wird nur derjenige ernst genommen, der etwas von der Sache versteht, und den besonders Guten der Branche wird auch Respekt gezollt. Blender, Schaumschläger und Wichtigtuer hingegen haben dort keine Chance. Das System der Nerds ist sozusagen das Modell der Leistungsgesellschaft im Kleinen – und taugt daher mehr zum Vorbild als die Koch-Mehrins und Guttenbergs dieser Welt, bei denen es offenbar mehr auf Schein als auf Sein ankommt.

Nerds hängen nicht am Geld

Einige Nerds gehören zu den reichsten Menschen der Welt, allen voran Bill Gates (56 Milliarden Dollar), *Google*-Gründer Sergei Brin (19,8 Milliarden Dollar), Mark Zuckerberg (Facebook, 13,5 Milliarden Dollar) und Steve Jobs (8,3 Milliarden Dollar). Dem Nerd nachsagen zu wollen, dass er nicht am Geld hängt, erscheint also auf den ersten Blick als recht verwegen. Aber Geld zu verdienen und es zu besitzen ist etwas anderes, als daran zu hängen. Bill Gates arbeitete hart, um sein Vermögen anzuhäufen, und er ging dabei auch wenig zimperlich vor. Doch jetzt gibt er es bereitwillig für gute Zwecke aus. Bis zu seinem Tod will er 90 bis 95 Prozent seines Gesamtvermögens gespendet haben, »lediglich« 0,02 Prozent seines Gesamtvermögens, also ungefähr zehn Millionen Dollar, will er jedem seiner Kinder zukommen lassen.

Viele der älteren Nerds besaßen überhaupt kein Vermögen, wie etwa Diogenes oder Kloster-Nerds wie Thomas von Aquin und Anselm von Canterbury. Und der chronisch klamme Frührentner Friedrich Nietzsche war sogar schon dankbar, als man ihm eine Wurst in sein karges Schweizer Alpendomizil schickte.

Nerds hängen nicht an Kleidung

Die Glasbausteinbrille mit geflicktem Bügel hängt schief auf der Nase, das karierte Hemd steckt tief in der Kordhose, deren Bund fast auf Achselhöhe hochgezogen und in deren zahlreichen Taschen Handy, Taschenrechner und diverse Stifte stecken. So sieht es aus, das Klischee des klassischen Schul- und Uni-Nerds, und es mag wohl auch in manchem Fall stimmen.

Allerdings befindet sich dieser Typ mehr und mehr auf dem Rückzug. Der moderne High-Tech-Nerd sieht eher aus wie Mark Zuckerberg: Kapuzenpulli, graues T-Shirt, Cargo-Shorts und Adiletten. Oder wie Steve Jobs in seinem schwarzen Rollkragenpullover. Den meisten Nerds ist es ohnehin egal, wie sie aussehen. Sie wählen die Kleidung danach aus, wie funktional und bequem sie ist. Und da bietet der Kapuzenpullover einige Vorteile: Man kann ihn drinnen und draußen tragen, die Hände darin verstecken (Nerds wissen oft nicht so recht, was sie mit ihnen anfangen sollen, wenn sie nicht ihr Keyboard bearbeiten oder mit Reagenzgläsern hantieren) und seinen Kopf unter der Kapuze verstecken. Gerade Letzteres ist dem Nerd, der sich gerne in seinen Wahrnehmungstunnel zurückzieht und nur selten von Angesicht zu Angesicht kommuniziert, enorm wichtig. Im Kloster hatte er dazu noch die Mönchskutte, und der Kapuzenpullover ist eigentlich nur deren Fortsetzung in modernem Design.

Natürlich gab es in der Weltgeschichte auch den einen oder anderen Nerd, der einen größeren Wert auf Kleidung legte. Aristoteles etwa gehörte dazu, aber er war ja auch das Oberhaupt und damit der Repräsentant einer Eliteschule. Wie überhaupt der Nerd aus besonderem Anlass auch mal in eine edlere Kluft schlüpfen kann. Als die *IBM*-Manager erstmals Bill Gates wegen eines Betriebssystems für ihre Computer aufsuchten, trafen sie auf den typischen Computer-Freak der damaligen Zeit: fettige Haare, Riesenbrille, kurzärmeliges Karo-Hemd, zerschlissene Jeans. Sie erkannten zunächst gar nicht, dass sie es mit dem Chef von *Microsoft* zu tun hatten. Das nächste Mal wollten die *IBM*-Leute es besser machen und traten in Freizeitkluft bei den Tüftlern in Seattle an. Doch diesmal öffnete ihnen Bill Gates in dreiteiligem Anzug mit Krawatte die Tür. Das Treffen begann mit allseitigem Gelächter, und die Verhandlungen verliefen entspannter als sonst.

Ist der Nerd ein Fachidiot?

Oft wird der Begriff »Nerd« mit »Fachidiot« übersetzt. Selbst das Internet-Lexikon *Wikipedia*, eigentlich ein angestammtes Habitat der Nerds, hat sich dieser Vorstellung angeschlossen. Was eigentlich unverständlich ist. Denn erstens ist der Begriff »Fachidiot« selbst idiotisch, weil er impliziert, dass der betreffende Mensch ein Idiot in seinem Fach ist. Zweitens ist es keineswegs die Regel, dass sich Nerds nur in einem Fach auskennen und dafür in anderen Bereichen völlige Stümper sind.

Schon ein Blick auf die Geschichte straft diese Vorstellung Lügen. Aristoteles etwa hatte fast alle typischen Eigenschaften eines Nerds, und doch war er einer der großen Universalgelehrten – er verstand etwas von Biologie, Logik und Physik, und als Lehrer von Alexander dem Großen kann er auch kein gänzlich unfähiger Pädagoge gewesen sein. Immanuel Kant kam zwar kaum aus seiner Heimatstadt Königsberg heraus, widmete sich in seinen Vorlesungen aber trotzdem der physischen Geographie und den Sitten und Gebräuchen in Amerika, Afrika und anderswo – weil er dafür genug Phantasie hatte, eine Eigenschaft, die den Nerds zu Unrecht gerne abgestritten wird.

Aus der jüngeren Nerd-Geschichte sei Mark Zuckerberg genannt, der auf Meetings auch schon mal mit Zitaten griechischer und lateinischer Klassiker um sich warf. Die übrigen Meetingteilnehmer wussten zwar oft nicht, was das sollte, aber irgendwie toll fanden sie es schon. Denn einem jungen Kerl von Anfang zwanzig traut man das nicht unbedingt zu.

Bill Gates schließlich ist seit seinem Abschied aus *Microsoft* geradezu als staatenloser Entwicklungsminister unterwegs, der Hilfsprojekte für bedürftige Drittweltstaaten anschiebt. Das spricht nicht nur für seine ethische Gesinnung (siehe oben), sondern auch für die Fähigkeit, über seinen Horizont als Unternehmer und Programmierer hinaus zu gucken. Es gibt zwar die eine oder andere, ans Autistische grenzende Inselbegabung unter den Nerds, wie etwa das Schach-Genie Bobby Fischer und den Kreise-über-Alles-Geometriker Archimedes, doch in der Mehrzahl besitzen sie durchaus mehrere Fähigkeiten und Talente.

Am besten ist es, man definiert einen Nerd als jemanden, der eine Sache oder einige wenige Sachen besonders gut beherrscht – im Unterschied zu den normalen Menschen, die recht viele Sachen gleich schlecht beherrschen und ihrerseits den Nerd gerne als Fachidioten belächeln.

Ist der Nerd ein Autist?

Der Maler Adolph Menzel schrieb kurz vor seinem Tode: »Es fehlt an jedem selbst geschaffenen Klebstoff zwischen mir und der Außenwelt.« Er hatte kaum Freunde, und der einzige Verein, dem er jemals beitrat, war ausgerechnet ein Literatenzirkel namens »Tunnel über der Spree«. Das sind schon ziemlich deutliche Hinweise auf einen typischen Nerd-Charakter.

Doch vielleicht steckte noch mehr dahinter. In jüngerer Zeit wurde öfter die Vermutung geäußert, dass es sich beim »Nerd« lediglich um die elegante Umschreibung für einen Asperger-Kranken handele. Außerdem kursieren mittlerweile diverse Fachbücher, in denen berühmte Genies der Weltgeschichte als aspergerkrank betrachtet werden, etwa *Genius*

Genes von Michael Fitzgerald und *Asperger's Syndrome and High Achievement* von Ioan James. Darin finden sich neben Menzel so illustre Namen wie Archimedes, Isaac Newton, Vincent van Gogh, Charles Darwin, Albert Einstein, Andy Warhol und Alfred Kinsey.

Das Asperger-Syndrom wurde 1944 vom Wiener Arzt Hans Asperger als »schizoide Psychopathie« eingeführt und gilt als gemäßigte Form des Autismus. Zu seinen Symptomen gehören Probleme im sozialen Kontakt, Sprach- und Artikulationsstörungen, ein beharrliches Beschäftigen mit für Außenstehende unverständlichen Tätigkeiten und Dingen sowie einer Vorliebe für feste Routinen und Rituale. So etwas findet man natürlich auch beim Nerd. Das *Time*-Magazin veröffentlichte 1994 eine Liste von Merkmalen, die Bill Gates mit einem Autisten gemeinsam habe. Man kam auf immerhin fünf Punkte:

- Herausragende Fähigkeit zum konzentrierten, logischen und abstrakten Denken
- Plötzliche Wut- oder Panikattacken oder andere unkontrollierte Ausbrüche
- Abneigung gegen direkten Blickkontakt
- Neigung zu wiederkehrenden, automatischen Bewegungen (Gates schaukelt mit dem Oberkörper hin und her, wenn er nachdenkt)
- Vorliebe für Trampoline und Sprünge (Gates machte viele Jahre lang spontane Luftsprünge, auch in Meetings – inzwischen macht er das allerdings nicht mehr.)

Die Diskussion, ob Nerds verkappte Asperger-Kranke sind, muss hier nicht weiter vertieft werden. Zu bedenken ist jedoch Folgendes: Erstens sind die Symptome des Asperger-Syndroms ziemlich »weich«, das heißt, sie passen auch auf andere Krankheiten – und sogar auf kerngesunde Menschen. So könnte man Bill Gates auch einfach als einen etwas schüchternen und mitunter cholerischen Hochbegabten mit harmlosen Marotten bezeichnen. Zweitens gehört es zu den Trends der Gegenwart, alles und jedem eine Krankheit zuzuordnen. Dies sorgt für Vollbeschäftigung unter Therapeuten und Ärzten sowie für brummende Umsätze der Pharmaindustrie, muss aber nicht unbedingt sinnvoll oder richtig sein.

Nichtsdestotrotz sollte man sich der Asperger-Theorie nicht ganz verschließen. Denn Menschen mit diesem Syndrom sind von Natur aus dafür prädestiniert, Nerds zu werden. Anders ausgedrückt: Asperger-Symptome bilden die beste Voraussetzung, um im Club der Nerds aufgenommen zu werden.

Der Nerd als Anti-Körper und Sitting Bull

Das Dasein des Nerds ist ein durch und durch vergeistigtes Sein. Den Körper empfindet er allenfalls als Ballast, den man halbwegs in Gang halten muss, damit er den eigentlichen Chef, also das Gehirn, nicht ausbremst. Aber pflegen muss man ihn nach Ansicht des Nerds nicht unbedingt.

Hygienische Auffälligkeiten begleiten daher die Geschichte der Nerds von ihren Anfängen bis heute. Diogenes lebte als Straßenpenner – er hatte noch nicht einmal die ihm gemeinhin nachgesagte Tonne. Der Philosoph Plotin hat seinen Körper derart vernachlässigt, dass er nicht nur schrecklich stank, sondern am Ende auch überall von hässlichen Pusteln übersät war. Auch Albert Einstein müffelte, legte aber seiner zweiten Ehefrau nahe, sich doch bitte schön jemand anderen zu suchen, wenn sie damit nicht klarkäme. Steve Jobs badete seine Füße zur Entspannung im Klobecken, und als strenger Vegetarier dachte er zudem, dass er nicht duschen müsse, da er ja kein Fleisch verdaue und so gesehen keine tierischen Ausdünstungen habe. Einige Nerds haben im Laufe der Jahre gelernt, ihren Körper zu pflegen, andere nicht. In jedem Falle gehört die fehlende Körperhygiene sicherlich zu den unappetitlicheren Kapiteln in der Geschichte der Nerds.

Zum Vernachlässigen des eigenen Körpers passt, dass viele Nerds auf Sport und gesunde Ernährung keinen sonderlichen Wert legen. Die meisten modernen Nerds leben gerne von Fast Food – Pizza, Chips, Cola, Bier oder Tacos –, und körperliche Bewegung fällt für sie unter die Kategorie »Energieverschwendung«.

Das sind tatsächlich mehr als nur Klischees, wie die Wissenschaft bestätigen kann. »Der Nerd pflegt einen sehr ungesunden Lebenswandel«, erklärt die Bonner Kulturanthropologin Mareike Glöss. »Er geht nie aus, fürchtet das Sonnenlicht und ist dadurch oft blass. Zudem ist er unsportlich.«

Neben seiner Unkörperlichkeit – man könnte ihn auch als »Anti-Körper« der modernen Wellness-Gesellschaft bezeichnen – gibt es aber noch einen weiteren Grund, warum sich der Nerd oft ungesund ernährt. In der sinnenarmen Welt seiner dunklen Kammer sucht sich sein Körper nämlich andere Felder, auf denen er sein natürliches Bedürfnis nach intensiven Sinnesreizen befriedigen kann. Deswegen fährt der Nerd auf deftige, scharfe, kräftig gewürzte und gesalzene Speisen ab, wie eben Tacos und Pepper-Chips. In der Ernährungspsychologie nennt man solche Typen »Sensationssucher« – wobei dieser Begriff wirklich nur auf das Kulinarische beschränkt ist; im wirklichen Leben und abseits der virtuellen Welt gehört der Nerd eher selten zu den Sensationssuchern.

Sein unmäßiger Konsum von Kaffee, Cola, Red Bull oder

Club-Mate hat schließlich auch noch einen ganz trivialen Grund: Diese Getränke enthalten viel Zucker und Koffein, mit denen man die geistigen Kräfte wach hält. Und das ist natürlich für den kopfgesteuerten Nerd von allergrößter Wichtigkeit.

Warum Nerds häufig eine Brille brauchen

»Dass Brillenträger grundsätzlich klug sind, ist doch nur ein Vorurteil«, heißt es mittlerweile. Denn die »Brillenschlange«, der Streber mit den Colaflaschenböden auf der Nase, sei doch nur ein Klischee aus alten Zeiten.

Falsch! Die Aufklärung dieses angeblichen Irrtums ist selbst ein Irrtum. Tatsache ist, dass überdurchschnittlich viele Intelligenzbestien und Hochbegabte und damit auch überdurchschnittlich viele Nerds kurzsichtig sind. Zu Zeiten von Aristoteles und Plotin kannte man natürlich noch keine Brille, doch kurzsichtig waren diese Nerds trotzdem. So band sich Archimedes einen Kristall vors Auge, um besser in die Ferne sehen zu können.

Mittlerweile lässt sich die weitverbreitete Kurzsichtigkeit unter den Nerds auch wissenschaftlich dokumentieren und erklären. So veröffentlichte in den 1990ern der US-amerikanische Psychologe Arthur Jensen eine Studie, in der Kurzsichtige einen bis zu acht Punkte höheren Intelligenzquotienten erzielten als Normalsichtige. Als Erklärung wurde vermutet, dass IQ und Kurzsichtigkeit durch ähnliche Gene verursacht würden, was allerdings andere Wissenschaftler als ziemlich abwegig einstuften.

Doch es gibt plausiblere Erklärungen. So weisen mehrere Studien auf eine Korrelation von Kurzsichtigkeit und Naharbeit hin. Das heißt: Je häufiger ein Mensch Tätigkeiten unmittelbar vor seiner Nase ausführt, umso größer sein Risiko für eine Myopie. Denn dabei muss sich das Auge so einstellen, dass der Brennpunkt des Lichts knapp hinter der Netzhaut liegt. Um das auszugleichen, wächst der Augapfel in die Länge – mit der Folge, dass sich das Auge, beispielsweise fürs Lesen oder die Arbeit am Computer, nicht mehr anstrengen muss, andererseits aber auch nicht mehr scharf in die Ferne blicken kann.

Forscher der Australian National University in Sydney konnten zudem nachweisen, dass der Dunkelkammer-Lebensstil des Nerds Kurzsichtigkeit provoziert. Als Erklärung vermutet Studienleiter Ian Morgan, dass sich das helle Tageslicht regulierend auf das Wachstum der Augen auswirkt. So sei schon länger bekannt, dass helles Licht die Produktion von Dopamin anregt, einem Neurotransmitter, der nicht nur im Hirn für Glücksgefühle sorgt, sondern auch das Augenwachstum hemmt. »Es gibt eine Bremse für Kurzsichtigkeit«, so der Biologe, »nämlich die, dass man möglichst oft ins Freie geht.« Genau diese Bremse aber wird vom Nerd eher selten betätigt.

Loren Cordain von der Colorado State University in Fort Collins sieht hingegen die Ursache der Kurzsichtigkeit vor allem in einer zuckerlastigen Ernährung. Demnach treibt ein Speiseplan mit vielen einfachen Kohlehydraten den Insulinspiegel in die Höhe, was wiederum den Augapfel zu einem verstärkten Längenwachstum anregt. Für diese These spricht, dass der Konsum von Soft Drinks, industriell hergestellten Frühstückscerealien und Süßwaren in den letzten Jahrzehnten ähnlich stark angestiegen ist wie die Quote der Kurzsichtigen. Und sie erklärt auch, warum so viele Nerds dicke Brillen tragen müssen: weil sie sich überwiegend von zuckerhaltigem Junk-Food ernähren.

Warum Nerds meistens männlich sind

Genaue Prozentangaben fehlen, doch es besteht kein Zweifel: Nerds sind überwiegend männlich. Unseren Schätzungen zufolge liegt bei ihnen das Männer-Frauen-Verhältnis bei etwa 9 zu 1. Woran liegt das?

Da gibt es zunächst einmal eine kulturhistorische Erklärung. Demnach sind Frauen seit jeher stärker in der Pflicht, sich an der Arterhaltung, der Brutpflege und anderen praktischen Tätigkeiten zu beteiligen. Ihre Aufgaben bestanden früher fast ausschließlich darin, Kinder zu gebären und aufzuziehen sowie den Haushalt zu besorgen. Für andere Beschäftigungen gab es weder die Zeit noch die Billigung der Gruppe, zu der sie gehörten. Dass Frauen in solch einem zweckgebundenen Umfeld kaum etwas Nerdiges entwickeln können, liegt auf der Hand. Männer hatten es demgegenüber erheblich einfacher, ihre Zeit mit zweckfreien Tätigkeiten totzuschlagen. Sokrates etwa lungerte in Athen herum und erging sich in gelehrtem Geschwafel, während seine Frau Xanthippe zu Hause für den Lebensunterhalt sorgen musste.

Heute hat sich natürlich die Rollenverteilung zwischen den Geschlechtern verschoben, doch das anthropologische Schema von der dem Arterhalt verpflichteten Frau und dem für Spinnereien freigestellten Mann spukt immer noch in den Hinterköpfen herum. Zudem hat die überdurchschnittlich hohe männliche Präsenz unter den Nerds auch eine physiologische Erklärung. Gleich mehrere Studien belegen, dass bei Frauen die beiden Hirnhälften intensiver miteinander kommunizieren als beim Mann, weil bei ihnen der sogenannte »Balken«, das Verbindungsstück zwischen beiden Hemisphären, ausgeprägter ist. Das ist die Folge einer Entwicklung, die vermutlich schon in der Steinzeit ihren Anfang nahm, als Frauen sich um Ausgleich und Harmonie in Familie und Stammesgruppe bemühen mussten, während Männer »im Außendienst« der Jagd nachgingen, wo man hartnäckig und zielgerichtet arbeiten, aber nicht abwägen, ausgleichen und harmonisieren musste.

Diese schlechtere Kommunikation zwischen den Hirnhälften erklärt beispielsweise, warum Männer sich hartnäckig in ein Problem verbeißen können, obwohl es partout nicht lösbar ist, während Frauen aufgrund ihrer besseren Hemisphärenkommunikation so lange über etwas reden können, bis es endlich zum Problem wird. Und sie erklärt, warum die meisten Nerds männlich sind: weil das männliche Hirn eben hirnphysiologisch mehr aufs bedingungslose Fokussieren der Geisteskräfte ausgerichtet ist.

Nerd-Humor: Auch Aliens haben Eier

Das Baby trägt einen Schnuller, auf dem deutlich sichtbar das *Apple*-Logo (allerdings mit einem Lächeln und einem Augenpaar verziert) prangt. Über seinem Kopf steht geschrieben: »iSuck. Pacifier for Children.« Und rechts unten: »No batteries required. Powered by Baby sucking.«

Finden Sie das lustig? Oder einfach nur albern? Vielleicht gefällt Ihnen ja der folgende Frage-Antwort-Joke besser:

»Was ist klein, gelb und extrem gefährlich?« – »Ein Kanarienvogel mit dem Super-User-Passwort.«

Keine Reaktion? Nicht einmal ein Lächeln? Grämen Sie sich nicht! Denn für den letzten Witz muss man wissen, dass man mit dem Super-User-Passwort praktisch die komplette Kontrolle über das Betriebssystem *Unix* besitzt. Sie merken schon: Nerd-Humor ist nicht unbedingt massenkompatibel. Oft können nur die Insider darüber lachen.

Auf Außenstehende hingegen wirken Nerds meistens nur witzig, wenn man *über* sie, ihre Unzulänglichkeiten und ihre Weltfremdheit lachen kann. Dabei wäre es falsch, den Nerd als ein typisches Witzopfer zu begreifen, denn er ist von einer erhabenen Lächerlichkeit, die früher allenfalls dem Hofnarren zu eigen war und durchaus mit einer besonderen Form der Würde vereinbar ist. Kein Wunder also, dass die Nerds mit der *Big Bang Theory* mittlerweile sogar ihre eigene und sehr erfolgreiche Sitcom bekommen haben, in der sämtliche Aspekte des Nerd-Humors fachkundig durchdekliniert werden.

Eine Eloge auf den Nerd ist auch der Film *Paul – Ein Alien auf der Flucht*, in dem zwei Comic-Nerds in die klassische Heldenrolle hineinwachsen. Zwei Briten machen sich auf eine Reise durch Amerika und besuchen touristische Nerd-Sehenswürdigkeiten, etwa Area 51 (einen militärischen Sperrbezirk in Nevada, in dem ausländische Waffen und angeblich auch außerirdische Raumschiffe erforscht werden). Auf ihrer Tour begegnen sie dem Außerirdischen Paul, der diesen Namen einem Hund verdankt, der auf sein Raumschiff gefallen ist. Paul überredet die Nerds, ihn in ihrem Wohnmobil mitzunehmen (»Schon merkwürdig. Hinten sitzt ein Alien, der uns Bagles und Kaffee macht.« – »Ja, und? Willst du lieber Tee?«). Das eigentlich Befremdliche an ihm ist, dass er sich dauernd nackt zeigen muss und sich in sehr unpassenden Momenten an den Hoden kratzt – das ist derb genug, um sogar Nichtnerds wenigstens ein schmutziges Grinsen zu entlocken. Echter Nerd-Humor allerdings klingt eher wie einer der Kommentare, die im Internet zu diesem Streifen stehen: »Aus dem Film habe ich gelernt, dass drei Titten abgefahren, aber vier Titten krank sind.«

In der Kulturgeschichte finden sich allerdings nur wenige Nerds mit einem ausgeprägten und bewussten Sinn für

Humor. Immerhin, Steve Wozniak ist tatsächlich ein exzellenter Witzeerzähler. Ansonsten wirken zwar viele Nerds witzig, doch sie selbst wollen es eigentlich gar nicht sein, und oft merken sie nicht einmal, dass sie es sind. Wenn sie es schließlich doch merken, werden sie in der Regel stinksauer, weil sie, wie schon der Ur-Nerd Aristoteles, Humor als einen Ausdruck von Überlegenheit empfinden: Man lacht über andere und erhöht sich damit selbst. Und wenn es etwas gibt, was ein Nerd partout nicht ertragen kann, dann ist es ein Gefühl von Unterlegenheit. Abseits von fast allem zu stehen kann er ertragen, doch in irgendeiner Hierarchie unter jemandem zu stehen – das kann er unmöglich akzeptieren.

Der Nerd als asexuelles Wesen

Nerds finden seltener als andere Menschen einen Sexualpartner. Das ist nicht erst seit dem Aufstieg der Computer so, auch die frühen Nerds hatten selten oder nie Sexualkontakt. Frauen und Nerds passen einfach nicht zusammen. Zum einen liegt das sicherlich daran, dass der Nerd auf sein Äußeres wenig Wert legt, oft ungepflegt ist und auch in der Kleiderwahl jenseits des Mainstreams steht. Zudem haben Nerds oft einen ziemlich speziellen, wenn nicht gar absurden oder sarkastischen Humor, mit dem man auf dem Partnermarkt nur schwer punkten kann.

Es gibt natürlich Ausnahmen. Bill Gates etwa scheint glücklich verheiratet zu sein, aber er hat die studierte Informatikerin Melinda ja auch bei *Microsoft* kennengelernt, so dass man von vielen Gemeinsamkeiten ausgehen darf.

Es gibt aber auch noch einen anderen Grund für die Asexualität des Nerds. Der Schriftsteller und Arzt Gottfried

Benn spricht in einem Aufsatz zum Wesen der Genies von der sogenannten »Bionegativität« als Kontrast zum »Fleischlichen, Organischen, Wabernden und Wuchernden«, das dem Menschen generell zu eigen ist. Folgt man Benn, dann neigen besonders hochbegabte Menschen dazu, das Lebendige und Sexuelle zu meiden. Sie kümmern sich lieber um ihre persönliche *Sache*, als einen *Menschen* zu suchen, mit dem sie Sex haben könnten. Oder anders: Der Nerd hat nur eine schwache Libido. Ein gutes Beispiel ist Isaac Newton: Es gibt keinen Hinweis darauf, dass es den Entdecker der gegenseitigen Anziehungskraft von Körpern jemals zu einer Frau hingezogen hätte.

Offen bleibt freilich, ob die Nerds diesen Verzicht bewusst gewählt haben oder ob sie – aus Mangel an realistischen Chancen auf dem Partnermarkt – verzichten *müssen* und ihnen dadurch nichts anderes übrigbleibt, als in ihren Nerdangelegenheiten aufzugehen. In der Nerd-Geschichte kam beides vor. So sagte Andy Warhol: »Wahre Freiheit erreicht man erst, wenn man mit dem Sex durch ist«, und darin schwingt deutlich mit, dass er Sex bewusst als Hindernis bei der Entfaltung der eigenen Kreativität einschätzt und deswegen verachtet. Schopenhauer hingegen gab offen zu, dass er gerne »ein Weib« an seiner Seite gehabt hätte, aber die »Frauenzimmer« ja nichts von ihm gewollt hätten.

»Störe meine Kreise nicht!«
Die ersten Nerds der Weltgeschichte

Der Begriff *Nerd* ist relativ neu. Er entwickelte sich – egal, welche Herkunftsgeschichte man bevorzugt – nach dem Zweiten Weltkrieg. Und richtig bekannt wurde er eigentlich erst in jüngerer Zeit unter dem Einfluss von Silicon Valley. Von daher mag es verwegen klingen, bereits in der Antike nach Nerds zu suchen. Tatsache ist jedoch, dass es sie als Typen und Charaktere lange gab, bevor ein Begriff für sie gefunden wurde. Das ist so ähnlich wie mit der Schwerkraft: Sie wurde mathematisch korrekt erstmals von Isaac Newton beschrieben, und trotzdem sind den Menschen natürlich schon lange vorher Äpfel und Nüsse auf die Köpfe gefallen.

Bleibt die Frage, wann die ersten Nerds auftauchten. Möglich, dass es sie bereits in der Steinzeit gegeben hat – dass also jemand einsam und verschraubt über die fehlenden 3-D-Effekte von Höhlenzeichnungen nachdachte, während draußen die Meute nach Mammuts und Wollnashörnern jagte. Möglich, aber wenig wahrscheinlich. Denn in archaischen Zeiten konnten sich Nerds nur schlecht entwickeln. Zu hart war damals der tägliche Überlebenskampf, als dass eine Gruppe es sich leisten konnte, einen nutzlosen Exzentriker mit sich durchzuschleppen. Die ersten Nerds entstanden daher wohl erst mit den Hochkulturen in China, Ägypten und Griechenland. In diesen Zeiten wuchs die

Zahl der Menschen, die nicht für ihr tägliches Auskommen arbeiten mussten, weil sie Sklaven für diese Trivialitäten hatten. Mit anderen Worten: Die Sklaven verschafften ihren Haltern jene Freizeit und Muße, die notwendig ist, um sich ausgiebig und ernsthaft an geistigen Kraftakten wie etwa Philosophie, Astronomie und Mathematik zu versuchen.

Ein Anwärter auf den Platz als erster Nerd der Weltgeschichte ist sicherlich der chinesische Philosoph Laotse, der im 6. Jahrhundert v. Chr. lebte. Im Unterschied zu seinem Landsmann Konfuzius hatte er keine Schule und keine Jünger, und auch politisch wurde er niemals aktiv. Selbst sein Name ist ein Kunstprodukt, steht er doch für »Verfasser des Daodejing, dem Buch vom Weg und der Sittlichkeit«. Dessen 5000 Worte soll Laotse einem Grenzposten übergeben haben, als er seine Heimat, die chinesische Provinz Tschou, verließ, um in die Einsamkeit zu gehen. »Sein Streben war, sich selbst zu verbergen und ohne Namen zu bleiben«, erzählt ein chinesischer Geschichtsschreiber. So etwas riecht förmlich nach Nerd. Das Problem dabei: Offenbar gelang Laotse das Sich-selbst-Verbergen so gut, dass wir zu wenig über ihn wissen, um ihm ein eigenes Kapitel widmen zu können.

Da sieht die Quellenlage zu den Nerds der griechischen Antike schon etwas besser aus. Was aber auch daran liegt, dass die Gegend zwischen Athen, Syrakus und Milet überdurchschnittlich viele von ihnen hervorbrachte. Ein Grund dürften die ausgeprägten demokratischen Züge der dortigen Gemeinwesen gewesen sein. Man bemühte sich, möglichst viele Bürger an politischen Entscheidungen teilhaben zu lassen, und dazu gehörte auch, die Leute offen reden zu lassen. Man durfte also mutige und sogar abwegige Gedanken in aller Öffentlichkeit vertreten, ohne dass man gleich in den Kerker geworfen oder gar hingerichtet wurde. Selbst beim geschwätzigen Provokateur Sokrates dauerte es eine ganze Weile, bis man ihn zum Tode verurteilte.

Die zunehmende Meinungsfreiheit trug sicherlich entscheidend dazu bei, dass im antiken Griechenland so viele Nerds die Bühne der Weltgeschichte betraten. Zu ihnen gehörte der Mathematiker Archimedes, der 287 v. Chr. in Syrakus geboren wurde. Seine ganze Leidenschaft galt der Mathematik. Er betätigte sich zwar auch ein wenig in Physik und Astronomie, aber auch das nur, um sie mit mathematischen Formeln zu unterfüttern. Eines Tages erhielt er den Auftrag herauszufinden, ob die Krone seines Königs aus purem Gold oder aber mit Silber gestreckt war. Die Lösung für das Problem kam Archimedes, als er die städtischen Bäder besuchte und in eine Wanne stieg. Da bemerkte er nämlich, dass die verdrängte Wassermenge dem eingetauchten Teil seines Körpers entsprach. Also müsste sich über die Menge des verdrängten Wassers bestimmen lassen, ob an der Krone geschummelt wurde. Da Silber leichter ist als Gold – und somit bei gleicher Masse ein größeres Volumen hat – wird eine Krone, der Silber beigemengt wurde, mehr Wasser verdrängen als ein gleich schweres Stück reinen Goldes. Archimedes stieg sofort aus der Wanne, um nach Hause zu laufen und seine Theorie schriftlich zu fixieren – nur leider war er immer noch nackt. Spätestens in diesem Augenblick wussten seine Mitbürger, dass ihr genialer Mathematikus psychisch ein wenig anders gestrickt war als der Rest der Menschheit.

Auch seine fehlende Körperhygiene und seine Ernährung weisen ihn als echten Nerd aus. Plutarch schrieb: »Archimedes war so in Gedanken, dass er immer wieder das Essen vergaß und seine äußere Erscheinung vernachlässigte. Wenn es gar zu schlimm wurde, drängten ihn seine Freunde zu einem Bad und zwangen ihn, sich mit süß duftenden Ölen einzureiben.« Sein Tod war tragisch – und eines wahren Nerds würdig. Im Jahr 212 v. Chr., als Syrakus von den Römern eingenommen wurde, arbeitete Archimedes, wie meistens, gerade in seinem Garten an einem geometrischen Problem. Unentwegt vor sich hin murmelnd, kritzelte er Figuren in den Sand – als plötzlich ein römischer Soldat vor ihm stand und ihn aufforderte mitzukommen. Archimedes antwortete, dass er vorher noch sein geometrisches Problem lösen müsse. Der Soldat wollte davon jedoch nichts wissen und machte Anstalten, die Figuren im Sand zu zertrampeln. Worauf er den legendären Ausruf zu hören bekam: »Störe meine Kreise nicht!« Ein Satz, den die Nerds dieser Welt ihren ungeduldigen Mitmenschen in der einen oder anderen Weise sicher schon viele Tausend Male entgegengeschleudert haben. Für Archimedes freilich waren es die letzten Worte.

Leider ist auch über den Mathematiker aus Syrakus zu wenig bekannt, als dass es für ein eigenes Kapitel gereicht hätte. Ähnliches gilt für andere Nerds der Antike, etwa für Anaxagoras (499–428 v. Chr.), der, als man ihm die Nachricht vom Tod seiner Söhne überbrachte, nur knapp konstatierte: »Ich wusste, dass sie als Sterbliche gezeugt waren.« Oder für Demokrit (460–370 v. Chr.), der sich schon als Kind in einer einsamen Hütte verschanzte und später auf Friedhöfe ging, um dort ungestört nachdenken zu können. Im Falle von Thales, Heraklit, Aristoteles und den beiden Kynikern Diogenes und Antisthenes liegt die Sache glücklicherweise anders, weil es genügend Berichte zu ihrem Leben gibt. Ob in diesen freilich immer die Wahrheit erzählt wird, ist zweifelhaft, denn antike Schreiber sind bekannt für ihre ausschmückende Phantasie. Einer guten Anekdote konnten sie nur selten widerstehen. Doch wie sagte der deutsche Historiker Michael Richter einst treffend: »Die Wahrheit ist ein Teil der Wirklichkeit, die Lüge aber auch.«

Thales von Milet: Für Frauen ist es immer zu früh oder zu spät

Damit sich ein Nerd entwickeln kann, benötigt er eine bestimmte Umgebung. So hat er in ärmlichen Gebieten weniger Chancen, da man dort nur wenig Verständnis für jemanden hat, der sich in Bücher versenkt, stundenlang auf der Gitarre klimpert oder das Paarungsverhalten von Nacktschnecken untersucht. Als Nerd in einer Arbeitersiedlung oder auf einem traditionellen Bauernhof – undenkbar.

Das städtische Bürgertum bietet dem Nerd einen geeigneteren Lebensraum – Bürgertum, weil es finanzieller Sicherheit bedarf, um einen Nerd mit durchs Leben schleppen zu können, und Stadt, weil dort mehr passiert und aktuelle Veränderungen, gleich ob politischer, kultureller oder technischer Natur, schneller Fuß fassen als auf dem Land. Weswegen Bill Gates auch nicht auf einer Baumwollfarm in Louisiana, sondern in einer pulsierenden Großstadt wie Seattle aufgewachsen ist, wo es bereits Ende der 1960er Jahre Computer-Clubs gab, in denen der hochbegabte Teenager praktisch seine komplette Freizeit verbringen konnte.

Schon in der frühen Antike wuchsen die schrägen Typen mit überragenden Talenten und Fähigkeiten vor allem in den städtischen Metropolen auf. Eine von ihnen war Milet. Es lag an der ionischen Küste, ein paar Kilometer südöstlich von der Insel Samos. Heute ist diese Stelle verlandet und man findet dort nur noch ein paar historische Überreste und ländliche Tristesse. Doch im 6. und 7. Jahrhundert vor Christus war Milet vermutlich die wichtigste Stadt der Welt. Östliches und westliches Leben prallten dort mit voller Wucht aufeinander, was einerseits für Konflikte, andererseits aber auch für eine kreative Atmosphäre sorgte. Milet war ein pulsierender Schmelztiegel, der vor allem vom Handel geprägt wurde und den man aus heutiger Sicht wohl am ehesten mit Manhattan vergleichen kann: laut, geschäftig und neurotisch, bis hin zum Narzissmus. Die ionische Metropole hatte sogar das gleiche Straßenmuster wie Manhattan, nämlich orthogonal, wie am Reißbrett gezogen – als habe man mit der streng-geometrischen Straßenführung das Chaos in der Stadt besänftigen wollen. Dabei war es wohl gerade dieses Chaos, das den ersten dokumentierbaren Nerd der Weltgeschichte hervorbrachte: Thales von Milet.

Thales wurde um 624 v.Chr. geboren. Seine Eltern stammten aus Phönizien, einem schmalen Landstreifen an der östlichen Mittelmeerküste, der heute zu Israel, Libanon und Syrien gehört. Ihr Sohn war daher durchaus vertraut mit ägyptischer Rechenkunst und Astronomie, und die lange Kaufmannstradition Phöniziens dürfte erst recht nicht ohne Einfluss auf ihn geblieben sein. In Milet traf er dann auch noch auf die Griechen, auf ihre Schlitzohrigkeit und Beredsamkeit, aber auch auf ihren Hang zur Tragödie und zur Grübelei. Thales wurde also durch eine recht interessante Melange aus unterschiedlichen Kultureinflüssen geprägt. Ansonsten wissen wir nur wenig über seine Kindheit. Die schriftlichen Zeugnisse über sein Leben beginnen eigentlich erst mit seiner Rückkehr von einer langen Reise, die er als junger Mann durch den mittleren Orient unternommen hatte.

Thales war zu diesem Zeitpunkt nicht viel älter als zwanzig Jahre, doch für seine Mutter stand fest, dass er sich jetzt unbedingt verheiraten müsse. Sie wollte auch gleich nach einer geeigneten Braut für ihn suchen. Doch ihr Sohn machte das Spiel nicht mit. Auf die Frage, warum er denn nicht heiraten wolle, antwortete er nur knapp: »Noch ist nicht die Zeit dazu.« Und als man ihn einige Jahre danach wieder fragte, erklärte er ebenso knapp: »Jetzt ist die Zeit dazu vorüber.« Durch diesen Trick blieb Thales sein Leben lang Junggeselle und ohne Nachwuchs. Auf die Frage, warum er nicht wenigstens Kinder haben wollte, antwortete er: »Aus Liebe zu den Kindern.«

Statt um eine Familie kümmerte sich Thales lieber um astronomische und mathematische Studien. Noch heute ärgern sich Schüler mit dem »Satz des Thales« herum, wonach alle Winkel am Halbkreisbogen rechte Winkel sind. Zwar hatten schon die ägyptischen Pyramidenbauer mit dieser Erkenntnis gearbeitet, doch Thales war derjenige, dem der mathematische Beweis dafür gelang. Mit der Entdeckung, dass man ein Dreieck vollständig bestimmt hat, wenn man seine Basis und die Winkel an ihren beiden Enden kennt, ging er ebenfalls in die Annalen der Mathematik ein. Ganz zu schweigen von der historischen Bedeutung seiner Strahlensätze. Die Idee dazu kam ihm, als er die Höhe der ägyptischen Pyramiden ausrechnen wollte. Er nahm einen Stab und wartete den Zeitpunkt ab, bis dessen Schatten die gleiche Länge hatte wie der Stab. Bei diesem Sonnenstand musste also auch die Länge des Schattens der Pyramide gleich der Höhe der Pyramide sein. In der damaligen Zeit war das eine Sensation: ein Ding auszumessen, ohne es zu berühren! Den Zeitgenossen schwante, dass Thales ein Genie war. Allerdings kamen ihnen seine Erkenntnisse auch irgendwie nutzlos vor. Was hatte man schließlich davon, Pyramiden auszumessen, die schon längst fertiggebaut waren?

Auf diese Weise ereilte den Mann aus Milet das Schicksal, das noch viele Nerds nach ihm ereilen sollte: Man hielt ihn für ein versponnenes Genie. Extrem begabt und klug, aber eben auch lebensuntauglich und verschraubt. Nichts trug so sehr zur Verfestigung dieses Images bei wie die

Brunnen-Legende. Demnach spazierte Thales einmal durch die Lande und war dabei so auf das Betrachten des Sternenhimmels fixiert, dass er in einen Brunnen fiel. Eine Magd, die ihn beobachtet hatte, spottete prompt: »Thales, du willst wissen, was im Himmel ist, und doch siehst du nicht, was vor deinen Füßen liegt.« Später soll er noch versucht haben, seinen Brunnenaufenthalt damit zu erklären, dass er absichtlich dort hinunter gestiegen sei: weil man aus der Tiefe eines Erdlochs den Sternenhimmel besser sehen könne als vom flachen Land aus, sozusagen wie durch ein Fernrohr, nur eben ohne Linse. Doch natürlich glaubte ihm niemand mehr. Thales wurde den Ruf des klugen, aber weltentrückten Nerds nicht mehr los.

Und das ärgerte ihn. Also beschloss er, seinen Mitmenschen zu zeigen, wie weltmännisch und geschäftstüchtig er sein konnte. Eigentlich waren ihm Geld und materielle Güter egal, doch als er eines Tages aufgrund intensiver Naturbeobachtungen zu dem Schluss kam, dass eine reiche Olivenernte bevorstand, beschloss er, dieses Wissen auszunutzen. Er mietete alle verfügbaren Ölpressen der Umgebung, und als sie dann gebraucht wurden, vermietete er sie zu Höchstpreisen weiter. Auf diese Weise machte er ein stattliches Vermögen – und demonstrierte seine Geschäftstüchtigkeit.

Einen weiteren Beweis seiner Cleverness gab er, als er das Heer der Lyder, die seinerzeit an der ionischen Küste das Sagen hatten, in ihrem Kampf gegen die Perser unterstützte. Die Soldaten mussten einmal den Fluss Halys passieren, der jedoch zu tief war, um ihn mit Mann und Pferd durchqueren zu können. Also senkte Thales mit gezielten Kanalanschlüssen seinen Wasserpegel – und schon war für die Lyder der Weg frei, um sich überraschend auf ihre Feinde stürzen zu können. Es hat ihnen letzten Endes nicht viel genutzt. 546 v. Chr. mussten sie eine vernichtende Niederlage einstecken, und Lydien wurde zu einer Fußnote der Weltgeschichte.

Thales starb im gleichen Jahr, in dem Lydien unterging, doch sein Ruf überdauerte die Jahrtausende bis heute – nicht nur wegen seiner mathematischen Entdeckungen, sondern auch wegen seiner Impulse für die Philosophie. Nicht wenige Historiker sehen in ihm den ersten Philosophen der westlichen Welt, weil er nach dem Ursprung aller Dinge fragte. Thales meinte, diesen Ursprung im Wasser gefunden zu haben. Das war natürlich Quatsch – Wasser ist genauso wenig der Urstoff aller Dinge, wie die anderen Elemente Feuer, Erde oder Luft, aber mit seiner Frage nach dem Wesen der Dinge gab er dem Denken eine neue, naturphilosophische Richtung. Er riskierte einen Blick hinter die alltäglichen Dinge, so wie ein Kleinkind, das hinter den Fernseher krabbelt, um dort nach dem Ursprung der Bilder zu suchen. Wer ein Kind hat, das so etwas macht, sollte also nicht beunruhigt sein. Es steckt etwas von einem Philosophen in ihm. Oder auch von einem Nerd. Der Übergang zwischen beiden ist ohnehin fließend. Bereits wenige Jahre nach Thales erschien ein weiterer Nerd-Philosoph auf der Bildfläche: Heraklit von Ephesos.

Heraklit und die Dummheit der anderen

Eigentlich ging es Siddharta Gautama gut. Als Prinz eines edlen Palastes brauchte er sich um nichts mehr zu kümmern, weder um seinen Broterwerb noch um seine Familie. Er hätte in Luxus schwelgen und einfach in den Tag hineinleben können. Doch stattdessen wurde er immer schwermütiger und unzufriedener, bis es ihn schließlich nicht mehr hielt, und er die Welt jenseits der Palastpforten zu erkunden begann. Auf einer seiner Touren widerfuhr ihm dann das Unvermeidliche: Er wurde mit dem »echten Leben« konfrontiert, den Leiden und der Vergänglichkeit des Daseins. Er sah einen verkrüppelten Greis, einen Fieberkranken, einen verwesenden Leichnam und schließlich noch einen Asketen, der mit unbarmherziger Strenge seine Körperlichkeit auf ein Minimum reduziert hatte.

Siddharta war beeindruckt. Und mehr als das! Er verließ sein goldenes Gefängnis und wählte das Leben eines umherziehenden Asketen. Das war zwar auch nicht das Richtige für ihn, und fast hätte er sich sogar zu Tode gehungert, doch einen Weg zurück gab es für ihn nicht mehr. Siddharta wurde schließlich zu Buddha, dem Gründer einer Religion ohne Gott, einer Weltanschauung, zu der sich mittlerweile mehrere Hundert Millionen Menschen bekennen. Seine Geschichte ist eine Erfolgsstory – auch wenn Siddharta dies sicherlich anders gesehen hätte.

Zur gleichen Zeit wie der Erleuchtete aus Nepal lebte einige Tausend Kilometer westlich ein Mann namens Heraklit. Er war so etwas wie Buddhas dämonisches Double. Es gehört ja zu den Eigentümlichkeiten der Weltgeschichte, dass sich in ihr immer wieder an völlig unterschiedlichen Orten zeitgleich nahezu identische Gedanken entwickeln, die jeweils ihren eigenen Weg in die Geschichte suchen. Als wenn der Weltgeist einfach reif für etwas ist und sich nicht mehr mit lokalen Triumphen zufriedengeben, sondern den Globus flächendeckend erobern will.

Auch Heraklit stammte aus edlem Hause, auch er war seines satten und wohlbehüteten Lebens überdrüssig, auch er hatte einen scharfen Blick für die Vergänglichkeit des Daseins. Sein Satz »Alles fließt« ging in die Annalen der

Philosophiegeschichte ein. Doch anders als Buddha begründete er keine Religion, um den Menschen aus seinem Leiden zu befreien. Denn er hielt die Menschen generell für »schlecht« und wünschte ihnen ganz und gar nichts Gutes. Buddha liebte die Menschen, Heraklit verachtete sie. Seine Philosophie war so düster und schwergängig, dass selbst ein Meisterdenker wie Sokrates sie kaum verstand. Man fragt sich, was den griechischen Misanthropen eigentlich antrieb, was er mit seinem Gedankengebäude bezweckte, wo er doch niemandem helfen wollte.

So richtig beantworten kann diese Frage bis heute niemand, obwohl Heraklit, wie Nietzsche es ausdrückte, ein Philosoph für die Ewigkeit ist, »der nie veralten wird«. Aber die Motive des »Dunklen«, wie er seinerzeit genannt wurde, werden uns wohl für immer verschlossen bleiben. Vermutlich spielt aber eine Rolle, dass Siddharta und Heraklit zwar von ähnlichen Erfahrungen und metaphysischen Erkenntnissen ausgingen, aber ansonsten völlig unterschiedlich waren. Der eine war einfach nur ein guter Mensch, der andere hingegen war von diesem guten Menschen so weit entfernt wie Pluto von der Sonne: Heraklit nämlich war ein Nerd.

Geboren wurde er um 540 v. Chr. an der ionischen Küste – in Ephesos, ein paar Kilometer nördlich von Milet, dem Geburtsort von Thales. Heute liegen dort ein paar Feriendörfer, die wie ein direkter Gegenentwurf zur Philosophie des Heraklit wirken. Lustige Strandpartys, braungebrannte Windsurfer und Aerobic-Kurse für schwitzende Wohlstandsbürger passen so gar nicht zu seiner Weltwahrnehmung. Denn Heraklit war ein Außenseiter, der für Spaß und Zerstreuung, aber auch für Reichtum und Macht nicht zu begeistern war. Dabei war für ihn ursprünglich eine steile Karriere vorgesehen, stammte er doch aus einer wohlhabenden Aristokratenfamilie, die von alters her den Posten des »Basileus« besetzte. Mit diesem Job war man gleichzeitig oberster Sportveranstalter und Opferpriester, und damit eine der wichtigsten Figuren seiner Gemeinde. Als Erstgeborener hätte Heraklit eigentlich diese Würde von seinem Vater zu übernehmen sollen – doch er lehnte ab und überließ das Amt seinem Bruder. Für solche Trivialitäten hatte er nichts übrig.

Stattdessen beschäftigte er sich mit Philosophie, deren Funken von Milet ausgehend auf Ephesos übergesprungen war. Wobei Heraklit größten Wert darauf legte, niemandem nachzueifern. Wenn jemand mit einem schwierigen Problem zu ihm kam, sagte er nur: »Wartet einen Augenblick, ich will gehen und mich selbst befragen.« Das Ansammeln von Wissen hielt er für absolut entbehrlich, denn: »Vielwisserei verleiht keinen Verstand.« Anstatt mit Gelehrten verbrachte Heraklit seine Zeit lieber allein – oder mit Kindern. Zu denen pflegte er ein lockeres Verhältnis auf Augenhöhe. So traf er sich immer wieder mit ihnen zum Würfelspiel, und zwar ausgerechnet in jenem Tempel, für den er ursprünglich als Priester vorgesehen war. Als sich die indignierten Tempelbesucher beschwerten, blaffte er nur zurück, dass Würfelspielen auf heiligem Terrain alle Male sinnvoller sei, als zusammen mit dummen Politikern einen Staat regieren zu wollen. Womit er sich in einem Zug als entschiedener Anti-Demokrat und Ungläubiger outete.

Nicht einmal ein Jahrhundert später musste Sokrates für weitaus harmlosere Worte den tödlichen Schierlingsbecher trinken. Doch im Unterschied zu dem Steinmetz aus Athen, der seine Mitbürger immer wieder in anstrengende und nervtötende Gespräche verstrickte, war Heraklit in Ephesos durchaus angesehen. Er galt als missmutiger und exzentrischer Stinkstiefel, aber auf seinen Rat wollte man – zunächst jedenfalls – keineswegs verzichten. Wobei Heraklit seine Ratschläge mitunter recht eigentümlich artikulierte. Als Ephesos einmal von den Persern belagert wurde, nahm er eine Portion zerstoßener Gerste mit in die Volksversammlung. Wortlos mischte er sie mit Wasser, um sich dann zum Vertilgen seines faden Getreidebreis mitten unter die anderen Abgeordneten zu setzen. Dort war man zunächst erstaunt, doch dann verstand man, was gemeint war. Dass nämlich auch im reichen Ephesos die Vorräte begrenzt waren und man sich daher unbedingt einschränken müsste. Also rationierte man die Lebensmittel und konnte auf diese Weise länger durchhalten als die persischen Belagerer, die schließlich frustriert das Feld räumen mussten.

Heraklit erhielt daraufhin vom persischen König Darius ein Angebot, in seinem Hofstaat als Privatgelehrter zu arbeiten. Dahinter steckte sicherlich die Absicht, den Feind eines seiner klügsten Köpfe zu berauben. Darius bot dem Philosophen ein fürstliches Honorar, und er hätte nicht einmal viel dafür tun müssen. Doch der Umworbene lehnte ab – nicht etwa aus Verbundenheit mit seiner Heimatstadt Ephesos, sondern weil ihm finanzielle Anreize egal waren: »Ich bin mit dem wenigen, was mir zufällt, zufrieden.«

Seine Mitbürger wussten nicht so recht, was sie davon halten sollten. Sie irritierte, dass Heraklit ihnen zwar erhalten blieb, dass er aber darauf verzichtete, dies mit einer eindeutigen Loyalitätsbekundung zu verbinden. Aber so ist das eben mit den Nerds: Man weiß nie, was man an ihnen hat. Sie können die treuesten Seelen sein, aber sie würden es niemals zugeben.

Als Philosoph ging Heraklit noch einen deutlichen Schritt weiter als Thales. Der hatte zwar auch schon einen Blick hinter die Erscheinungen geworfen, doch es war ihm nie gelungen, eine plausible Erklärung zum Verhältnis der beiden Welten – Erscheinung und Wesen – zu entwickeln.

Heraklit behauptete dagegen: Das Wesen macht sich zwar durch die Erscheinungen offenbar, will sich aber gleichzeitig auch verbergen. Zweifelsohne ein Widerspruch, aber ein höchst produktiver. Heraklit wurde nicht müde, die Gegensätze der Welt aufzuzählen: »Tag – Nacht, Winter – Sommer, Krieg – Frieden, Überfluss – Hunger.« Und all diese Gegensätze schlagen immer wieder ineinander um: »Das Kalte erwärmt sich, Wärme kühlt sich ab. Feuchtes trocknet, Dürres wird feucht.« Alles vergeht, oder, wie Heraklit es sagte, alles fließt, doch gleichzeitig entsteht aus dem Vergehenden immer wieder etwas Neues. Die Vernichtung des Einen bedeutet die Geburt des Anderen. Weswegen Heraklit zu dem Schluss kam: »Der Krieg ist Vater aller Dinge.« Ein Satz, der bis heute verwendet wird. Allerdings wird er oft zur Rechtfertigung verheerender Schlachten und Verbrechen herangezogen, obwohl Heraklit mit ihm vielmehr die Vergänglichkeit und das widersprüchliche Wesen der Welt zum Ausdruck bringen wollte. Mit diesen Gedanken hat er in der Philosophiegeschichte seine Spuren hinterlassen.

Aber auch in der Geschichte des Nerds nimmt er eine Sonderstellung ein. Thales begnügte sich noch damit, verschroben und klug zu sein, aber ansonsten war er eher der Archetyp des zerstreuten Professors, den man eigentlich nur sympathisch finden konnte. Mit Heraklit kamen jedoch zwei weitere Nerd-Nuancen hinzu: nämlich eine gewisse Verachtung für den Rest der Menschheit, gepaart mit reichlich Arroganz. Mit Heraklit erhielt das Nerdtum eine aggressivere Note: Ich bin klug, klüger als ihr, und das lasse ich euch auch spüren. Der Typ des Evil Nerds – man kennt ihn aus Filmen wie *Ich – einfach unverbesserlich* oder *Hackers* – findet in Heraklit seinen Urahnen

Der »Dunkle« bezahlte sein besserwisserisches Nerdtum mit Einsamkeit. Heraklit blieb zeit seines Lebens ledig und ohne Freunde. Und auch ohne ärztlichen Beistand. Im Alter von etwa 60 Jahren erkrankte er an Wassersucht, doch seitdem er sich einmal öffentlich darüber gewundert hatte, »warum jemand, der überall brennt und schneidet«, auch noch Geld dafür bekommt, durfte er nicht mehr auf medizinische Hilfe rechnen. Also behandelte Heraklit sich selbst, indem er sich in einem Kuhstall eingraben ließ und hoffte, dass die Hitze des Mistes das Wasser aus seinem aufgepumpten Körper treiben würde. Es klappte nicht. Angeblich wurde der mistverschmierte Philosophenkörper am Ende sogar von Hunden gefressen. Als wenn es noch eines letzten Beweises bedurft hätte, dass jedem Untergang der Keim von etwas Neuem innewohnt.

Aristoteles: Der erste Professor der Weltgeschichte

Für die Entstehung der griechischen Halbinsel Athos gibt es gleich zwei mythologische Erklärungen. Der ersten Legende nach verdankt sie ihre steinige Existenz einem Kampf zwischen Athos, dem Riesen, und Poseidon, dem Gott des Meeres. Der Gigant schleuderte einen riesigen Felsen nach dem Gott, doch Poseidon wich aus, und das Geschoss plumpste unweit der griechischen Halbinsel Chalkidike ins Meer. Dort liegt es noch immer, nur dass er sich mittlerweile mit Chalkidike verbunden hat, um als Landzunge wie ein Finger ins Mittelmeer hineinzuragen. Eine dramatische Geschichte – doch für unsere Zwecke ist die zweite Legende weitaus interessanter. Demnach kam seinerzeit die keusche Daphne, Tochter des Königs von Arkadien, nach Athos, um sich vor Apollo zu verstecken, der in heftiger Liebe zu ihr entbrannt war. Als der liebestolle Gott sie auch hier aufspürte, war sie so verzweifelt, dass sie sich von ihrem Vater in einen Lorbeerbaum verwandeln ließ. Dem enttäuschten Apollo blieb nur noch ein Lorbeerkranz, den er sich fortan um Kopf und Leier wickelte, und auf Athos wurde eine Stadt nach Daphne benannt, die noch heute so heißt.

Wichtig ist die symbolische Bedeutung von Daphnes Flucht. Denn mit ihr gab sie deutlich zu verstehen, dass sie mit Apolls Fleischeslust nichts zu tun haben wollte. Die Insel war ihr Refugium vor den Anfechtungen der sexuellen Gier, und das ist sie bis heute geblieben, und zwar für zahlreiche Mönche, die sich ausschließlich für die Liebe zu ihrem Gott begeistern. Anfang des 20. Jahrhunderts waren es mal über 7000, dann ging es vorübergehend runter auf 1200, und heute sind es wieder etwas mehr als 2000. Nicht wenige von ihnen hausen als Eremiten in Baracken oder Höhlen. Das heißt: Sie leben allein in bescheidensten Verhältnissen und treffen sich nur gelegentlich in einem der zwanzig Klöster, um dort gemeinsame Messen abzuhalten. Echte Nerds im Dienste Gottes also, die keine Ablenkung in ihrer Glaubensarbeit dulden.

Da liegt es nahe, dass Frauen der Zutritt zu Athos verboten ist, mit der offiziellen Begründung: »Aus diesem Paradies ist das Weib verstoßen, damit der Mann nicht jenes Paradieses verlustig gehe.« Selbst weibliche Haustiere gibt es auf Athos nicht. Esel, Pferde, Katzen, Hunde – allesamt männlich. Nur den Bienen wird noch die Königin gestattet, weil sie ja sonst keinen Honig produzieren würden.

Im Jahre 2003 beschloss das Europa-Parlament eine Abschaffung des »Ávaton«, wie das Frauenverbot auf Athos genannt wird – ohne konkrete Folgen, denn Griechenland war bei seinem Beitritt zur EU der Ausnahmestatus von

Athos ausdrücklich zugestanden worden. In wichtigen Verwaltungsangelegenheiten, und dazu gehört auch das Frauenverbot, ist die Mönchsrepublik ohnehin unabhängig vom Mutterland.

Die Griechen selbst stört es nur wenig, dass man sich auf dem Klosterfelsen von niemandem etwas vorschreiben lässt. Denn im Heimatland der Philosophie hat man schon länger Erfahrungen mit solch eigenbrötlerischen Nerds. Der erste war Thales, als Nächster kam Heraklit, und wenig später wurde, nur wenige Kilometer nördlich von Athos, ein weiterer Philosophen-Nerd geboren. Historiker bezeichnen ihn gerne als den ersten Professor der Weltgeschichte. Sein Name: Aristoteles.

Geboren wurde Aristoteles 384 v. Chr. in Stageira, einer Kleinstadt an der Südostküste von Chalkidike. Sein Vater war Nikomachos, der als Leibarzt am makedonischen Königspalast in Pella arbeitete. Doch seine Eltern starben früh, und so wurde er einem Vetter anvertraut, der den Jungen in ein winziges Dorf an der lydischen Küste verfrachtete. Vom Zentrum der Macht ging es also in die Provinz, was für den an Bildung und aristokratische Gesellschaft gewöhnten – und sicher auch verwöhnten – Aristoteles hieß, dass er sich fortan mit einfältigen Bauerntölpeln vergnügen sollte. Das war natürlich absolut inakzeptabel, denn sozial hielt er es ähnlich wie Heraklit: Bloß keinen Kontakt zu dümmeren Leuten! Und da er sich selbst für klüger als praktisch alle anderen hielt, beschäftigte sich Aristoteles vorzugsweise mit sich selbst und damit, immer klüger zu werden. Heute hätte sich der jugendliche Aristoteles vermutlich vor seinem PC unter Cola-Dosen und Pizza-Schachteln eingegraben und an *Wikipedia* gearbeitet, doch diese Möglichkeit gab es damals noch nicht.

Als er 17 Jahre alt wurde, konnte Aristoteles aufatmen,

denn mit den Leiden in der Provinz war es nun vorbei. Man schickte ihn nach Athen, an die Akademie des großen Platon. Dort freilich betrachtete man den jungen Mann aus der Provinz mit Skepsis. Hinzu kam, dass Aristoteles lispelte, aus kleinen Augenschlitzen misstrauisch in die Welt blickte (vermutlich war er kurzsichtig, und eine Brille gab es damals noch nicht!) und von schwächlicher Natur war, was er mit eleganter und teurer Kleidung zu kaschieren versuchte. Kurz: Er war ein Außenseiter, der bei seinen Lehrern und Mitschülern erst einmal negativ auffiel. Doch das hinderte ihn nicht daran, durch extremen Fleiß (sein Spitzname war »der Leser«) und messerscharfen Verstand zu brillieren, so dass er schon bald zu Platons Lieblingsschüler avancierte.

Die Philosophenlegende merkte, dass da etwas Besonderes in seinem Kader heranwuchs. Dennoch war das Verhältnis der beiden nicht unproblematisch. Aristoteles saugte einerseits zwar begierig auf, was Platon von sich gab, andererseits wurde er schnell anmaßend und aggressiv, wenn ihm intellektuell etwas gegen den Strich ging. Immer öfter kam es zu Disputen, die teilweise so heftig wurden, dass Platon resigniert feststellte: »Aristoteles hat gegen mich ausgeschlagen wie ein junges Fohlen gegen seine Mutter.«

Das Fohlen blieb immerhin zwanzig Jahre in Athens Denkerstall, in dem es am Ende auch fleißig Lehraufgaben übernahm. Der Makedone gewann an Respekt – aber beliebt wurde er nie. Als Platon starb, dachte Aristoteles, dass man ihm die Leitung der Akademie übertragen würde. Doch stattdessen wurde Platons Neffe Speusippos zum Scholarchen ernannt – ein der Legende nach vergnügungssüchtiger, dem Alkohol nicht abgeneigter Lebemann, der später bei einem Ehebruch ums Leben kam. Den völlig vergeistigten Aristoteles musste diese Wahl besonders kränken. Darauf lässt auch die Polemik schließen, mit der er Speusippos zeit seines Lebens bedachte.

Restlos frustriert kehrte Aristoteles zurück in »sein« lydisches Dorf. Vermutlich hatte er zu diesem Zeitpunkt keine großen Hoffnungen mehr, dass sich sein Schicksal zum Besseren wenden würde, denn er beherrschte zwar Mathematik, Logik, Philosophie und andere abstrakte Dinge wie kein Zweiter, doch als Handwerker oder Ingenieur fehlte ihm jegliches Talent, so dass ihm der Arbeitsmarkt der damaligen Zeit, speziell in der Provinz, kaum Chancen eröffnete.

Doch es kam anders. In Lydien hatte nämlich ein Machtwechsel stattgefunden. Die noch junge Demokratie war erst einmal zu den Akten gelegt worden, stattdessen hatte ein Tyrann namens Hermias das Ruder übernommen – ein Eunuch, der gleichwohl mit unbarmherziger Härte regierte und sich nur allzu gerne mit geistreichen Tischgenossen schmückte. Aristoteles bekam einen Platz an seinem Hofe, wobei wir bis heute nicht wissen, was er dort eigentlich zu tun hatte. Was wir allerdings wissen: Er bekam Pythias, die Tochter des Tyrannen, zur Ehefrau. Über die Motive dieser Heirat wird bis heute gerätselt, die historischen Quellen dazu sind widersprüchlich. Klar ist nur: Pythias hatte dabei keinerlei Mitbestimmungsrecht, so etwas war damals noch nicht vorgesehen. Ob die beiden Eheleute durch Liebe miteinander verbunden waren, ist zweifelhaft, denn der Philosoph sah die Verbindung von Mann und Frau eher als Naturgesetz denn als Romanze: »Es ist notwendig, dass sich jene Wesen verbinden, die ohne einander nicht bestehen können.«

In jedem Falle sollte sich die Heirat für Aristoteles noch als nützlich erweisen. Als die Perser über Lydien herfielen und Hermias ans Kreuz nagelten, flohen die Eheleute nach

Makedonien. Dort regierte Philipp, ein alter Freund und Verbündeter von Hermias, dessen Tochter samt Ehemann bereitwillig aufgenommen wurde.

Bereits wenig später wurde Aristoteles zum Lehrer des makedonischen Prinzen ernannt, der später als Alexander der Große in die Geschichte eingehen sollte. Der Philosoph und der künftig mächtigste Mann der Welt – das hat die Phantasie zahlloser Dichter beflügelt. Tatsächlich aber war der Einfluss des lispelnden Gelehrten auf den pubertierenden, von Testosteron und Adrenalin gesteuerten Jüngling allenfalls marginal. Ihre gemeinsame Zeit dauerte gerade mal zwei Jahre. Als Alexander später über den Osten herfiel und dabei ganze Völker abschlachtete, dürfte ihn wohl kaum die aristotelische Logik dazu angeleitet haben.

335 v. Chr. kehrte der Philosoph zurück nach Athen. Dort begründete er an einem öffentlichen Gymnasium seine eigene Schule: das Lykeion. Die neue Akademie übertraf an Bedeutung schon bald die altehrwürdige platonische Philosophenschule. Erstens, weil in ihr sachlicher und wissenschaftlicher und weniger nach liturgischen Mustern gearbeitet wurde, und zweitens, weil sein Leiter gleichsam ein besessener Arbeiter und schräger Vogel war. So war Aristoteles beispielsweise der Meinung, dass der Schlaf ihn lediglich vom Philosophieren abhielt. Also entwarf er eine Methode, um seine Nachtruhe so kurz wie möglich zu halten. Sie bestand darin, beim Ablegen aufs Bett eine eiserne Kugel in die Hand zu nehmen und diese dann über einer Schüssel hängen zu lassen. Wenn die Kugel scheppernd herunterfiel, erwachte Aristoteles und er konnte weiterphilosophieren.

Der radikale Kampf gegen den Schlaf – es gibt ja Wichtigeres zu tun – wird später zu einem wesentlichen Kennzeichen der Nerds. Den härtesten Schlafentzug praktizierte wohl der große Erfinder Thomas Alva Edison. Er arbeitete bis zu 112 Stunden pro Woche in seiner Werkstatt und ging nachts meistens gar nicht erst nach Hause. Seinen Schlaf fand er in Gestalt kurzer Nickerchen auf einer Holzbank. Er soll in der Summe niemals mehr als vier Stunden täglich geschlafen haben. Mit der Folge, dass er bereits mit 38 Jahren ein gesundheitliches Wrack war. Aber immerhin machte er im Laufe seines Lebens über 2000 Erfindungen.

Der Wenigschläfer Aristoteles hinterließ der Nachwelt ebenfalls ein gigantisches Werk: über 400 Bände mit fast 450 000 Zeilen. Und auch er bezahlte dies mit seiner Gesundheit. Sein Magen rebellierte, er litt – typisch für den nächtlichen Arbeiter – an Gastritis und später vermutlich an einem Magengeschwür. Zur »Therapie« legte er sich abends Schläuche mit heißem Öl auf den Bauch. Aber seinen Unterricht hielt er wie immer.

Es waren dann politische Turbulenzen, die seinem Lehreifer ein Ende setzten. 323 v. Chr. starb nämlich Alexander der Große, was man in Athen zum Anlass nahm, sich gegen die makedonische Vorherrschaft zu erheben. In diesem Zusammenhang erwachte die Erinnerung daran, dass Aristoteles ja einmal Lehrer von Alexander und sogar geborener Makedone war. Man beschuldigte ihn der Kollaboration mit den verhassten Besatzern, ohne freilich einen einzigen Beweis dafür zu haben. Aristoteles reagierte auf die Anfeindungen zunächst gelassen, floh dann aber doch nach Chalkis auf das Anwesen seiner verstorbenen Mutter. Kurz vor Reiseantritt soll er – ein deutlicher Verweis auf Sokrates – gesagt haben, dass er den Athenern nicht noch einmal Gelegenheit geben wolle, »sich an der Philosophie zu versündigen«.

Aristoteles starb wenige Monate nach seiner Flucht. Sein Werk allerdings setzte viele Jahrhunderte lang den Maßstab für Logik, Wissenschaft und Philosophie. Und auch seine Persönlichkeitsstruktur lebte fort. Aristoteles war der Archetypus des nerdigen Professors: hochgelehrt, spleenig und geistig verschraubt bis unerreichbar, aber auch bereit, für seine Sache die eigene Gesundheit zu opfern. In einem Punkt freilich entsprach Aristoteles ganz und gar nicht dem Bild des typischen Nerds: indem er nämlich mit pädagogischem Eifer eine Schule gründete, um den Menschen Gutes zu tun, sie zu bessern und ihnen zu gefallen. Einem echten Nerd sind solche Ambitionen fremd. Er verhält sich eher wie Diogenes von Sinope.

Bloß nicht in die Tonne treten: Diogenes und die Kyniker

Es hat immer wieder Zeiten gegeben, in denen sich Nerds besonders gut entwickeln konnten. Das Internet- und Computer-Zeitalter gehört dazu, mit so prägnanten Figuren wie Bill Gates und Mark Zuckerberg. Ganz früh in der Geschichte gab es jedoch schon einmal eine Epoche, die überdurchschnittlich viele Nerds hervorbrachte. Es war die Zeit der sogenannten Kyniker.

Diese »Hunde-Philosophen« (Kyniker kommt vom griechischen »Kyon« = Hund, später entwickelte sich daraus der Begriff »Zyniker«) verdankten ihre Existenz – wie die anderen frühen Nerds – vor allem der Meinungsfreiheit und dem relativen Reichtum der griechischen Gesellschaft. Ihr Vorbild war Sokrates, der gelegentlich abgerissen und ungepflegt durch Athen gewandelt war und sich als Pate einer Philosophie der Bedürfnislosigkeit geradezu anbot. Doch Sokrates selbst war noch kein Kyniker, und er war auch kein

Nerd. Dazu war er viel zu sehr ein Teil der Welt um ihn herum. Er hatte als Soldat gedient und mit Xanthippe eine »ganz normale« Ehefrau, die sich oft und zu Recht über die Faulheit und Debattiersucht ihres Gatten aufregte. Zudem suchte Sokrates stets die Nähe zu anderen Menschen, um sie zum Nachdenken über ihr Leben und ihre Wertvorstellungen zu animieren. Seine Art des philosophischen Vorgehens wird als Mäeutik bezeichnet. Diesen Begriff übersetzt man am besten mit »Hebammenkunst«. Die Mitmenschen sollen nicht mit langatmigen Vorträgen ermüdet, sondern durch gezielte Provokationen und Argumentationen dazu gebracht werden, ihre Erkenntnisse aus sich selbst zu gebären. Hilfe zur geistigen Selbsthilfe also – kein Nerd würde je auf so einen Gedanken kommen. Denn der praktiziert lieber das Gegenteil: Entweder nervt er die Menschen mit altklugen und langatmigen Vorträgen, oder aber er lässt sie seine Verachtung für ihre Dummheit spüren. Heraklit ging diesen Weg, die Kyniker aber zelebrierten ihn und sahen in ihm nicht das Mittel zur Erkenntnis, sondern geradezu den Inhalt ihrer Philosophie selbst.

Der erste Vertreter der kynischen Schule war Antisthenes, geboren 446 v. Chr. in Athen. Er schloss sich zunächst den Sophisten an, doch deren inhaltslose Schönrednerei gefiel ihm nicht, so dass er sich eine Zeitlang Sokrates anschloss, dessen »Gleichmut« er bewunderte. Später begründete Antisthenes seine eigene Schule. Wobei dieser Begriff wohl etwas zu hoch gegriffen ist. Denn das, was Antisthenes praktizierte, hatte nichts mit den Philosophenschulen von Platon und Aristoteles gemeinsam. Am ehesten könnte man es noch als Stand-up-Philosophieren bezeichnen. Denn Antisthenes ging als frei praktizierender Philosoph durch die Straßen, lud sich selbst zu Banketten oder Versammlungen ein, wo er dann die Teilnehmer mit langen Vorträgen über die Vorzüge der Bedürfnislosigkeit nervte. Irgendwelche Schriften hinterließ er nicht – was blieb, sind Anekdoten.

Legendär sein von Xenophon berichteter Auftritt beim Gastmahl eines reichen Geschäftsmannes. Antisthenes schilderte dort seine Vorstellung von Reichtum, die er als einen »Seelenzustand« begriff. Macht und Geld zählte er hingegen nicht dazu, denn »wie sollte man sich sonst erklären, dass einige, obwohl sie viele Dinge besitzen, weiterhin Gefahr und Mühe auf sich nehmen, nur um weiteres Geld anzuhäufen. Ebenso wenig könnte man das Verhalten gewisser Tyrannen verstehen, die so nach Macht und Schätzen gieren, dass sie immer schlimmere Verbrechen begehen.« Demgegenüber würde er, Antisthenes, sich selbst als »wahrhaft reich« ansehen: »Ich schlafe, esse und trinke, wo es mir am besten gefällt, und ich habe das Gefühl, dass die ganze Welt mir gehört. Um die Speisen begehrenswerter zu machen, nutze ich nur meinen eigenen Appetit. Ich esse eine Weile nichts, und schon nach dem ersten Fastentag erscheint mir jede Speise, die ich zum Munde führe, von höchstem Wert. Wenn mein Körper Liebe braucht, nehme ich mir eine hässliche Frau, so dass sie mich, eben weil niemand sie begehrt, mit höchster Freude empfangen kann. Das Entscheidende, meine Freunde, ist, überhaupt nichts zu brauchen.«

All das klingt logisch und überzeugend, denn wer nichts braucht, leidet keinen Mangel. Festzuhalten bleibt jedoch, dass es Antisthenes schon nach etwas mehr verlangte, als er öffentlich eingestand. Nach schönen Frauen zum Beispiel. Einmal brach aus ihm heraus: »Oh, wenn ich Aphrodite zu fassen bekäme!« Aus seiner Not machte er freilich eine Tugend – und predigte den Triebverzicht: »Lieber verrückt werden, als der Lust zu erliegen.« Solche Strategien zum Kompensieren des eigenen unterdrückten Triebes tauchen in der Geschichte ja öfter auf. Insbesondere Nerds sind besonders einfallsreich, wenn es darum geht, ihre frustrierte Sexualität zu sublimieren.

Insgesamt war Antisthenes noch ziemlich weit vom echten Nerd entfernt, dafür war er einfach zu eitel. Als Sokrates den Kyniker einmal ostentativ mit einem abgewetzten Mantel über den Marktplatz schlendern sah, bemerkte er psychologisch scharfsinnig: »O Antisthenes, aus den Löchern deines Mantel springt mir die Eitelkeit entgegen.« Wer aller Welt seine Bedürfnislosigkeit zeigen muss, ist charakterlich nicht viel anders gestrickt als jemand, der mit seiner mehrstöckigen Villa seinen Reichtum hervorkehrt.

Da war Diogenes schon aus ganz anderem Holz geschnitzt. Antisthenes musste das am eigenen Leibe erfahren, als er im hohen Alter krank darniederlag und seine Mitmenschen mit endlosen Jammertiraden quälte. Als er seinen Lieblingsschüler Diogenes nach einem solchen Jammer-Monolog fragte: »Wer kann mich bloß von meinen Qualen erlösen?«, zückte Diogenes seinen Dolch und meinte: »Dieser da.« Antisthenes, ziemlich entsetzt über diese Antwort, sprang auf und rief, dass er ja nur mit seinem Leiden, aber nicht mit seinem Leben abschließen wolle. Also zog Diogenes schulterzuckend von dannen.

Geboren wurde Diogenes 404 v. Chr. in Sinope. Er arbeitete dort bei seinem Vater in der Wechselstube, doch dann wurden die beiden wegen Falschmünzerei angeklagt und verurteilt. Der Vater wanderte in den Kerker, Diogenes wurde verbannt und ging nach Athen. Allerdings nicht, ohne noch einen Spruch abzusondern: »Wenn die Sinoper mich zum Exil verurteilt haben, verurteile ich sie dazu, im Vaterland zu bleiben.«

In Athen traf er auf Antisthenes, dem er am Anfang so hartnäckig nachstellte, dass dieser den jungen Exilanten sogar mit einem Stock verjagen wollte. Doch Diogenes blieb hartnäckig, ganz nach Art des Nerds: Wenn man sie loswerden will, bleiben sie erst recht. Auch Ablehnung kann als eine besondere Form der Zuwendung erfahren werden.

Schon bald wurde Diogenes weitaus bekannter als sein Lehrer Antisthenes, was diesen ziemlich gewurmt haben dürfte. Aber sein Schüler war einfach origineller, und was noch wichtiger war: Die Leute spürten, dass er es ernst meinte. Diogenes machte keine Show, er *war* eine Show: spontan, kritisch und respektlos. Und was genauso wichtig war: Jeder fürchtete, selbst zum Opfer seines Spotts zu werden, freute sich dafür aber umso mehr, wenn es jemand anderen erwischte. Und diese Freude war natürlich umso größer, je bedeutender das Objekt des Spottes war.

Wie etwa Alexander der Große. Er traf den Kyniker auf den Stufen eines Gymnasiums in Korinth und fragte ihn, ob er etwas für ihn tun könne. Die ebenso trockene wie legendäre Antwort: »Geh mir aus der Sonne.« Diogenes saß dabei übrigens nicht in seiner Tonne. Denn er hatte gar keine. Die Vorstellung, dass er in einer Tonne wohnte, ist einer Fehlinterpretation zu verdanken. Der römische Philosoph Seneca sagte einmal über Diogenes, dass solch ein bedürfnisloser Mann auch in einer Tonne leben könnte. Wohlgemerkt: *könnte*. Diesen Konjunktiv hätte Seneca wohl kaum verwendet, wenn Diogenes tatsächlich in einer Tonne gelebt hätte.

Tatsächlich lebte Diogenes überwiegend im Freien, denn er hatte seinen Körper abgehärtet, indem er sich zur Sommerzeit nackt auf heißen Sand und zur Winterzeit nackt auf kalten Schnee legte. Sein Hab und Gut bestand aus einem Mantel, in dem er auch schlief, sowie einer Schüssel zum Essen und einem Becher zum Trinken. Als er jedoch beobachtete, dass man die Linsen, seine Hauptmahlzeit, einfach aufs Brot pressen konnte, warf er auch noch die Schüssel weg.

In puncto Sex war Diogenes, um es einmal so auszudrücken, sehr eigenwillig. Wir wissen nicht, ob er sich für Frauen interessierte, in jedem Falle interessierten die sich nicht für ihn, denn er war ja ein Habenichts mit schlechten Manieren. Also übte er sich in der Kunst der Selbstbefriedigung, gelegentlich auch in aller Öffentlichkeit auf dem Marktplatz. Als ihn daraufhin jemand tadelte, antwortete er nur: »Ach, wenn ich doch auch den Hunger mit einer kleinen Reibung des Magens besänftigen könnte.«

Wie Sokrates, Antisthenes und Heraklit hinterließ auch Diogenes keine eigenen Schriften. Er sprach durch seine Taten, sein ganzes Leben war eine einzige philosophische Performance. So ging er tagsüber mit einer brennenden Laterne durch die Straßen, um dabei lauthals zu verkünden: »Ich suche einen wahrhaften Menschen!« Ein anderes Mal stand er vor einer steinernen Statue, um ihr irgendwelche Fragen zu stellen. Als man ihn auf dieses eigentümliche Verhalten ansprach, entgegnete er: »Ich übe mich darin, vergebens zu bitten.«

Nettigkeiten gab es von Diogenes nicht wirklich zu hören, allenfalls indirekt. Eines Tages wurde er in eine piekfeine Villa eingeladen, die mit feinsten Teppichen und Möbeln ausgestattet war. Durchaus geschmackvoll, das musste sogar der bedürfnislose Kyniker akzeptieren. Also spuckte er dem Hausherrn mitten ins Gesicht. Dann reinigte er ihn schnell wieder mit seinem Mantel und sagte ihm, dass er im Haus einfach keinen hässlichen Flecken gefunden hätte, auf den er sonst hätte spucken können.

Den letzten Abschnitt seines Lebens verbrachte Diogenes auf Kreta im Haus eines Sklavenhändlers. Man fragte den Alten, was er denn eigentlich überhaupt noch tun könnte. Seine Antwort: »Menschen zu befehligen.« Als er dann den reichen Kaufmann Xeniades sah, an dem überall Edelsteine funkelten, fügte Diogenes noch hinzu: »Verkaufe mich an diesen Ärmsten, denn so wie er herausgeputzt ist, scheint er dringend jemanden wie mich zu brauchen.« Am Ende kam er tatsächlich zu Xeniades, und er blieb bei ihm und unterrichtete seine Söhne.

Diogenes wurde 90 Jahre alt. Sein Einfluss auf die Philosophie blieb eher bescheiden, doch als Nerd war er einer der ganz Großen.

Oben auf dem Elfenbeinturm

Die großen Nerds der Philosophie

Philosophie ist Sache des Großhirns. Selbst wenn man die Macht des unbewussten Willens propagiert, wie es Schopenhauer und Nietzsche taten, bleibt das Nachdenken und Reden darüber eine Angelegenheit der grauen Substanz, die für das bewusste Reflektieren und Urteilen zuständig ist. Deswegen ist es immer sinnvoll, unter den Größen der Philosophiegeschichte nach Nerds zu suchen, denn die verlassen sich auch mehr aufs Großhirn als auf das, was darunter liegt.

Es gibt aber noch weitere Gründe, die die Philosophiegeschichte zu einem Tummelplatz der Nerds machen. Erstens: Als Philosoph kümmert man sich oft um Dinge, die keinen unmittelbaren Nutzen haben. Wen interessiert schon, wie viele Engel auf einer Nadelspitze Platz haben oder ob es ein Ding an sich hinter den Erscheinungen gibt? Für so etwas interessiert sich schlichtweg nur ein Nerd. Zweitens: Philosophen sind oft allein und haben Probleme mit anderen Menschen, vor allem mit Frauen. Mehr als die Hälfte aller prominenten Philosophen war unverheiratet. Was sicherlich daran lag, dass einige von ihnen im Kloster lebten, aber oft auch daran, dass sie einfach nicht das Herz einer Frau für sich gewinnen konnten. Denn ein verkopfter Typ ohne konkrete berufliche Perspektiven hatte schon immer wenig Chancen auf dem Partnermarkt.

Ein dritter Aspekt, der Nerds und Philosophen oft gemeinsam ist: die gleichgültige bis negative Haltung gegenüber allem Kindlichen, Irrationalen und Körperlichen. Plotin (205–270) geißelte den Leib als Gefängnis der Seele und verzichtete daher auf die Körperhygiene, weil er dem Feind nicht auch noch Gutes tun wollte. Für seine Anhänger wurde das zu einem ziemlich unappetitlichen Problem, weil ihr stinkender Lehrer sie gerne väterlich umarmte. René Descartes (1596–1650) wollte die Kindheit als Krankheit verstanden wissen, die es so schnell wie möglich zu kurieren gelte. Körperliche Bewegung war ihm ebenfalls ein Gräuel, weswegen er die meiste Zeit des Tages im Bett verbrachte. Im Halbschlaf kamen ihm dann wohl auch jene ernsthafte Zweifel an der Realität, an deren Ende nur noch das denkende Ich einen Bestandsanspruch hatte: Cogito, ergo sum – ich denke, also bin ich. Jean-Paul Sartre (1905–1980) sah mit seinen schmalen Schultern und seiner riesigen Brille – er litt seit früher Jugend an einer Linsentrübung – schon aus wie der Prototyp des unkörperlichen, vergeistigten Nerds. Zu allem Überfluss war er auch noch ein starker Raucher, was ihm selbst posthum noch Ärger einbrachte, als wegen der harten Anti-Raucher-Gesetze in Frankreich eine Zeitlang auf Bildern von ihm Pfeife und Zigarette wegretuschiert wurden (erst im Januar 2011 wurde ihm per Regierungserlass wieder das Rauchen erlaubt …). Ludwig Wittgenstein (1889–1951) war zwar überzeugter Nichtraucher, aber in seiner körpernegierenden Art Sartre nicht unähnlich. So lebte er in seiner Zeit als Cambridge-Professor nur von Brot und Käse. Darauf angesprochen, meinte er: »Es ist mir ziemlich egal, was ich esse – Hauptsache, es ist immer das Gleiche.« Die modernen Nerds denken noch heute so, nur dass Brot und Käse durch Chips, Pizza und Cola ersetzt wurden.

Nicht zu vergessen ist schließlich, dass sich Philosophen

und Nerds in ihrer Kommunikationsstruktur treffen. Wenn sie das Wort ergreifen – was nicht oft vorkommt –, neigen sie zum endlosen und gerne auch besserwisserischen Monolog. Da steckt zwar oft eine Menge Wahres und Weises drin, doch für den Zuhörer kann dies sehr ermüdend werden. Besonders anstrengend war Georg Wilhelm Friedrich Hegel (1770–1831), dessen Vorlesungen von einem Studenten wie folgt beschrieben wurden: »Abgespannt, grämlich saß er mit niedergebücktem Kopf in sich zusammengefallen da und blätterte und suchte immerfort sprechend in den langen Folioheften vorwärts und rückwärts, unten und oben; das stete Räuspern und Husten störte allen Fluss der Rede, jeder Satz stand vereinzelt da und kam mit Anstrengung zerstückt und durcheinandergeworfen heraus; jedes Wort, jede Silbe löste sich nur widerwillig los, um von der metallenen Stimme dann in schwäbisch breitem Dialekt, als sei jedes das wichtigste, einen wundersam gründlichen Nachdruck zu erhalten.«

Arthur Schopenhauer fand nicht nur die Vorlesung, sondern auch die ganze Persönlichkeit Hegels widerwärtig, beschimpfte ihn als »erbärmlichen Patron« und »geistigen Kaliban« (kein Taliban, aber immerhin der barbarische Unhold aus einer Shakespeare-Komödie). Schopenhauer legte sogar seine eigenen Vorlesungen exakt auf die Termine, zu denen der verhasste, wenn auch wesentlich bekanntere Philosophenkollege vortrug – und verlor das Duell kläglich. Die Studenten zogen den murmelnden Griesgram-Nerd dem aggressiven Besserwisser-Nerd dann doch vor. Den Philosophen-Olymp erklomm Schopenhauer erst viel später. Er kommentierte dies mit den Worten: »Der Nil ist in Kairo angekommen.« An Selbstbewusstsein mangelte es ihm nie.

Thomas von Aquin: Wenn stumme Ochsen brüllen

Wenn man in einem Kloster lebt, kann es nicht schaden, ein Nerd zu sein. Die offizielle Kirchengeschichte wird dies zwar nicht unbedingt so sehen, aber wenn man einen Nerd als jemanden versteht, der sich ganz auf eine Sache, auf *seine* Sache fokussiert und dabei des Öfteren die Welt um sich herum vergisst, hat dies schon bemerkenswerte Parallelen zu einem Mönch, der sein Leben in den Dienst des *einen* Gottes stellt und dafür die Abgeschiedenheit eines Klosters sucht.

Es ist daher kein Wunder, dass die ausklingende Antike mit ihren philosophisch-religiösen Privatschulen und dann natürlich das Mittelalter mit seinen großen Klostertraditionen besonders viele Nerds hervorgebracht hat. Einer ihrer ersten Vertreter war der Kirchenlehrer Origenes, der im Jahr 185 in Alexandria geboren wurde. Sein Vater wurde 202 ein Opfer der Christenverfolgung, was seinen Sohn so beeindruckte, dass er spontan beschloss, ebenfalls den Märtyrertod zu sterben. Er wollte aus dem Haus laufen und die römischen Häscher auf sich aufmerksam machen. Doch seine Mutter war clever genug, seine Kleidung zu verstecken – Origenes hätte sich zwar mit Freuden und Qualen ans Kreuz nageln lassen, aber nackt über die Straßen laufen wollte er dann doch nicht, und so verzichtete er auf sein Märtyrerprojekt. Dafür zeigte er sich später umso konsequenter in seinem Handeln. Er verkaufte seine Bibliothek und lebte fortan in strenger Askese – als Lesestoff gab es nur noch die Bibel. Angeblich soll sich Origenes auch selbst entmannt haben, um sich besser auf die reine Liebe zu Gott konzentrieren zu können. Doch das wird heute von Historikern bezweifelt.

Zur gleichen Zeit wie Origenes lebte Plotin. Auch er stammte ursprünglich aus Ägypten. Plotin lehnte es ab, seinen Geburtstag zu feiern, weil er ihn lediglich als den Tag betrachtete, an dem sein Geist in einen Körper eingekerkert wurde. Überhaupt war er ein entschiedener Verächter des Leibes, weswegen er ostentativ seine Körperhygiene vernachlässigte. Er verzichtete nicht nur auf regelmäßige Waschungen, Sport, gesunde Ernährung und andere Maßnahmen zur Körperpflege, sondern verweigerte sogar die Medikamente im Krankheitsfall. Am Ende seines Lebens war er überall mit Eiterbeulen übersät. Was ihn allerdings nicht daran hinderte, seine Schüler – einer alten Tradition folgend – herzlich zu umarmen.

Mit dem Beginn des Mittelalters fingen viele Asketen an, sich in Klöstern zu organisieren. Diese Bollwerke der strengen, weltabgewandten Religiosität waren ein ideales Biotop für Nerds, etwa für Anselm von Canterbury. Geboren 1033 im norditalienischen Aosta, hatte sein Vater eigentlich eine weltliche Politikerkarriere für ihn vorgesehen, doch Anselm wollte unbedingt ins Kloster. Im Alter von 27 Jahren gelang es ihm endlich, den Widerstand seines Vaters zu überwinden und in einem Kloster in der Normandie unterzukommen. Dort erkannte man rasch seine überragenden philosophischen und theologischen Talente. Schon drei Jahre nach seinem Eintritt ernannte man ihn zum Prior, 15 Jahre später zum Abt.

Als nächster Schritt war für ihn vorgesehen, in England die Nachfolge des verstorbenen Erzbischofs von Canterbury anzutreten. Doch Anselm weigerte sich. Denn als Bischof wäre er am Ende doch dort gelandet, wo ihn sein Vater haben wollte, nämlich in der Politik. Anselm zog es vor, weiter in Ruhe an seinem berühmten Gottesbeweis und anderen philosophischen Ideen zu arbeiten. Für ihn stand fest, dass die menschliche Vernunft gar nicht anders kann, als die Existenz Gottes zu akzeptieren. Man müsse also gar nicht an ihn glauben, weil es zweifelsfrei und logisch ableitbar ist, dass es ihn gibt.

Einige seiner mächtigen Freunde hielten diese eher akademischen Reflexionen freilich für bloße Zeitvergeudung. Sie entführten Anselm, trugen den Philosophen in die Kirche, drückten ihm dort den Krummstab in die Hand, und stimmten das Tedeum an, das man auch bei Kaiserkrönungen oder Papstwahlen zu singen pflegte. Jetzt war Anselm der Erzbischof, ob er wollte oder nicht.

Wie er befürchtet hatte, hielt ihn das Amt nicht nur vom Philosophieren ab, es brachte ihm auch jede Menge Ärger ein. Beim englischen König fiel er schon bald in Ungnade, was insofern keine große Kunst war, als Wilhelm II. wegen seiner permanenten Zornesröte im Gesicht ohnehin den Beinamen »Rufus« trug, »der Rote«. Am Ende musste Anselm sogar ins Exil nach Frankreich auswandern. Man hätte ihn lieber in seinem Kloster lassen sollen.

Anselm war ungefähr seit einem Jahrhundert tot, als ein weiterer Nerd die Kirchenkanzel betrat: Thomas von Aquin. Im Unterschied zu Anselm war er keiner dieser typisch schmalbrüstigen Asketen, sondern mit einer imposanten Leibesfülle ausgestattet. Oder anders ausgedrückt: Er war ziemlich dick. An seinem Schreibpult musste ein runder Einschnitt gemacht werden, damit er daran arbeiten konnte. Woran man sieht, dass nicht jeder Nerd so dünn und ausgehungert aussehen muss wie Steve Jobs oder Julian Assange.

Thomas wurde 1225 als jüngster Spross von insgesamt neun Kindern in Aquino geboren, einer Grafschaft in der Nähe von Neapel. Sein Vater war ein lombardischer Ritter, seine Mutter stammte aus dem neapolitanischen

Adel. Thomas war für eine Karriere in geistlichen Ämtern vorgesehen und wurde daher bereits mit fünf Jahren in ein Benediktinerkloster gesteckt – der Orden des heiligen Benedikt gehörte damals zu den mächtigsten Seilschaften überhaupt.

Thomas legte überragende intellektuelle Fähigkeiten an den Tag, so dass man ihn bereits mit 14 Jahren an der Universität von Neapel einschreiben ließ. Hier studierte er alles, was man damals studieren konnte: Mathematik, Astronomie, Musik, Grammatik, Rhetorik, Dialektik und Philosophie, die sich vor allem auf Aristoteles berief. Er absolvierte sein Studienpensum mit stiller Selbstverständlichkeit. Zwischenmenschliche Kontakte mied er wie der Teufel das Weihwasser. Schon bald nannte man ihn »den stummen Ochsen«. Er war so schweigsam, dass ihn einer seiner Kommilitonen für blöde hielt und ihm Nachhilfeunterricht in Philosophie geben wollte. Der Student wurde jedoch für seine Hilfsbereitschaft bitter abgestraft: Thomas hielt ihm einen stundenlangen Nerd-Vortrag zur Philosophie, indem er eindrucksvoll bewies, dass er mehr von diesem exquisiten Fachgebiet verstand als die meisten Professoren.

Seine Talente in Macht ummünzen wollte Thomas jedoch nicht. Im Gegenteil: Im Alter von 19 Jahren schloss er sich dem Dominikanerorden an, der im Unterschied zu den Benediktinern größten Wert auf die intellektuelle Ausarbeitung der christlichen Religion legte. Außerdem feierte man dort keine aufwendigen publicitywirksamen Messen, sondern vertraute der Überzeugungskraft von Bettelmönchen, um den Glauben unters Volk zu bringen.

Thomas war von diesem Programm schwer angetan, ganz im Gegensatz zu seiner Familie. Die Mutter sorgte dafür, dass ihre älteren Söhne den kleinen Bruder kurzerhand entführten und in der einsamen Zelle einer Burg festsetzten.

Dort sollte Thomas zur Einkehr kommen und den Dominikanern entsagen. Um ihn zur Vernunft zu bringen und von den Vorteilen eines weltlichen Lebens zu überzeugen, schickten sie ihm sogar einmal eine hübsche Kurtisane aufs Zimmer. Doch die traf dort nicht etwa auf einen in jeder Hinsicht ausgehungerten Klosterbruder, sondern auf einen zu allem entschlossenen Fleischklops, der sich durch nichts und niemanden, und schon gar nicht von einem Mädchen, von seinem Weg abbringen lassen wollte. Thomas nahm wortlos ein brennendes Holzscheit aus dem Kamin und warf ihn nach der Kurtisane, die daraufhin kreischend aus dem Zimmer lief.

Mehr als ein Jahr lang hielt man den jungen Dominikaner in seiner Zelle fest, doch es nützte nichts: Er blieb seinem Orden treu und zog schließlich als Bettelmönch nach Paris. Dort begegnete er dem bekannten Theologen Albertus Magnus, der Thomas nicht nur den letzten Schliff als Philosoph gab, sondern ihn auch gegen die »Ochsenvorwürfe« verteidigte: »Ihr nennt ihn einen stummen Ochsen; ich aber sage euch, das Brüllen dieses stummen Ochsen wird so laut werden, dass es die ganze Welt erfüllt.«

Albertus Magnus sollte recht behalten. 1256 beorderte der Papst Thomas auf einen seiner theologischen Lehrstühle in Paris – gegen den Widerstand der übrigen Professoren der Universität, die den Aufstieg des dominikanischen Bettelmönches und frischgebackenen Magisters nicht ertragen konnten. Thomas dankte es ihm auf seine Weise, indem er sich mit äußerster Vehemenz in seine Arbeit stürzte. Mit der *Summa theologica* verfasste er ein umfassendes System des christlichen Glaubens, das viele Jahrhunderte wegweisend sein sollte. Sein wichtigster Gewährsmann war Aristoteles, den er besser zu verstehen schien als jeder andere, möglicherweise sogar besser als der griechische Denker selbst, der mitunter den Überblick über sein eigenes Schaffen verloren hatte. Auch versuchte Thomas, die widerstrebenden Kräfte des Christentums, wie etwa Benediktiner- und Dominikanerorden, miteinander zu versöhnen – vergeblich. Am Ende hatte er als gescheiterter Vermittler nahezu alle gegen sich aufgebracht.

1272 beorderte man Thomas nach Neapel, um dort einen Studiengang für Dominikaner aufzubauen. Das kam de facto einer Degradierung gleich, denn sein neuer Job war keine öffentlichkeitswirksame Position, sondern eher der kirchlichen Basisarbeit zuzurechnen. Doch Thomas war dies ziemlich gleichgültig, er stürzte sich wieder – wie immer – voller Enthusiasmus in seine Arbeit und verfasste Unmengen von weiteren Aristoteles- und Bibelkommentaren. Er hatte noch nie viel Rücksicht auf seine Gesundheit genommen, doch diesmal übernahm er sich, brach körperlich und psychisch zusammen und wurde sogar von gespenstischen Visionen heimgesucht. Einem Mitarbeiter erzählte er: »Alles, was ich geschrieben habe, erscheint mir wie Stroh, verglichen mit dem, was ich geschaut habe und was mir offenbar geworden ist.« Zu allem Überfluss fiel ihm während eines Sturms auch noch ein Ast auf den Kopf. Thomas starb völlig verbraucht und übergewichtig am 7. März 1274 in einem Zisterzienserkloster unweit von Rom. Er wurde nicht einmal 50 Jahre alt.

Thomas von Aquin hinterließ ein gewaltiges Werk, in dem er sich auch als tiefgründiger Soziologe zu erkennen gab. So sah er bereits, dass es für den Fortschritt wie für das menschliche Miteinander am besten sei, wenn man die unterschiedlichen Individuen in ihrer Unterschiedlichkeit akzeptiert und ihnen einen Platz zuweist, auf dem sie sich entfalten können: »Es ist notwendig, dass durch Verschiedene Verschiedenes geschehe, dass zum Beispiel manche Ackerbauern sind, manche Viehhirten, manche Baumeister und so anderes mehr; und weil das Leben der Menschen nicht nur der körperlichen Dinge bedarf, sondern noch mehr der geistlichen, ist es notwendig, dass einige für die geistlichen Dinge frei sind zur Verbesserung der anderen; sie müssen von der Sorge um die zeitlichen Dinge freigestellt sein.« Oder anders ausgedrückt: Es müssen auch jene Menschen einen Platz im Leben finden dürfen, deren Tätigkeit auf den ersten Blick keinen praktischen Nutzen zu haben scheint. Das klingt wie ein Plädoyer für die Nerds.

Immanuel Kant: Der Preußen-Nerd und sein kategorischer Imperativ

Normalerweise finden einzelne Nerds nur selten zueinander. Zu sehr sind sie auf ihre jeweilige Tätigkeit fokussiert, zu undurchsichtig und suspekt sind ihnen die Interaktionen mit anderen Menschen. Doch manchmal kreuzen sich ihre Wege und sie lassen sich tatsächlich aufeinander ein. Dabei kann Großes herauskommen, wie etwa bei Paul Allen und Bill Gates, den Gründern von *Microsoft*. Oder bei Immanuel Kant und Joseph Green.

Die beiden Männer trafen sich vermutlich erstmals im Sommer 1765 in Königsberg. Auf den ersten Blick hatten sie kaum etwas gemeinsam. Kant, der 41-jährige Preuße, wartete auf seine Ernennung zum Professor und werkelte derweil als schlecht bezahlter Philosoph und Privatgelehrter vor sich hin; Green, der 40-jährige Engländer, handelte mit Getreide und Heringen und war, wie es ein Zeitgenosse beschrieb, »der größte und angesehenste Kaufmann der englischen Kolonie von Königsberg«. Aber Kant, der Denker, interessierte sich nicht nur für Logik, Ethik und Metaphysik, sondern auch für Geldanlagen, weil er wusste, dass man auch ohne Arbeit auf solch abstrakte Weise ein gewisses Vermögen anhäufen konnte. Und den Kaufmann wiederum zog es unwiderstehlich zur Philosophie. Doch was Kant und Greene wirklich zu besten Freunden machte: Sie waren Nerds, und im Unterschied zu Paul Allen und Bill Gates wurden sie es mit zunehmendem Lebensalter immer mehr.

Zu ihren hervorstechenden Charakterzügen gehörten Pedanterie und eine geradezu obsessive Pünktlichkeit. Ab 1766 besuchte Kant seinen englischen Freund beinahe täglich. Ihre Treffen endeten regelmäßig um sieben Uhr abends – und regelmäßig heißt hier *immer*. So wussten die Einwohner Königsbergs, dass, wenn ihre Uhr drei Minuten nach sieben zeigte und der Philosoph gerade Greens Haus verließ, dort nicht etwa der Schlendrian eingezogen war, sondern sie selbst ihre Uhren stellen mussten ...

Wobei Kant in Sachen Pünktlichkeit von seinem Freund durchaus noch etwas lernen konnte. Einmal hatten sie sich um acht Uhr für eine Ausfahrt verabredet. Green erschien, so wie es seine Art war, bereits eine Viertelstunde früher am vereinbarten Treffpunkt. Und wartete. Um zwei Minuten vor Acht nahm er seinen Spazierstock, eine Minute später stieg er in die Kutsche, die sich gleich darauf, pünktlich um acht, in Gang setzte. Ohne Kant, der sich ausnahmsweise um zwei Minuten verspätet hatte. Die Kutsche war erst einige Meter unterwegs, als der abgehetzte Philosoph des Weges kam und durch heftiges Winken zu verstehen gab, dass man doch bitte anhalten solle. Doch Green dachte gar nicht daran. Er ließ die Kutsche weiterfahren und den verdutzten Freund außen vor. Das war keineswegs als Strafe oder erzieherische Maßnahme gedacht – es gehörte vielmehr zu

Greens Maximen, Termine nur dann wahrzunehmen, wenn sie auch pünktlich eingehalten wurden. Ein Argument, das Kant nur zu gut verstehen konnte, gehörte doch der »kategorische Imperativ«, in dem Kompromisse fürs ethische Handeln a priori ausgeschlossen waren, zu den Säulen seiner Philosophie. Die »Kutschenaffäre« konnte daher seiner Freundschaft zu Green nicht wirklich schaden.

Im Gegenteil, die Beziehung der beiden Nerds wurde immer enger. Sie diskutierten über Philosophie, Gottesbeweise und Wissenschaften, aber auch über die politische Situation, die seinerzeit von Ängsten – 1775 begann der amerikanische Freiheitskrieg – und Hoffnungen auf die beginnende Aufklärung geprägt war. Man redete vertrauensvoll miteinander, auch über Privates, aber nie über Gefühle. Dafür kümmerte sich Green um die Geldanlagen seines Freundes, und der revanchierte sich mit einer Einweisung in das Wesen der Poesie. Allerdings hatten diese Bemühungen keinen großen Erfolg: Green konnte zeit seines Lebens ein Gedicht nur anhand des Druckbildes von einem Prosatext unterscheiden.

Die beiden Männer schliefen sogar miteinander. Allerdings war dies weniger dem Eros als ihrem zunehmenden Alter geschuldet. So geschah es bei ihren Treffen immer öfter, dass Green bei Kants Ankunft im Sessel saß und schnarchte. Der Philosoph setzte sich dann neben ihn, hing eine Weile seinen Gedanken nach und schlief schließlich ebenfalls ein. Kamen indes weitere Besucher hinzu, schreckten Green und Kant hoch – um sofort und grußlos ein philosophisches Gespräch zu beginnen.

Nichts konnte die beiden Männer auseinanderbringen, Frauen schon gar nicht: Kant und Green blieben bis an ihr Lebensende Junggesellen. Aber immerhin machten sie Karriere. Der eine wurde am Ende doch noch Professor, und der andere häufte ein beachtliches Vermögen an, das er freilich keiner Frau und keinem Kind vererben konnte.

Green starb am 27. Juni 1786. Normalerweise reagierte Kant auf Todesmeldungen aus seinem Bekanntenkreis mit Gleichgültigkeit und knappen Kommentaren wie »Es ist vorbei« und »Man muss den Toten bei den Toten ruhen lassen«. In einem seiner Bücher empfahl er sogar in bester Nerdmanier, in Anbetracht unausweichlicher Todesfälle zu sagen: »Was geht mich das an?« Doch der Tod seines Freundes traf den kühlen Rationalisten ins Mark. Fortan besuchte er keine Abendgesellschaften mehr und verzichtete sogar komplett aufs Abendessen. Doch der alte Kant versank auch nicht in Einsamkeit. Er stellte eine Köchin ein und gab mittags Tischgesellschaften in seinem Haus, in denen der geistreiche Diskurs gepflegt wurde.

Das Nerdige war Immanuel Kant schon in seine Königsberger Wiege gelegt worden. Denn er kam am 22. April 1724 nicht etwa als kraftstrotzender und glucksender Wonneproppen zur Welt, sondern als trichterbrüstiger Winzling in einer Familie, über die der Schatten des frühzeitigen Kindstods lag. Immanuel war zwar das vierte Kind der Kants, doch bei seiner Geburt lebte nur noch seine fünfjährige Schwester. Mutter Anna Regina hatte also guten Grund, für das zerbrechliche und blasse Baby zu beten: »Gott erhalte ihn in seinem Gnaden Bunde bis an sein seliges Ende.«

Sie wurde offenbar erhört, denn Immanuel überlebte. Nach ihm kamen noch fünf weitere Kinder, von denen nur drei das Säuglingsalter überlebten. Auch seine Mutter starb früh an einem »hitzigen und giftigen Flussfieber« – Immanuel Kant war da gerade 13 Jahre alt.

In späteren Jahren verlor Kant kein schlechtes Wort über seine Eltern. Zu denken gibt aber, wie er über sie sprach. So rühmte er, dass er bei ihnen »nie etwas Unrechtes oder eine Unsittlichkeit gehört oder gesehen« hätte. Er bedankte sich für eine Erziehung, »die von der moralischen Seite betrachtet gar nicht besser sein konnte«. Von Liebe, Wärme und Emotionalität ist nicht die Rede, nur von Moral und Prinzipien. Man weiß freilich nicht, ob die Eltern tatsächlich kein Gefühlsleben zuließen oder ob ihr Sohn einfach keinen Blick dafür hatte. Später, als Philosoph, bezeichnete er die Ehe als »Geschlechtsgemeinschaft«, in der zwei Menschen »ihre Geschlechtsorgane natürlich und wechselseitig gebrauchen«, aber auch solche Erkenntnisse lassen sich gleichermaßen aus dem elterlichen Vorbild wie aus seiner persönlichen Sichtweise erklären. In jedem Falle entwickelte sich schon der junge Immanuel Kant zielstrebig zu einem Rationalisten, der seine Gefühle unter einer dicken Patina aus Vernunft und moralischen Gesetzen begrub.

Mit fünf Jahren kam er bereits in die Schule, wo er zügig Lesen, Schreiben und Rechnen lernte. Ein Pfarrer überredete die Eltern, den hochbegabten Jungen auf das Collegium Fridericianum zu schicken, eine Anstalt zur Ausbildung – oder besser gesagt: Zucht – des geistlichen Nachwuchses. Naturwissenschaften wurden so gut wie gar nicht gelehrt, dafür mussten die Schüler fromme Sprüche und biblische Geschichten pauken, und das auch noch in Hebräisch, Griechisch und Lateinisch. Kants Begeisterung darüber hielt sich in Grenzen, doch er kam klar. Zusammen mit seinen Mitschülern David Ruhnken und Johann Cunde bildete er ein Triumvirat der Nerds, die von einer Gelehrten-Karriere träumten. Sie entwarfen Pläne für literarische Epen, die sie unter ihren latinisierten Namen Cantius, Cundeas und Ruhnkenius veröffentlichen wollten, und obwohl ihnen schon von morgens früh bis spätnachmittags das Hirn vollgestopft wurde, widmeten sie sich auch noch außerhalb der Schule den klassischen Autoren.

Im September 1740, mit gerade mal 16 Jahren, immatrikulierte sich Kant an der Königsberger Universität »Albertina«. Er studierte ohne konkretes Berufsziel Naturwissenschaften, Philosophie, Theologie, Mathematik, Literatur und Sprachen, ein Mammutprogramm, das ihm keinerlei Mühen machte. Bereits 1746 verfasste er eine erste wissenschaftliche Abhandlung mit dem wenig einladenden Titel *Gedanken von der wahren Schätzung der lebendigen Kräfte und Beurtheilung der Beweise derer sich Herr von Leibnitz und andere Mechaniker in dieser Streitsache bedienet haben, nebst einigen vorhergehenden Betrachtungen welche die Kraft der Körper überhaupt betreffen*. Eine Streitschrift, in der sich der junge Studiosus mit der gesammelten Denker-Elite seiner Zeit anlegte. Doch für einen ordentlichen Studienabschluss reichte es nicht. Stattdessen verdingte er sich eine Zeitlang als Hauslehrer auf dem Lande – was er schon bald bereute; ein hochbegabter, aber eigenbrötlerischer Nerd sollte eben besser nicht als Pädagoge arbeiten. Kant beklagte, wie schwierig es sei, sich »zweckmäßig mit Kindern zu beschäftigen und sich zu ihren Begriffen herabzustimmen« – und ging schließlich 1754 zurück nach Königsberg, um seinen Magisterabschluss nachzuholen.

Danach schrieb er eine Abhandlung nach der anderen. Sein Themenspektrum reichte von Metaphysik über eine »Theorie des Himmels« bis zum schrecklichen Erdbeben von Lissabon im Jahre 1755. Er hoffte auf eine Ernennung zum Professor, doch die sollte auf sich warten lassen. König Friedrich II. zog lieber in den Krieg, als sich um die Besetzung irgendwelcher Ordinariate zu kümmern. Viele Jahre schwang Kant, wie er es selbst ausdrückte, »den schweren Hammer sich selbst ähnlicher Vorlesungen in einerlei Takt«, als schlecht bezahlter Universitätsdozent mit ungewisser Zukunft.

Im Frühjahr 1770 wurde Kant 46 Jahre alt und hatte die Hoffnung auf eine Professur eigentlich schon aufgegeben, als ihn der König plötzlich und überraschend zum Ordinarius für Logik und Metaphysik ernannte. Fortan konnte er sich in seiner ganzen Eigenartigkeit ausleben – und wurde dafür auch noch anständig bezahlt.

Kant besorgte sich einen Diener und eine Köchin und hatte sogar Geld genug für ein eigenes Haus. Seinen Alltag ordnete er nach einem strikt geregelten System. Morgens um fünf stand sein Diener Lampe, ein altgedienter Soldat, an seinem Bett und rief: »Es ist Zeit.« Kant war kein angeborener, sondern ein selbsternannter Frühaufsteher, so dass er Lampe nicht selten darum bat, bitte später wiederzukommen. Aber der Diener blieb gnadenlos und wiederholte nur seinen Befehl, hatte er doch ausdrücklich von seinem Herrn selbst die Anweisung dazu bekommen.

Eine halbe Stunde später saß Kant bei einer Tasse Tee, um sich für seine täglichen Vorlesungen zu präparieren. In seinem Arbeitszimmer mussten dabei genau 24 Grad herrschen, kein Grad mehr, kein Grad weniger, mit der Folge, dass Lampe mitunter auch im Sommer den Kamin anfeuern musste. Um kurz vor acht ging Kant dann zu seinen Vorlesungen an die Uni, während derer er sich ständig Notizen machte, wenn ihm dabei ein neuer Gedanke kam. Um exakt ein Uhr saß er wieder zu Hause am Mittagstisch. Dazu lud er sich regelmäßig Gäste zum gelehrten Small Talk ein: mindestens drei, nach der Zahl der Grazien in der römischen Mythologie, und nicht mehr als neun, nach der Zahl der Musen in der griechischen Mythologie. Pro Gast wurde exakt eine halbe Flasche Wein ausgeschenkt. Bier hingegen gab es nie, denn das hielt Kant für ein schleichendes Gift. Als er eines Tages von einem Mann hörte, der in seinen besten Jahren gestorben war, kommentierte er das mit: »Vermutlich hat er Bier getrunken.«

Die Tischgesellschaft, zu der natürlich nur Männer gehörten, tagte bis 17 Uhr. Tischgebete wurden von Kant bereits im Keim unterbunden, und Kinder durfte auch niemand mitbringen. Was ziemlich exakt Kants Vorstellungen von Familie widerspiegelte. Insgesamt zweimal in seinem Leben dachte er daran, sich zu verheiraten. Die Damen waren auch nicht abgeneigt, denn Kant sah zwar nicht gerade attraktiv aus, war aber eine gute Partie und besaß Manieren. Doch beide Male zögerte der Philosoph zu lange mit seinem Antrag: Die eine Frau zog fort und die andere fiel einem anderen Mann zu. Kant tröstete sich mit der Überlegung, dass unverheiratete Männer »mehrenteils länger ein jugendliches Aussehen« hätten als ihre verheirateten Pendants.

Kant selbst war der beste Beweis für diese These. Bis kurz vor seinem Tode wurde er niemals ernsthaft krank. Es ging ihm allerdings auch nie richtig gut, dazu war seine Konstitution einfach zu schwach. Sein Biograph Reinhold Bernhard Jachmann schreibt: »Kants Körper war von der Natur gewiss nicht zu einer achtzigjährigen Lebensdauer bestimmt. Er hat der Natur das Leben abgezwungen. Das ganze Gebäude seines Körpers war so schwach, dass nur ein Kant es so viele Jahre unterstützen und erhalten konnte.«

Zudem neigte Kant, wie er selbst zugab, zur Hypochondrie. Dazu gehörte auch seine Angst vor Ungeziefer, zu dessen Entstehung er die merkwürdigsten Theorien vertrat. So mussten die Läden seines Schlafzimmerfenster durchgehend geschlossen bleiben, weil er glaubte, dass sich sonst Wanzen einnisten könnten. Als er einmal verreisen musste, lüftete Lampe die muffige Bude mal richtig durch, vergaß aber, die Läden vor Kants Rückkehr wieder zu verriegeln. Als der Hausherr ins Schlafzimmer kam, entdeckte er das offene Fenster – und Wanzen in seinem Bett. Nach langem Nachdenken kam er zu dem Schluss, dass Wanzen offenbar durch Sonnenlicht erzeugt werden. Schon Aristoteles war einem vergleichbaren Irrtum unterlegen, als er behauptete, Mäuse würden durch das bloße Lecken von Sand befruchtet …

Zum Ende seines Lebens plagte sich Kant mit einer hartnäckigen Gicht herum. Den Ratschlag seines Arztes, doch bitte weniger Fleisch, Wurst und Wein zu vertilgen, ignorierte er allerdings. Stattdessen steckte er einfach seine Finger in eiskaltes Wasser und empfahl dies auch in einem Aufsatz für die Zeitschrift *Journal der practischen Arzneyheilkunde*. Zu seinen weiteren Gesundheitstipps gehörte, nicht länger als sieben Stunden zu schlafen (denn das Bett sei »das Nest einer Reihe von Krankheiten«), keinen Mittagsschlaf zu halten (obwohl er zusammen mit Green immer wieder Nickerchen hielt), im kalten Zimmer zu schlafen und zwecks besserer Verdauung Pfeife zu rauchen (obwohl die Lunge sicher nicht zu seinen stärksten Organen zählte).

Doch auch diese strengen Gesundheitsmaximen, die vermutlich weniger wegen ihres Inhalts als wegen ihres Maßes an Selbstdisziplin zu seiner Gesundheit beitrugen, konnten am Ende nicht verhindern, dass Kant körperlich und geistig verfiel. Er magerte ab, und seine Konzentration ließ deutlich nach. Immer wieder kippte er schlafend vom Stuhl und musste liegend auf Hilfe warten, weil er nicht mehr allein aufstehen konnte. Der Philosoph, der als Aufklärer seinen Mitbürgern die »selbstverschuldete Unmündigkeit« ins Stammbuch geschrieben hatte, wurde immer mehr zum Pflegefall.

Im Oktober 1803 erlitt Kant einen Schlaganfall. Danach war sein Wille zum Leben gebrochen. In der Nacht zum 12. Februar 1804 lag er völlig entkräftet in seinem Bett und verlangte nach etwas zu trinken. Man gab ihm ein Glas mit einer Mischung aus Wein und Wasser. Kant nippte daran und sprach: »Es ist gut.« Ob er damit den Wein meinte, sein Leben, sein Sterben oder einfach alles? Jedenfalls streckte er seinen Körper noch einmal in eine gerade, völlig symmetrische Position, so wie er es immer machte, wenn er sich schlafen legte – und starb.

Friedrich Nietzsche: Der Übernerd

»Der Kopf auf dem gedrungenen und doch zarten Körper tief in den Schultern. Und das Gesicht durch die schillernde Muschelbrille und den tief herabhängenden Lippenbart um jenen geistigen Ausdruck gebracht, der auch kurzgewachsenen Männern oft etwas Imponierendes verleiht … Schweren, fast müden Ganges trugen ihn die feinbeschuhten kleinen Füße zur Kathedra empor. Dann verschwand die Gestalt des Sitzenden bis zum Kopfe hinter der Brüstung … Überaus kurzsichtige, stumpfe, durch eine Besonderheit nur befremdlich wirkende Augen. Der Rhein rauschte im Fortissimo des Orgeltons, und mir ward bange, wie die Stimme des Dozenten trotz der geschlossenen Fenster ihn würde übertönen können.«

Aus der Beschreibung des Studenten Ludwig von Scheffler geht klar hervor: Als Friedrich Nietzsche zwischen 1879 und 1889 in Basel lehrte, war er alles andere als eine schillernde Figur. Dabei galt der junge Mann aus Sachsen als Wunderkind der Philologie. Er war praktisch direkt von der Schulbank hinter den Lehrerpult gewechselt, mit gerade mal 24 Jahren, ohne Promotion und Habilitation, auf Empfehlung hochrangiger Wissenschaftler, die er von seiner überragenden Begabung überzeugt hatte.

Doch der junge Professor wirkte nicht durch Aussehen oder Habitus, sondern dadurch, dass er aus der Tiefe seines Inneren schöpfte: »Ich habe Männer gekannt, die mit ihrer Liebeswürdigkeit, ihrem Geiste zweifelsohne faszinierender sich gaben«, so Scheffler. »Aber einen ruhigeren und doch das Tiefste der Seele in uns aufrührenden Menschen sah ich nie.« Anders ausgedrückt: Nietzsche entfaltete sein Charisma erst auf den zweiten Blick, doch dafür umso nachhaltiger. Er wirkte auf seine Studenten weniger wie ein Berufspädagoge als wie ein »leibhaftiger Ephorus aus Griechenland«, bei dem man den Eindruck hatte, er habe seine Kenntnisse über die antike Kultur nicht aus Büchern, sondern aus unmittelbarer Anschauung gewonnen.

Das Geheimnis dieser Intensität des intellektuellen Erlebens, das das kleine, schnurbärtige Männchen mit den kurzsichtigen Augen und der dicken Brille bei seinen Studenten erzeugte, war die eigene unbedingte Leidenschaft. Einmal fragte er einen Studenten: »Nun sagen Sie mir einmal: Was ist ein Philosoph?« Als der völlig verblüffte Studiosus keine erschöpfende Antwort geben konnte, setzte Nietzsche seinerseits zu einem spontanen, einstündigen Vortrag über diese Frage an. Danach wussten die Seminarteilnehmer zwar nicht mehr, was das eigentliche Thema der Stunde gewesen war, doch sie spürten, dass sie Zeuge einer außergewöhnlichen Szene geworden waren. Und wenn sie gewusst hätten, dass aus diesem kleinen Brillenmännchen einmal einer der bekanntesten Philosophen überhaupt werden sollte, der in einem Atemzug mit Sokrates, Aristoteles, Descartes und Kant genannt würde, hätten sie diesen Augenblick vermutlich noch mehr ausgekostet.

Friedrich Nietzsche wurde am 15. Oktober 1844 im sächsischen Röcken geboren. Sein Vater Karl Ludwig war ein evangelischer Pfarrer, dem seine Ausbilder einen »frommen, ernsten und bescheidenen Sinn« attestiert hatten. Als glühender Anhänger der preußischen Glorie taufte er seinen Sohn auf den Namen des aktuellen Königs: Friedrich Wilhelm. Für eine Weile hatte er sogar als Lehrer beim preußischen Hofe gearbeitet, nicht ohne sich aus dieser Zeit eine Vorliebe für edle Kleidung, gestelzte Ausdrucksweisen und gute Manieren zu bewahren.

Aber der Vater starb bereits, als Friedrich gerade mal vier Jahre alt war. Er wuchs daraufhin in einem reinen Frauen- sowie Mehr-Generationen-Haushalt auf. Sein Leben lag in den Händen von Mutter, Großmutter, zwei Tanten und der »guten Mine« (der Haushaltshilfe). Mutter Franziska war nur 18 Jahre älter als ihr Sohn und wollte den anderen Frauen unbedingt beweisen, dass sie trotz ihrer Jugend eine perfekte Mutter war. Die anderen Frauen wiederum kümmerten sich intensiv um Friedrich, weil sie Franziska wegen ihrer Jugend tatsächlich nur wenig zutrauten. Der junge Friedrich bekam also fortwährend eine doppelte Ladung erzieherischer Weiblichkeit zu spüren. Freiräume gab es kaum, ständig schwebten behütende Frauenkrallen über seinem Haupt. Nietzsche beschrieb dies später als »Übelstand« und beklagte, dass er in seiner Kindheit und Jugend »von keinem männlichen Auge beaufsichtigt wurde«.

Unter dem weiblichen Regiment entwickelte sich Friedrich zum hochbegabten Sonderling. Er lernte frühzeitig Lesen und Schreiben, so dass er sich auf der Knabenschule in Naumburg, auf die er mit sechs Jahren geschickt wurde, aufs Tödlichste langweilte. Während sich seine Schulkameraden durchs Alphabet quälten, verfasste er bereits Gedichte und spielte die großen Klassiker auf dem Klavier. Zu Weihnachten wünschte er sich die Gesamtausgabe von Kleist und die

Partituren der Beethoven-Sinfonien. Seine kleine Schwester musste sich von ihm endlose Vorträge anhören – und wurde zum Dank dafür von ihm als »Lama« tituliert. Mit der Begründung: »Das Lama ist ein merkwürdiges Tier, freiwillig trägt es die schwersten Lasten, wenn man es aber zwingen will oder übel behandelt, so verweigert es, Nahrung zu sich zu nehmen und legt sich in den Staub, um zu sterben.«

Als 14-Jähriger schrieb Friedrich in einem Schulaufsatz: Gott hat uns die Musik gegeben, damit wir durch sie nach oben geleitet werden.« So etwas machen Kinder und Jugendliche normalerweise nicht. Hinzu kam, dass Friedrich wegen seiner starken Kurzsichtigkeit eine Brille tragen musste, was ihn endgültig zum Außenseiter machte. Er fand keine Freunde, die Mitschüler verspotteten ihn vielmehr als »kleinen Pastor«, und so umgab ihn schon in seiner Jugend eine Aura der ebenso verletzlichen wie gefährlichen Andersartigkeit, die ihn sein ganzes Leben von anderen Menschen isolieren sollte.

Aus der Umgebung der Nietzsche-Familie erhoben sich Stimmen, die dazu rieten, dem Sohn größere Freiräume zu lassen und ihn nicht mit überfürsorglicher Mütterlichkeit zu erdrücken. So warnte ein Lehrer des Ortes: »Kinder müssen unter Kinder.« Doch Franziska und ihre Frauenbande ließen nicht los. Sie bauten sogar den verstorbenen Vater als Popanz auf, dessen Ansehen Friedrich angeblich besudeln würde, falls er sich nicht tugendhaft verhielte. Franziska strickte für ihren Sohn ein Netz aus Vorschriften und Regeln, Kleidung und Verhalten wurden einem strikten Reglement unterworfen. In einem Brief aus dem Jahre 1857 schrieb sie an den immerhin schon 13-Jährigen: »Nimm hübsch den Regenschirm mit, wenn es regnet, und solltest du je einmal nass geworden sein, so ziehe Dich gleich um ... Für täglich ziehst Du Deine alte Jacke und leichten Hosen nebst Weste an, ist es sehr kühl, die dickeren grauen Hosen und Sonntags die guten nebst Kutte ... Schließe täglich die Stube ab, wenn Du in die Schule gehst ... Nimm das Blatt mit Dir und lege es in Dein Pult und lies es von Zeit zu Zeit einmal ... es sind Verhaltensregeln.« Sie traute ihm einfach nicht zu, dass er auf eigenen Füßen stehen könnte, deswegen organisierte sie selbst aus der Ferne noch alle Details seines Lebens.

Nietzsche versuchte der mütterlichen Überfürsorglichkeit zu entfliehen – und wurde zum Heimatlosen. Erst studierte er in Bonn, dann in Leipzig und landete schließlich 1869 als außerordentlicher Professor für Philologie in Basel. Doch dort währte seine Zeit als Hochschullehrer nur zehn Jahre, danach war er gesundheitlich und psychisch ein Wrack. Er war dem akademischen Leben, das von dem Nachwuchsphilologen ein unermüdliches Präsentieren und Brillieren einforderte, nicht gewachsen. Am Ende wurde er von chronischen Magenproblemen und vernichtenden Kopfschmerzattacken geplagt, für die es keine Linderung gab.

Ausgestattet mit einer winzigen Rente, zog Nietzsche fortan als freier, aber auch von tiefen Selbstzweifeln zerrütteter Schriftsteller und Philosoph von einem Domizil zum nächsten. Im Sommer weilte er vor allem im Schweizer Bergort Sils Maria, im Winter ging es runter ins Warme, nach Genua, Rapallo, Turin oder Nizza.

Den Kontakt mit seiner Mutter konnte er durch sein permanentes Exil auf einen Briefwechsel reduzieren, in dem sie sich anredeten wie ein altes Ehepaar: »Mein altes Geschöpf«, »Dein altes Geschöpf« – so ging es hin und her. Eine offene Auflehnung gegen Franziska gab es nicht. Stattdessen wählte der Philosoph den Weg der schriftstellerischen Abrechnung mit dem Weib an sich – und verfasste Sprüche, mit denen man noch heute als großbürgerlicher

»Frauenkenner« brillieren kann, wie etwa: »Alles am Weibe ist ein Rätsel, und alles am Weibe hat *eine* Lösung: sie heißt Schwangerschaft.« Oder: »Wenn das Weib männliche Tugenden hat, so ist es zum Davonlaufen; und wenn es keine männlichen Tugenden hat, läuft es selbst davon.« Das Peitschen-Zitat aus seinem Hauptwerk *Also sprach Zarathustra* ist geradezu zum geflügelten Wort geworden: »Du gehst zu Frauen? Vergiss die Peitsche nicht!«

Nietzsche entwickelte sich mehr und mehr zur schizoiden Persönlichkeit. Im direkten Umgang mit den Menschen blieb er das brave, angepasste und fortwährend kränkelnde Kind, mit dicker Brille und guten Manieren. Doch in seinen philosophischen Schriften wurde er zum radikalen Nihilisten und Wertevernichter. Die bürgerliche Ethik enttarnte er als »Sklavenmoral« der »Zu-Schlecht-Weggekommenen«, Gott und Religion wurden als abflutende Gewässer dargestellt, die nur noch »Sümpfe und Weiher« zurücklassen. Vernunft und Verstand wurden als »gefährliche, lebensuntergrabende Gewalten« abgekanzelt, die den Menschen von sich selbst entfremden würden. Zweifelsohne tiefe und bahnbrechende Gedanken, doch es war eben auch eine ressentimentgeladene Abrechnung mit allem, was Franziska lieb und teuer war. Nicht wenige der revolutionären Gedanken und Theorien Nietzsches speisten sich aus seinem verzweifelten Kampf um die Emanzipation von seiner Mutter.

Eine Geliebte, die sein Verhältnis zu den Frauen hätte normalisieren können, fand er nicht. Die weiblichen Geschöpfe in seiner Umgebung schätzten ihn zwar als intelligenten und interessanten Plauderer, doch sie hatten, abgesehen davon, bestenfalls Mitleid mit ihm, weil er ständig kränkelte und lebensuntüchtig wirkte, und ein sexuelles Verlangen vermochte er in ihnen schon gleich gar nicht zu entfachen.

Nietzsche blieb zeit seines Lebens Jungfrau. Als ihn Studienkollegen in ein Kölner Bordell mitschleiften, setzte er sich eingeschüchtert ans Klavier, um den anwesenden Damen etwas vorzuspielen. Später versuchte seine Gönnerin Malwida von Meysenbug eine heiratswillige Frau für ihn zu finden, doch diese Pläne scheiterten schon im Ansatz. Dann verliebte er sich bis über beide Ohren in die 21-jährige Lou Salomé, die sich später als Schriftstellerin und Psychoanalytikerin einen Namen machte. Nietzsche war regelrecht euphorisch und jubelte in seinen Briefen: »Von welchen Sternen wurden wir einander zugeführt?« Er vertraute ihr seine intimsten Gedanken an und sah in ihr seine einzige Jüngerin. Doch zu mehr kam es nicht – auch wenn er sich weitaus mehr erhoffte. Denn in privaten Dingen war der Philosoph, der in seinen Werken vom Übermenschen fabulierte, einfach nur tollpatschig, naiv und zögerlich und so gesehen weder ein aktiver Frauenheld noch für Frauen eine sonderlich attraktive Option.

Anfang 1889 erlebte Nietzsche in Turin seinen finalen Zusammenbruch. Voraus gingen briefliche Ankündigungen, dass er beabsichtigte, den Papst ins Gefängnis zu stecken sowie Bismarck und Kaiser Wilhelm erschießen zu lassen – unterzeichnet waren die Briefe mit »Dionysos« oder »Der Gekreuzigte«. Außerdem tanzte Nietzsche nackt in seinem Hotelzimmer und forderte die Wirtsleute auf, alle Bilder von den Wänden zu entfernen, damit es mehr nach einem Tempel aussähe. Nachts tobte er in wilder Raserei am Klavier, tagsüber hielt er Monologe darüber, warum er der Nachfolger des »toten Gottes« sei. Schließlich mussten ihn die Wirtsleute von der Polizeiwache abholen, weil er auf der Straße für öffentliche Tumulte gesorgt hatte. Ob er dabei tatsächlich aus Mitleid einem vom Kutscher ausgepeitschten Esel um den Hals gefallen war, wie die Legende erzählt, ist eher unwahrscheinlich, insofern Nietzsche nicht gerade ein Tierfreund war.

Die psychischen Probleme nahmen unterdessen zu, ein Gespräch mit ihm war kaum noch möglich. Sein Freund Franz Overbeck notierte: »Er, der unvergleichliche Meister des Ausdrucks, war außerstande, selbst die Entzückungen seiner Fröhlichkeit anders als in den trivialsten Ausdrücken oder durch skurriles Tanzen und Springen wiederzugeben«.

In den meisten Nietzsche-Biographien wird sein Zusammenbruch als Folge einer Syphilis interpretiert, doch das ist mittlerweile keineswegs mehr sicher. Denn Syphilis kann man sich nur beim Sex holen, von dem sich in den zahlreichen erhaltenen Briefen des mitteilsamen Philosophen nicht die geringste Spur findet. Stattdessen deutet vieles darauf hin, dass der Philosoph an einem Hirntumor in der Nähe des rechten Sehnervs litt. Hierfür sprechen vor allem die rechtsseitigen Kopfschmerzen, mit denen der Denker zeit seines Lebens zu kämpfen hatte, sowie seine Sehstörungen: Nietzsche war schon lange vor seinem geistigen Zusammenbruch auf dem rechten Auge praktisch blind.

Am Ende landete der bettlägerige und schwerkranke Nietzsche wieder bei seiner Mutter. Franziska pflegte ihn aufopferungsvoll bis zu ihrem Tode 1897. Danach brachte man ihn in die Villa »Silberblick« nach Weimar, die ihm eine Verehrerin geschenkt hatte. Er konnte weder laufen noch sprechen, aber er hatte auch keine Schmerzen mehr und schien insgesamt wie erlöst. Sein Freund, der Komponist Peter Gast, notierte: »Nietzsche ruht, in ein weißes Flanellkleid gehüllt, oben den ganzen Tag auf dem Diwan, nicht übel aussehend, sehr ruhig geworden, einen träumerisch mit fragendem Blick ansehend. Als ich ihm auf dem Piano ganz sanft das *Pria che spunti in ciel l'aurora* vorspielte, schien es wie aus der Tiefe seines verschwommenen Gedächtnisses aufzuleuchten: er klatschte ... in seine Christushände.«

Friedrich Nietzsche fand seinen Frieden also erst, als ihn jener unruhige und hypersensible Geist, der ihn zum großen Philosophen gemacht hatte, endlich verließ. Eine Tragödie! Gleichwohl belegt sein Schicksal, dass man nicht stark und robust, nicht stromlinienförmig und angepasst und auch nicht erfolgreich bei Frauen sein muss, um nachhaltig zu wirken. Menschliche Kulturgeschichte wird zum Glück nicht ausschließlich von den Starken geschrieben. Für die Nerds dieser Welt mag dies ein tröstlicher Gedanke sein. Wobei die meisten von ihnen das wohl gar nicht nötig haben, denn sie können auch trostlos glücklich sein.

Ludwig Wittgenstein: Der Apostel von Cambridge

Die Wittgensteins hatten es geschafft. Karl, das Oberhaupt der zehnköpfigen Familie, hatte in der Eisenindustrie ein Millionenvermögen verdient, und nun residierte man in einem exquisiten Palais, das sich zum Zentrum der Wiener Kultur entwickelt hatte und berühmte Musiker wie Brahms, Mahler und Richard Strauss zu seinen Gästen zählte. Den Reichtum hatte sich der Patriarch durch Fleiß, Glück und eine hasadeurhafte Risikofreude erwirtschaftet sowie durch einen ausgeprägten Mangel an Zimperlichkeit. In Wien nannte man ihn den »Amerikaner von Österreich«, und das war keineswegs schmeichelhaft gemeint.

Karl Wittgenstein war ausgesprochen weltlich orientiert, es ging ihm in erster Linie um den Zuwachs von Macht und

Eigentum. Zwar war er offen für Kunst, Literatur und vor allem Musik und spielte sogar selbst Geige, aber all das war für ihn nie mehr als ein Vergnügen oder diente Repräsentationszwecken. Für den Gelderwerb taugten ihm die schönen Künste nie, deshalb konnte er auch nicht verstehen, dass seine Söhne genau in diese, eben schöngeistige Richtung tendierten. Sie sollten gefälligst die kaufmännische Familientradition fortführen. Ihre ältere Schwester Hermine berichtete: »Es war tragisch, dass unsere Eltern, trotz ihres großen sittlichen Ernstes und ihres Pflichtgefühls, mit ihren Kindern keine Einheit zu bilden vermochten, tragisch, dass mein Vater Söhne bekommen hat, die von ihm selbst so verschieden waren, als hätte er sie aus dem Findelhaus angenommen! Es muss für ihn eine bittere Enttäuschung gewesen sein, dass keiner von ihnen in seine Fußstapfen treten und an seinem Lebenswerk weiterarbeiten wollte.«

Hans, der älteste Sohn, hatte autistische Züge, lebte in einer eigenen Welt, die er mit Hilfe mathematischer Formeln zu begreifen versuchte. Zudem war er ein begnadeter Musiker: Mit fünf Jahren warf er sich weinend und mit dem Ruf »Falsch! Falsch!« auf den Boden, weil zwei Blaskapellen dasselbe Lied gleichzeitig auf verschiedenen Tonarten spielten. Der Vater zeigte jedoch kein Verständnis für diese Besonderheiten und wollte ihn unbedingt als Manager für sein weitverzweigtes Firmenimperium installieren. 1895 schickte er ihn nach Böhmen und England, damit er dort in verantwortlicher Stellung für verschiedene Fabriken arbeitete. Hans scheiterte jedoch kläglich. Als er nach Wien zurückkam, brannte die Luft. Der Vater tobte und verbot dem Sohn das Musizieren, woraufhin Hans nur noch eine Möglichkeit sah: die Flucht. Er ging in die USA und kehrte nie zurück. 1903 erfuhren die Wittgensteins, dass er in der Chesapeake Bay aus einem Boot ins Wasser gestürzt und nicht mehr aufgetaucht sei. Ob Hans sich vorher erschossen, vergiftet oder bis zur Schwimmunfähigkeit betrunken hatte, wurde niemals geklärt.

Rudi, der drittälteste Wittgenstein-Sprössling, versuchte gar nicht erst, seinen Suizid zu kaschieren. Aus Angst, die Öffentlichkeit und damit auch der Vater könne seine Homosexualität entdecken, schüttete er sich, mitten in einem Restaurant sitzend, ein Säckchen mit Kaliumzyanid in seine Milch. Er starb, während der Bar-Pianist einen Schlager von Thomas Koschat zum Besten gab: »Verlassen, verlassen, verlassen bin ich«. Sein Bruder Kurt zog als Soldat in den Ersten Weltkrieg und hatte ihn schon fast hinter sich, als er sich im Oktober 1918 eine Kugel in den Kopf schoss. Seine Motive blieben im Dunkeln, nicht zuletzt deshalb, weil er im Unterschied zu seinen Brüdern immer heiter wirkte. Schwester Hermine bescheinigte ihm allerdings später einen ausgeprägten »Ekel am Leben«. Vermutlich war seine ostentative Heiterkeit lediglich ein vergeblicher Versuch, mit dem väterlichen Druck fertig zu werden, obwohl der alte Wittgenstein zu diesem Zeitpunkt schon tot war.

Blieben also noch zwei. Paul, der zweitjüngste unter den Brüdern, verzichtete auf den Selbstmord, aber dafür tötete er den Vater in sich. Er war ein überaus begabter Pianist, fand in der Familie dafür freilich zunächst keinerlei Anerkennung. Doch Paul ließ sich nicht beirren. Sein erstes Konzert gab er allerdings erst als 26-Jähriger, nachdem der Vater gestorben war. Die Kritiken waren euphorisch und der Nachwuchsmusiker schien vor einer großen Laufbahn zu stehen. Dann zog Paul in den Krieg und verlor bei einer Schlacht in Polen seinen rechten Arm. Doch seine musikalischen Ambitionen waren dadurch keineswegs erledigt. Es war jener schon für den Vater typische Wittgenstein'sche Wille, der dazu führte, dass der Sohn eben nicht reumütig und dankbar ins väterliche Unternehmen zurückkehrte, sondern an seinem Traum festhielt. Paul machte tatsächlich Karriere als einarmiger Pianist, Maurice Ravel komponierte sogar eigens ein Klavierkonzert für ihn.

Ludwig schließlich, geboren am 26. April 1886, wuchs zu einem der großen Nerds in der Philosophiegeschichte heran. Eigentlich hätte er als jüngster Spross der Familie den Vorteil haben können, dass die älteren Geschwister bereits alle wesentlichen Konflikte mit den Eltern ausgetragen hatten. Doch bei den Wittgensteins wurden keine Konflikte ausgetragen. Der Vater bestimmte, wo es langging, und hatte ganz genaue Vorstellungen vom Lebensweg seiner Kinder.

So war für Ludwig und seinen anderthalb Jahre älteren Bruder Paul zunächst vorgesehen, dass sie wie ihre übrigen Geschwister keine öffentliche Schule besuchen sollten. Denn staatliche Kinderbildungsanstalten hielt der Vater für bloße Zeitverschwendung. Die beiden Brüder wurden daher in Latein und Mathematik von Hauslehrern unterrichtet, und man erwartete von ihnen, dass sie sich den Rest, wie etwa Geographie und Sozialwissenschaften, durch eigene Lektüre aneigneten. Nach Hans' Verschwinden in Amerika wurde die Stimmung im Hause allerdings so unerträglich, dass der Vater ab 1903 seinen jüngsten Söhnen doch den Schulbesuch gestattete.

Der Umstieg fiel ihnen schwer. Speziell Ludwig hatte große Schwierigkeiten. Er patzte schon in der Aufnahmeprüfung, schaffte es nur auf die Realschule in Linz und nicht aufs Gymnasium. Was er selbst freilich nicht als Degradierung empfand, da ihn eher das Praktische interessierte als das Theoretische – als Zehnjähriger hatte er bereits aus Hölzchen und Draht eine Nähmaschine gebaut. Problematischer war da schon, dass er einfach keinen Kontakt zu seinen Mitschülern herstellen konnte – er siezte sie sogar.

1904, nach Rudis Selbstmord, lockerte der Vater die Zügel. So bekam Ludwig tatsächlich die Erlaubnis, vorübergehend aus Linz nach Wien zurückzukehren. Er könne auch zu Hause weiter lernen, wenn er wolle, aber die Hauptsache sei, so der Vater, dass er sich »ausfaulenzen, schlafen, essen, schwitzen, ins Theater gehen« könne. Da Ludwig jedoch weder für Sport und Theater noch für opulente Mahlzeiten und Faulenzereien zu haben war, rackerte er lieber weiter in Linz für den Schulabschluss – den er dann auch mit Ach und Krach schaffte. Im Unterschied übrigens zu einem anderen, später Berühmtheit erlangenden Mitglied der Linzer Realschule: Adolf Hitler. Der sammelte ein paar Fünfer zu viel und lungerte fortan als Flaneur und Müßiggänger herum.

Wittgenstein immatrikulierte sich hingegen im Herbst 1906 an der Technischen Universität in Berlin, um Ingenieurwissenschaften zu studieren. Er beschäftigte sich zu jener Zeit mit flugtechnischen Versuchen, und der Vater freute sich schon, dass endlich einer der Söhne einen echten Brotberuf erlernte. Doch dann kam die Kehrtwende. Plötzlich wurde Ludwig, so schilderte es seine Schwester Hermine, von der Philosophie ergriffen, und zwar »so stark und so völlig gegen seinen Willen, dass er schwer unter der doppelten und widerstreitenden inneren Berufung litt und sich wie zerspalten vorkam«.

Zwar machte Ludwig noch sein Abschlussdiplom in Berlin und ging dann an die Universität in Manchester, um an der Verbesserung von Flugzeugpropellern zu tüfteln, doch die Philosophie ließ ihn nicht mehr los, und so wechselte er bald nach Cambridge, um bei Bertrand Russell zu studieren. Außerdem entschied sich Ludwig, seiner störrischen Genialität von nun an freie Bahn zu lassen und zu sein, was er sein wollte: ein Überflieger, der einfach besser ist als alle anderen und der Konventionen und Traditionen nonchalant hinter sich lässt wie ein Pferd, das beim Laufen seine Misthaufen verliert. Nicht per Selbstmord oder Flucht entzog er sich dem väterlichen Druck, sondern indem er sich mit Leib und Seele einer Sache widmete – *seiner* Sache. Wittgenstein kam also nicht als Nerd auf die Welt, sondern er *wählte* diese Daseinsform, um endlich den Vater hinter sich zu lassen.

Mit seiner neuen Persönlichkeit machte er sich natürlich nicht nur Freunde. Auch Russell hatte zunächst seine Probleme mit dem »unbekannten Deutschen, der nur wenig Englisch spricht, sich aber weigert, Deutsch zu sprechen«. Wittgenstein verfolgte den Professor anfangs auf Schritt und Tritt, tauchte mitunter sogar in dessen Privaträumen auf, um ihn in philosophische Diskussionen zu verwickeln. Zunächst machte das Benehmen des jungen Österreichers Russell Angst, irgendwann ärgerte es ihn: »Mein deutscher Freund wird langsam zu einer Plage. Nach meiner Vorlesung kam er noch zu mir und diskutierte bis zum Abendessen – eigensinnig und querköpfig, aber ich glaube, nicht dumm.«

Schließlich erkannte Russell, dass aus dem jungen Hitzkopf etwas Besonderes zu ihm sprach. Denn es passierte immer öfter, dass der junge, bisweilen stotternde und philosophisch noch völlig unausgebildete Wittgenstein »wie ein Tier auf und ab lief« und dem wohl bekanntesten Philosophen seiner Zeit lange und schwer verständliche Vorträge über Mathematik und Logik hielt. Der junge, geniale, verpeilte Nerd und der weise Grandseigneur der Philosophie – unterschiedlicher konnte ein Duo kaum sein. Aber der Alte nahm Wittgenstein unter seine Fittiche und wurde zu einer der wenigen verlässlichen Größen in dessen Leben.

Trotzdem haderte Wittgenstein immer noch mit der Frage, ob er tatsächlich und unwiderruflich Philosoph werden sollte. Er fragte Russell: »Denken Sie, dass ich ein völliger

Idiot bin?« Worauf der zurückfragte: »Warum wollen Sie das wissen?« »Weil ich, wenn ich einer bin, Pilot werde, wenn nicht, Philosoph.«, lautete die Antwort (man achte auf das nerdtypische Stakkato in dieser Wortkonstruktion). Russell entgegnete: »Mein lieber Freund, ich weiß nicht, ob Sie ein völliger Idiot sind oder nicht, aber wenn Sie mir während der Ferien über irgendein philosophisches Thema, das Sie interessiert, einen Essay schreiben wollen, so werde ich ihn lesen und es Ihnen sagen.« Worauf Wittgenstein den Aufsatz binnen weniger Wochen fertigstellte. Russell brauchte davon nur die ersten Sätze zu lesen, um zu wissen, dass er es mit einem geborenen Philosophen zu tun hatte.

1911 wurde Wittgenstein bei den »Cambridge Apostles« aufgenommen, einem elitären Geheimbund, der aus den zwölf begabtesten Studenten der Universität bestand. Bei den »Aposteln« handelte es sich im Prinzip um nichts anderes als eine Versammlung hochbegabter Nerds. Man traf sich einmal pro Woche, und bei jedem dieser Termine hielt zunächst eines der Mitglieder einen Vortrag, dem sich eine Diskussion anschloss. In der Themenwahl war der Referent absolut frei, er konnte behandeln, was er wollte. Ganz am Schluss entspannte man sich bei Sardinen auf Toast. Die thematische Unabhängigkeit und die spartanische Speisenauswahl allein verdeutlichen schon, dass die Vereinigung der Apostel nichts gemein hatte mit den üblichen Studentenbünden, in denen unter akademischem Deckmäntelchen noch heute gefeiert, gesoffen, gemauschelt und politisch agitiert wird. Die Cambridge-Nerds waren zwar elitär, aber wohl auch tatsächlich vergeistigter und klüger als die übrigen Studenten.

Frauen war der Zutritt bei den Aposteln untersagt – vermutlich, um Irritationen auszuschließen, möglicherweise aber auch, weil man ihnen nicht zutraute, die intellektuellen

Voraussetzungen zu erfüllen. In jedem Falle hätten sie ohnehin nicht gut in diesen Zirkel gepasst, weil man dort eher homoerotische Bande zu knüpfen pflegte. So auch Ludwig Wittgenstein. Er verliebte sich in einen Kommilitonen namens David Pinsent, einen Mathematiker, der von einem Professor zum »glänzendsten Kopf des ganzen Jahrgangs« geadelt worden war. Die beiden jungen Männer kauften ein Holzhaus in Norwegen, wo sie eine Zeitlang zusammen lebten und arbeiteten. Ihre Beziehung war eine echte Nerd-Liaison. So stellte sich Pinsent beispielsweise seinem Freund als Versuchskaninchen zur Verfügung: für psychologische Experimente zum Rhythmus von Sprache und Musik. So etwas machen Liebespaare normalerweise nicht.

Im Januar 1913 starb der alte Wittgenstein. Ludwig stand nun ein Erbe zu, das ihn mit einem Schlag und für alle Zeiten finanziell unabhängig gemacht hätte. Doch er verschenkte es an andere. In erster Linie profitierten seine Geschwister davon, aber auch einige österreichische Künstler kamen in den Genuss eines unerwarteten Geldsegens, zum Beispiel Oskar Kokoschka und Georg Trakl. Ludwig Wittgenstein hingegen lebte in einer Bescheidenheit, die Diogenes zur Ehre gereicht hätte.

Nach dem Ersten Weltkrieg, in dem er aktiv als Offizier der österreichisch-ungarischen Armee teilgenommen hatte, arbeitete er zunächst als Volksschullehrer auf dem Lande, obwohl ihm als »das vollendete Beispiel des Genies«, wie Russell ihn bezeichnet hatte, schon längst alle Türen zur Universitätslaufbahn offen standen. Mal schlief er in einem umgebauten Waschraum, mal in der Schulküche, wenn in seiner Pension vorübergehend Musik gemacht wurde.

1929 kehrte Ludwig Wittgenstein dann als Philosoph nach Cambridge zurück, wo man ihn zehn Jahre später zum Professor ernannte. Den Lebensstil eines Kynikers behielt er bei. In seinem Zimmer standen weder Sessel noch Leselampe, und die Wände waren kahl. Seine schlichte Kleidung verstieß gegen die Etikette der englischen Elite-Universität, und sein Essen bestand lange Zeit nur aus Brot und Käse.

1947 kündigte der »Philosoph der klaren Sprache« seine Professur, weil er sie als »eine Art Lebendig-Begrabensein« empfand. Wenig später wurde er tatsächlich beerdigt. Ludwig Wittgenstein starb 1951 an Krebs. Er wurde 62 Jahre alt.

Die Nachwelt feierte Wittgenstein gerne als »den letzten echten Philosophen« – nicht zuletzt, weil er in seinen Schriften quasi das Todesurteil über die bisherige Metaphysik, also das klassische philosophische Spekulieren aussprach, indem er postulierte: »Alles, was überhaupt gedacht werden kann, kann klar gedacht werden. Alles, was sich aussprechen lässt, lässt sich klar aussprechen.« Und das ist eben in der klassischen Metaphysik und ihrer Art, über abstrakte Dinge wie Weltgeist, Seele und das Wesen hinter den Dingen nachzudenken, nicht der Fall.

Neben seiner Philosophie war es aber auch sein asketischer Lebensstil, der Wittgenstein diesen Titel einbrachte. Dabei entsprang sein Bedürfnis nach Bedürfnislosigkeit vor allem seinem lebenslangen Bemühen, sich innerlich vom als übermächtig empfundenen Vater zu lösen. Die kahle Zelle in Cambridge war gewissermaßen die Antwort auf das exquisite Palais in Wien und das Aufgeben der Professur war seine Ablehnung gegenüber jeglicher Vaterrolle. Dazu passte auch, dass Wittgenstein keine eigene Familie gründete. Einmal machte er zwar einer Frau einen Heiratsantrag, doch stellte er dabei die Bedingung, dass sie keinen Sex zusammen hätten. Sie lehnte ab.

Über den Titel des letzten echten Philosophen lässt sich sicher streiten. Doch einen anderen Titel verdient Ludwig

Wittgenstein allemal: Er war einer der wirklich großen Nerds der Weltgeschichte, und unter den »Spätberufenen« war er vermutlich sogar der Allergrößte. Denn es ist schwer, zum Nerd zu werden, wenn man nicht schon in Kindheit und Schule einer gewesen ist. Doch für Wittgenstein war das kein Problem. Er mauserte sich jenseits der Zwanzig zum Nerd, in einem Alter also, in dem die meisten Menschen stromlinienförmig werden. Ob dies Respekt verdient oder doch eher Mitleid? Wittgenstein selbst hätte vermutlich geantwortet: »Worüber man nicht sprechen kann, darüber muss man schweigen.«

Unten im Reagenzglas
Die großen Nerds der Wissenschaft

Johann Wolfgang von Goethe hat einmal gesagt: »Wissenschaften entfernen sich im Ganzen immer vom Leben und kehren nur durch einen Umweg wieder dahin zurück.« Ein Satz, der ziemlich genau auf den Punkt bringt, warum der Nerd sich besonders häufig in den Wissenschaften zu Hause fühlt: weil er sich in sie hineinstürzen und dabei eine beruhigende Distanz zur sozialen Welt aufbauen kann, um dann – bewaffnet und gepanzert mit wissenschaftlichen Erkenntnissen – wieder in sie zurückzukehren.

Der Nerd ist ein Mensch, der die Welt prinzipiell bedrohlich findet. Vor allem dann, wenn sie sich unberechenbar gibt, wie das etwa bei Gefühlen und Trieben der Fall ist. Um sich vor ihr zu schützen, baut er einen Kokon um sich herum, indem er sich an seinen Computer zurückzieht, ins Labor oder zu seiner Schmetterlingssammlung – Hauptsache, er hat sein eigenes Reich mit seiner eigenen Ordnung, die dem Nerd das Gefühl vermittelt, alles unter Kontrolle zu haben. Nur dort, jenseits des beängstigenden Alltagsgewusels mit seinen unberechenbaren emotionalen Menschen, fühlt er sich wirklich wohl.

Sobald sich der Nerd in seine Abgeschiedenheit zurückgezogen hat, gibt es prinzipiell zwei Möglichkeiten, wie es weitergehen kann. Die erste: Er bleibt für immer dort. Das ist kein unübliches Schicksal im Reich der Nerds. Viele von ihnen verbringen ihr Leben in stillen Kammern, ohne dass man weiter von ihnen Notiz nimmt. Zweitens: Der Nerd macht in seiner Abgeschiedenheit eine Erfindung oder Entdeckung, die so einzigartig, so genial ist, dass er der Welt davon erzählen muss. Wobei es eigentlich eher so ist, dass nicht er seine Erkenntnisse ausplaudert; vielmehr benutzen die Erkenntnisse ihn als Medium: Nicht er spricht, sondern *es* spricht aus ihm. Diese Zurücknahme des Subjekts zugunsten der Sache erleichtert dem Nerd die Rückkehr in die Welt, weil sich die Aufmerksamkeit der Menschen nicht auf seine Person, sondern seine Errungenschaft richtet. Das hat etwas Beruhigendes. Nicht umsonst hat sich Albert Einstein am Ende seines Lebens bitterlich beklagt, dass die Öffentlichkeit immer mehr auf ihn schaue anstatt auf seine Theorien: »Wie bei dem Mann im Märchen alles zu Gold wurde, was er berührte, so wird bei mir alles zum Zeitungsgeschrei.« Denn auch wenn Einstein sicherlich eitel war, so war er doch Nerd genug, um es als unangenehm zu empfinden, wenn man ihn aus der Deckung seiner Wissenschaft ins Rampenlicht zog.

Naturwissenschaften werden eher von Nerds bevölkert als die Geisteswissenschaften, in denen man weniger verbindliche Gesetze und Strukturen findet. Ob sich etwa der Kapitalismus tatsächlich aus dem Geist des Protestantismus speist, darüber kann man unter Soziologen streiten, ohne jemals wirklich zu einem Ergebnis zu kommen. Die Formel $E = mc^2$ steht hingegen als physikalisches Gesetz unverrückbar fest, und so etwas gefällt dem Nerd, der gerne nach definitiven Antworten sucht.

Unter den Naturwissenschaften haben wiederum vor allem die Mathematiker, Chemiker und Physiker viele Nerds zu bieten – genau genommen ist ihre ganze Geschichte ein Panoptikum unterschiedlicher Nerds. Hier nur eine kleine

Auswahl: Charles Babbage (1791–1871), Mathematiker und Erfinder des ersten (dampfbetriebenen) Computer-Modells, fiel schon in seiner Kindheit durch nerdtypische Experimente auf. So wollte er wissen, wie es ist, wenn man gebacken wird. Zu diesem Zweck sperrte er sich im Backofen ein und protokollierte haarklein die Zunahme der Temperatur und seine dabei auftretenden körperlichen Befindlichkeiten. Der Nachwuchsforscher beendete sein Experiment erst, als sich die ersten Verbrennungen einstellten. Als er in der Bibel las, wie Jesus auf dem Wasser lief, wollte er sofort überprüfen, ob dies überhaupt möglich sei. Er befestigte zwei alte Bücher an seinen Stiefeln, so dass sie beim Gehen auf dem Wasser auf und ab klappten. Er musste zwar fleißig strampeln, schaffte es aber tatsächlich, zumindest Kopf und Schultern eine Weile über Wasser zu halten.

Der Erfinder Nikola Tesla (1856–1943), nach dem die physikalische Einheit zur Messung der Stärke eines Magnetfeldes benannt ist, nahm sich als Kind einen Schirm und hüpfte vom Dach einer Scheune, weil er fliegen wollte. Er überlebte, fiel aber in eine lange Bewusstlosigkeit. Noch nerdtypischer waren aber die Verhaltensweisen, die er später als Erwachsener zeigte. So zeigte er, obgleich attraktiv, nicht das geringste Interesse an Frauen (oder Männern). Sein Freund Kenneth Swezey erzählt: »Tesla war mit seiner Arbeit verheiratet und mit den Gedankenwelten eines Newton und Michelangelo.« Und diese beiden gehörten ja auch zu den großen Nerds der Weltgeschichte. Weiterhin glaubte Tesla, »dass die großen und nachhaltigen Erfindungen von kinderlosen Männern kommen müssten«. Als ihm einmal eine Frau ihre Liebe gestand, teilte ihr Tesla trocken mit, dass er kein Interesse habe und im Übrigen ihre Schwester viel schöner und charmanter finde. Nerds können in ihrer ungeschminkten Ehrlichkeit durchaus brutal sein.

Der deutsche Mathematiker David Hilbert (1862–1943) gehörte zu den Inselbegabungen mit autistischen Zügen. Schon in der Schule brillierte er in Mathematik, in Deutsch war er hingegen so schlecht, dass seine Mutter die Aufsätze für ihn schreiben musste. An seiner ausschließlichen Fokussierung änderte sich auch später nichts, er bezeichnete sich selbst als »mathematischen Eskimo«, der es nicht nötig habe, aus seinem Iglu herauszukommen. Wollte man sich mit ihm unterhalten, dann musste es um Mathematik gehen; andere Themen, etwa familiäre Fragen, entlockten ihm höchstens ein Gähnen. Mit Kindern konnte er ohnehin – ebenfalls nerdtypisch – nur wenig anfangen, sie verbreiteten ihm zu viel Chaos.

Wobei er an seine Arbeit durchaus gerne mit der Naivität eines Kindes heranging. Seinen mathematischen Diskursen setzte er oft derart simple Prämissen voran, dass die Fachwelt zunächst mit dem Kopf schüttelte und dann umso erstaunter war, wie Hilbert sich Schritt für Schritt in intellektuell höchst anspruchsvolle Gefilde emporarbeitete. Er selbst sagte über einen seiner Nerd- und Physikerkollegen: »Wissen Sie, warum Albert Einstein so originelle und profunde Dinge über Raum und Zeit sagte? Weil er nichts über Philosophie und Mathematik von Raum und Zeit gelernt hatte.«

Zu den weiteren Nerds in Physik und Mathematik zählen Henry Cavendish (1731–1810), Kurt Gödel (1906–1978) und Paul Erdös (1913–1996). Bei John Forbes Nash (geb. 1928) schlug das Nerdtum schließlich um in Schizophrenie. Seine Geschichte wurde 2001 durch den Film *A Beautiful Mind* (mit Russell Crowe in der Hauptrolle) einem breiteren Publikum bekannt.

Auch in den Biowissenschaften trifft man auf den einen oder anderen Nerd, vor allem dann, wenn es um das unermüdliche Sammeln von Einzelbeobachtungen geht, die sonst kaum einen Menschen interessieren. So fiel Gregor Mendel (1822–1884) schon in seiner Kindheit dadurch auf, dass er im Garten der Dorfschule Bienen züchtete, während die anderen Schüler herumtollten. Später wollte er Lehrer werden, doch er bestand die Prüfungen nicht, weil er als Nerd so verschraubt war, dass er einfach nicht verstand, was die Prüfer von ihm wollten, und in Panik verfiel. Stattdessen begann er im Kloster mit Kreuzungsversuchen an der Erbse. »Kein Mensch glaubte damals, dass diese Experimente irgendetwas anderes sein könnten als ein Zeitvertreib«, berichtet der Mendel-Biograph Robin Henig, »seine Theorien schienen nicht mehr zu sein als das belanglose Geschwätz eines Müßiggängers.« Man amüsierte sich über ihn. Doch der Mönch ließ sich nicht stören, brütete viele Tage und Nächte in der Bibliothek und beobachtete seine Erbsen. »Sein Verhältnis zu den Erbsen war so ähnlich wie das eines Autisten zu seinen Zahlen«, erklärt der Psychologe Michael Fitzgerald. Schließlich aber hinterließ Mendel ein Werk, das die Grundlage für die moderne Genetik legte und wohl bis in alle Ewigkeit an den Schulen unterrichtet wird.

Die Evolutionstheorie von Charles Darwin (1809–1882) ist die zweite Supertheorie der Biologie – und auch er war zweifelsohne ein Nerd. Der britische Naturforscher führte schon als Kind chemische Experimente durch, was ihm an der Schule den Spitznamen »Gas« einbrachte. Außerdem sammelte er neben Steinen und Fossilien auch Muscheln, Insekten und Vogeleier. Was nicht heißen soll, dass er Tiere liebte. Gelegentlich tötete er Vögel zum Spaß, und einmal schlug er einen Hundewelpen, nur um endlich einmal etwas Macht in sich zu spüren. Denn nach dem frühen Tod seiner Mutter hatten die drei älteren Schwestern seine Erziehung übernommen, was er als ziemlich erdrückend empfand. Überhaupt konnte Darwin nur schwer eine intime Beziehung zu jemandem aufbauen. Als er mit Ende zwanzig, auf Druck seiner Freunde und Verwandten, über eine Heirat nachdachte, wog er in typischer Nerd-Manier sämtliche Vor- und Nachteile einer solchen Aktion ab – mit dem Ergebnis, dass die Nachteile überwogen. Im Januar 1839 trat er dennoch vor den Traualtar. Allerdings ging er auf Nummer Sicher: Er heiratete seine Cousine Emma, die er schon seit seiner Kindheit kannte und ihm sicher keine Probleme bereiten würde. Die Trauung vollzog ein Vetter, es blieb also alles in der Familie.

Als die Kinder kamen, wurden sie Teil von Darwins wissenschaftlichem Programm. Ihre ersten Schritte, ihr erstes Lächeln, ihr erstes Brabbeln, vor allem aber ihre Gemütsbewegungen, ihre Ängste und Freuden, wurden sorgfältig dokumentiert, als würde er Affen im Zoo beobachten. So etwas macht nur ein Nerd. Und nur ein Nerd kann so viel Material für die Begründung seiner Evolutionstheorie sammeln, wie es Darwin tat, als er mit der *Beagle* die Welt umsegelte. Insgesamt 1529 in Spiritus konservierte Arten sowie 3907 Häute, Felle, Knochen, Pflanzen und andere biologische Fundstücke kamen im Laufe seiner fast fünfjährigen Reise zusammen. »Ich denke, dass ich Dinge erkennen und sorgfältig beobachten kann, die anderen Menschen überhaupt nicht auffallen«, sagte er einmal. Auch hatte er die Geduld und den Fleiß, all diese Dinge zu ordnen und in einen sinnstiftenden Zusammenhang zu setzen. Seine dank dieser Fähigkeit entstandene Evolutionstheorie gehört zu den wirklichen Revolutionen der Kultur- und Wissenschaftsgeschichte.

Besonders erfreulich ist es, dass in diesem Abschnitt endlich auch mal eine Frau die Nerd-Bühne betritt: Marie Curie (1867–1934). Dass Frauen kein Talent für mathematisch-exakte Wissenschaften haben, ist ohnehin längst widerlegt.

So fanden Psychologen heraus, dass Frauen nur dann in mathematischen Tests schlechter abschneiden, wenn man ihnen vorher deutlich sagt, dass sie darin unbegabter seien. Ohne derlei Hinweise sind die Geschlechter hingegen ähnlich gut – wie überhaupt die intellektuellen Talente von Mann und Frau sich viel mehr gleichen, als weithin angenommen wird. Janet Shibley Hyde von der Universität Wisconsin hat fünfzig der bekanntesten Thesen zu den mentalen Unterschieden zwischen Mann und Frau näher untersucht, und ihr Fazit fällt eindeutig aus: »Nur die wenigsten davon halten einer wissenschaftlichen Überprüfung stand.« Die Psychologin fand vielmehr heraus, dass 80 Prozent der untersuchten Eigenschaften bei beiden Geschlechtern ähnlich stark ausgeprägt sind. Und dazu zählen neben Impulsivität, Führungsstärke, Selbstwertgefühl und sprachlicher Kompetenz auch mathematische Fähigkeiten.

Etwa anderthalb Jahrhunderte nach Marie Curie betrat übrigens eine weitere Physikerin die Bühne der Weltgeschichte. Ihr Name: Angela Merkel. Auch sie zeigt deutliche Kennzeichen eines Nerds. So versendet sie schneller SMS-Nachrichten, als andere Mitglieder des Bundestags denken können, und ausgerechnet ihr Wohnhaus war eines der ersten, das man bei *Google Street* betrachten konnte. Im Umgang mit Menschen wirkt sie trotz ihrer antrainierten Eloquenz eher steif und ängstlich. Als ihr einmal der ehemalige US-Präsident Bush junior die Arme auf die Schultern legte, zuckte sie zusammen, als habe man ihr einen Stromschlag versetzt. Dafür blüht sie bei der jährlichen Cebit-Messe regelrecht auf – wie sie überhaupt ihr Faible für Mathematik und Physik nicht verleugnen kann. Als sie einmal in einem Fernseh-Interview nach Max Planck gefragt wurde, erschien ein begeistertes Leuchten in ihren Augen, und ihrem Mund entwich ausnahmsweise mal ein

Wortschwall, der kein Manuskript und keine umständlichen Rhetorikblasen brauchte.

Kann man die Bundeskanzlerin also in die Riege der Nerds aufnehmen? Letztlich nein; nicht nur wegen ihres ausgeprägten Machthungers, sondern auch, weil es zum Wesen eines Nerds gehört, dass er das, was er am besten kann und am liebsten mag, auch zu seinem Lebensinhalt macht – und ein derartiger Mut zu Konsequenz und Authentizität fehlte Angela Merkel. Sie entschied sich für die Politik anstatt für die Wissenschaft – und wirkt dadurch eher wie ein verhinderter Nerd, der sich für eines seiner schwächeren Talente entschieden hat und sich jetzt auf einem Gebiet betätigt, auf dem er sich nicht wirklich wohl fühlt.

Isaac Newton: Der Junge mit der Muschel in der Hand

Als Isaac Newton 1696 zum Wächter der Königlichen Münze ernannt wurde, war das als Anerkennung für seine Verdienste um die Wissenschaft und für die Reputation Englands gedacht, so wie man altgedienten Soldaten ein Stück Land gab, auf dem sie sich zur Ruhe setzen konnten. Man sagte ihm: »Sie bekommen 600 Pfund pro Jahr und müssen dafür nicht mehr Zeit aufwenden, als Sie erübrigen können.« Doch Newton dachte gar nicht daran, sich auf seinen Pfründen auszuruhen. Er ging an den Münzwachmeister-Job wie an alle seine Tätigkeiten: mit allergrößtem, geradezu neurotischem Ernst.

Als er den Posten übernahm, hatte das englische Pfund große Probleme. Mehr als ein Jahrtausend lang hatte man den guten alten Silberpenny gehabt, doch dann war neben das Silber das Gold getreten. In der Folge war eine bunte Vielfalt von Münzen unterschiedlichster Mischverhältnisse entstanden, so dass am Ende kaum noch jemand wusste, welchen realen Wert die einzelnen Münztypen eigentlich hatten. Darüber hinaus machten sich zahlreiche Geldfälscher daran, die Edelmetalle in den Münzen durch Billigmetalle zu ersetzen. Eine andere Strategie bestand darin, von den Münzrändern etwas Edelmetall abzuschleifen, um dieses dann in Barren zu gießen. Die Regierung reagierte darauf, indem man Münzen mit ornamentiertem Rand herausbrachte, was zur Folge hatte, dass diese Münzen gehortet wurden, während der Handel mit den anderen, abgeschliffenen Zahlungsmitteln vorliebnehmen musste. Dies alles waren keine günstigen Voraussetzungen für eine florierende Wirtschaft.

Doch dann kam Newton. Er veranlasste die Herausgabe neuer standardisierter Münzen, die ein strenges Prüfverfahren durchlaufen mussten. Hierbei kamen ihm sicherlich die Erfahrungen zu Gute, die er viele Jahre in seinem eigenen Alchemielabor gesammelt hatte. Die Falschmünzer mussten zudem mit härtesten Strafen rechnen. So intervenierte Newton immer wieder, wenn sie seiner Meinung nach zu milde davonkamen. Er schleuste sogar Spitzel in die Unterwelt und in die Gefängnisse ein und ließ sich zum Friedensrichter ernennen, um die Gerichtsverfahren in seinem Sinn zu beeinflussen. Mit harter Hand gelang es Newton tatsächlich, die englische Währung zumindest vorübergehend zu stabilisieren. Er selbst wurde dafür reichlich entlohnt. Aus dem verschrobenen Wissenschaftler, der sich sonst um Schwerkraft, Infinitesimalrechnung, Lichtbrechungen und Planetenbewegungen kümmerte, war ein reicher Mann geworden.

Dabei war am 25. Dezember 1642, als Isaac Newton im englischen Woolsthorpe das Licht der Welt erblickte, kaum damit zu rechnen, dass dieser Neugeborene einmal Geschichte schreiben würde. Er war zierlich und kränkelte, so dass er die ersten Tage seines Lebens nur durch die aufmerksame Betreuung der Hebamme überlebte. Sein Vater war ein Bauer, der zwar als sogenannter »Freisasse« von den üblichen Lehnabgaben befreit war und ein paar Pachtbauern für sich arbeiten ließ, aber weder lesen noch schreiben konnte. Er starb, noch bevor sein Sohn geboren wurde – Isaac Newton kam als Halbwaise zur Welt.

Seine Mutter Hannah musste zusehen, möglichst bald wieder unter die Haube zu kommen. Es gelang ihr, als Isaac drei Jahre alt war. Sie heiratete einen wohlhabenden Pfarrer, der doppelt so alt war wie sie. Doch der wollte nur eine Ehefrau, keinen Stiefsohn. Also ließ man Isaac bei seiner Oma in Woolsthorpe zurück. Heutige Psychoanalytiker gehen davon aus, dass ihm dieses Verlassenwerden einen tiefen seelischen Knacks bescherte. Was sich freilich schwer beweisen lässt – doch dass Isaac nicht so war wie andere Kinder, sollte schon bald klar werden.

Im Alter von etwa sechs oder sieben Jahren kam er auf die Dorfschule. Er war schwach, einsam und sich selbst überlassen, und das zeigte er auch. In einem Wutanfall drohte er, seiner Mutter und ihrem Gatten das Haus anzuzünden. Ansonsten saß er in seinem Zimmer, um zu experimentieren. Einmal bekritzelte er die Zimmerwände mit geometrischen Figuren und hackte Holzsplinte in sie hinein, um von ihrem Schattenwurf auf die Uhrzeit zu schließen. Dies gelang ihm, mit einer Genauigkeit von etwa einer Viertelstunde, was ihn dazu ermutigte, eine Sonnenuhr mit Ästen als Zeiger und platten Steinen als Zifferblatt zu bauen. Dabei kam ihm die Erkenntnis, dass zwischen Raum und Zeit ein Zusammenhang bestehen müsse. Wohlgemerkt: Isaac Newton war zu diesem Zeitpunkt nicht älter als ein heutiges Grundschulkind.

1653 erfüllte sich sein sehnlichster Wunsch: Sein Stiefvater starb, und Mutter Hannah kam zurück nach Woolsthorpe. Allerdings mit drei kleinen Kindern im Schlepptau, die bei ihrem Stiefbruder nicht unbedingt auf Sympathien stießen. Hannah schickte Isaac deshalb zur Schule ins acht Meilen entfernte Grantham. Dort schlief er in der Dachkammer eines Apothekers, wo er seinen Namen in die Balken ritzte und die Wände mit Tieren, Schiffen und Männchen verzierte, was für einen Elfjährigen nicht ungewöhnlich ist. Allerdings malte er auch abstrakte Dreiecke und Kreise auf die Wände – und das macht man in diesem Alter eher selten.

In der Schule bekam er Ärger mit den anderen Kindern, weil er ihnen intellektuell überlegen war und sich auch keine Mühe machte, dies zu verbergen. Catherine, die Stieftochter des Apothekers, erinnerte sich: »Es war eher selten, dass er mit Jungen draußen im Freien spielte.« Stattdessen blieb er allein, oder er spielte mit den Mädchen, vor allem mit Catherine, zu der Isaac eine recht intensive Beziehung pflegte. Irgendwie fühlte er sich von ihr verstanden, auch wenn sie vermutlich kaum nachvollziehen konnte, was in dem Kopf des angehenden Mathematikers und Physikers vorging. Ohnehin pflegte der verschlossene Isaac nicht viel zu reden. »Er sprach wenig und dachte viel«, so Catherine.

Die verschwiegene Einsamkeit wurde später zu einer von Isaac Newtons wesentlichen Kraftquellen. Er brauchte sie zum Auftanken, Nachdenken und Sortieren der Gedanken. Als Kind war er jedoch noch unglücklich darüber. In einem Gedicht klagte er darüber, dass es für ihn keinen Platz in der Welt gebe, und fragte, was er verbrochen habe, um so hart gestraft zu werden. Anfangs also litt Newton unter seiner

Isolation, erst später wurde er zum überzeugten Außenseiter und Gelegenheitseremiten. So etwas gehört auch heute noch zu den typischen Erlebnissen eines Nerds. Seine Einsamkeit sieht für Außenstehende »selbst gewählt« aus, doch bis es so weit ist, hat er bereits viele Jahre »wie auf dem Boden der Hölle« (Newton) gelebt.

Isaac bastelte mit Hammer, Säge und Axt allerlei nützliche und sinnlose Gegenstände, lernte außerdem in der Apotheke den Umgang mit Mörser, Stößel und Chemikalien und brachte Rezepte und Warnungen zu Papier: »Dinge, die den Augen schaden: Knoblauch, Zwiebel & Lauch ... Zu plötzliches Gehen nach den Mahlzeiten. Heiße Weine. Kalte Luft. Übermäßiges Weinen.« In der Apothekerfamilie hatte niemand Zweifel daran, dass der junge Newton für mehr als ein Bauerndasein bestimmt war. Doch seine Mutter wollte davon nichts wissen. Im Herbst 1659 holte sie ihn zurück – er sollte die Felder bestellen.

Isaac erwies sich dafür als wenig geeignet. Als er die Schafe hüten sollte, zertrampelten die Tiere das Getreide des Nachbarn, während er Wasserräder am Bach bastelte. Statt mit Feldarbeit verbrachte er seine Zeit lieber mit dem Sammeln von Kräutern, oder er legte sich mit einem Buch auf die Wiese, während seine Schweine durch die kaputten Zäune entflohen, die er eigentlich hätte reparieren sollen. Isaac vergaß beim Lesen, Basteln oder Nachdenken freilich nicht nur seine Pflichten, sondern auch das Essen und Trinken. Was gelegentlich dazu führte, dass ihm wegen Unterzuckerung und Dehydrierung schwindelig wurde. Das Verdrängen des Nahrungstriebs ist eine nerdtypische Charaktereigenschaft – Newton behielt sie zeitlebens bei.

Seine Mutter empfand all das nicht als die Schrullen eines Genies, sondern einfach nur als ärgerlich und renitent. Zwischen ihr und Isaac kam es immer öfter zum Streit, bis schließlich sein Lehrer aus Grantham und Hannahs Bruder dafür sorgten, dass sich der junge Newton am College of the Holy and Undivided Trinity einschreiben konnte, dem größten der 16 Colleges der Universität Cambridge. Für Mutter und Sohn war das wie eine Erlösung.

In seinem ersten Jahr in Cambridge las Newton vor allem Aristoteles. Der große Griechen-Nerd mit seinem Bedürfnis, die komplette Welt zu systematisieren, war ganz nach dem Geschmack des jungen Newton. Was ihm weniger gefiel, war der Kommilitone, mit dem er sein erstes Quartier teilen musste: zu laut, zu oberflächlich und außerdem noch an Frauen interessiert, was Newton geradezu abstieß. Er hielt seinem Zimmergenossen lange moralisierende Vorträge, so dass dieser bald die Flucht ergriff. Newtons neuer Zimmergenosse hieß John Wickins, ein bibelfester Christ wie Newton, vor allem aber schweigsam und zurückhaltend. Was die beiden Männer zusätzlich verband, war ihr Interesse an der Alchemie. Sie gingen sogar so weit, ihr komplettes Zimmer zum Labor umzurüsten. Zwanzig Jahre lang lebten sie gemeinsam in den gleichen Räumen, und als Newton berühmt wurde, machte er Wickins zu seinem Sekretär.

Anfang 1665 wütete die Pest in Englands Städten, so dass Newton für zwei Jahre nach Woolsthorpe zurückkehrte. Er zimmerte sich ein paar Bücherregale und richtete sich in dem Haus seiner Familie ein Studierzimmer ein. Der 23-jährige Student las und schrieb wie besessen, nun aber nicht mehr zu alchemistischen oder theologischen Fragen, sondern fast ausschließlich über Mathematik. Aristoteles und selbst Descartes ließ er jetzt weit hinter sich. Die Algebra des Franzosen, die auf Formeln mit einer Vielzahl, aber doch einer endlichen Menge Gliedern gründete, erweiterte er zu einem Rechensystem mit unendlichen Reihen. Denn während Descartes einen weiten, ehrfürchtigen Bogen um die Unendlichkeit machte, nutzte Newton sie konsequent aus, um mit ihrer Hilfe und entsprechenden Ableitungen aus der Länge einer durchlaufenen Strecke die Geschwindigkeit einer Bewegung und umgekehrt aus einer gegebenen Geschwindigkeit die Länge einer Strecke zu berechnen. Für einen Durchschnittsbegabten bleibt selbst nach dem Abitur rätselhaft, wie man die Unendlichkeit zum Berechnen von irgendetwas instrumentalisieren kann, doch für einen Mathe-Nerd ist diese Aufgabenstellung geradezu trivial.

In seinem Exil in Woolsthorpe kam Newton auch die Idee von der Schwerkraft, mit der sich alle Körper – selbst die Planeten im Weltall – gegenseitig anziehen. Die Legende will, dass ihm diese Erleuchtung kam, als ihm unter einem Baum ein Apfel auf den Kopf fiel. Tatsache ist jedoch, dass er unter einem Apfelbaum saß, um seiner geliebten Einsamkeit zu frönen. Herunterfallendes Obst als Inspiration brauchte Newton garantiert nicht mehr, dazu steckte er durch die Lektüre von Galilei, Kepler und Kopernikus schon zu tief in der Materie. Hinzu kommt, dass die Apfel-Geschichte von Voltaire in die Welt gesetzt wurde, der nicht nur Philosoph und Aufklärer war, sondern auch ein kreativer Romancier.

1667 kehrte Newton zurück nach Cambridge, wo er wenig später zum Bachelor of Arts examiniert wurde. Seine finanzielle Situation verbesserte sich dadurch erheblich, denn fortan gab es ein Stipendium. Zwar musste er dafür, wie es damals in Cambridge üblich war, ein Keuschheitsgelübde ablegen, aber das störte ihn nicht im Geringsten. Im Gegenteil, endlich war die leidige Frauenfrage erledigt.

Zwei Jahre später bekam er den Lehrstuhl für Mathematik. Nun konnte er ungehemmt seinen Forschungen nachgehen und publizieren. An einem Lehrstuhl hängt jedoch auch die Lehre, und darauf verstand sich Newton ganz und gar nicht. Denn ein Nerd hat zwar ein Faible für besserwisserische Monologe, aber kein echtes Interesse daran, anderen Menschen etwas beizubringen. Die Lehrveranstaltungen des begnadeten Mathematikers waren didaktisch eine Katastrophe. »Nach seiner ersten Vorlesung wollte niemand mehr seine zweite hören«, berichtet sein Biograph Michael White, »und daran änderte sich in den nächsten 17 Jahren, bis er endlich von seiner Lehrverpflichtung befreit wurde, auch nichts mehr. Newton sprach vor leeren Sälen – und hörte seiner Stimme zu, wie sie von den Saalwänden zurück zu ihm schallte.«

Das soziale Miteinander hatte Newton schon seit der Schulzeit Probleme bereitet. Und es gab auch jetzt nur sehr wenige Menschen, die er in seine Nähe ließ. Wickins war einer von ihnen, doch als sich nach 20 Jahren ihre Wege trennten, pflegten sie danach kaum noch Kontakt miteinander. Manchmal rang sich Newton den Entschluss ab, Gäste zu sich nach Hause einzuladen, aber auch dann kam es vor, dass er sich von der Gästetafel verabschiedete, um einen Wein zu holen – und für Stunden verschwunden blieb. Man fand ihn für gewöhnlich in seinem Arbeitszimmer, wo er über einem wissenschaftlichen Problem brütete.

Eine Nähe zu anderen Menschen konnte Newton nur über den Umweg eines gemeinsamen Forschungsprojekts aufbauen. Dies war schon bei Wickins so und auch später bei seinem Verhältnis zu John Locke. Newton und der englische Philosoph behandelten sich gegenseitig mit größtem Respekt, was aber wesentlich an ihrer gemeinsamen Begeisterung für die empiristische Erkenntnistheorie lag.

Locke gehörte zu den wenigen Menschen, die Newton in sein Alchemielabor ließ.

Auch wenn Newton Probleme hatte, jemanden zu lieben oder zu vertrauen – hassen konnte er. Dies bekamen vor allem jene Forscher zu spüren, von denen er glaubte, sie hätten als Plagiatoren von ihm abgeschrieben. Zu ihnen gehörte auch der deutsche Philosoph Gottfried Wilhelm Leibniz. Er und Newton hatten zeitgleich, aber unabhängig voneinander, die Infinitesimalrechnung entwickelt. Doch davon wollte Newton nichts wissen. Er fertigte sogar – unter Decknamen – »unabhängige« Gutachten an, die seine alleinige Urheberschaft beweisen sollten. Leibniz schlug nicht weniger zimperlich zurück und schwärzte seinen Konkurrenten bei der Royal Society an. Vermutlich waren es neben ihrer Plagiat-Paranoia schlichtweg persönliche Antipathien, die diese beiden großen Köpfe aufeinander losgehen ließen. Denn der deutsche Philosoph war kein eigenbrötlerischer Nerd, sondern als Diplomat und Geschäftsmann weit in der Welt herumgekommen. Er hatte dabei viele Erfahrungen gesammelt – im Unterschied zu Newton, der in seinem Leben niemals weiter gefahren war als die 150 Meilen von Woolsthorpe nach Cambridge und London.

Isaac Newton starb am 2. März 1726 als wohlhabender Mann. Was nicht nur an seinem Job bei der Königlichen Münze lag, sondern auch daran, dass er außerordentlich sparsam gelebt hatte. Zu seinem Vermögen gehörte neben Goldbarren und Geld auch eine Bibliothek mit mehr als 2000 Büchern. Eigentlich ein stattliches Erbe – doch Newton hinterließ kein Testament. Ein Versäumnis? Oder eine absichtliche, letzte Gemeinheit, damit die Menschen im Streit um sein Erbe ihre Niedertracht zeigen konnten? Vielleicht war es auch nur das letzte Stück im Puzzle seines Charakters, den er selbst noch kurz vor seinem Tode in folgende Worte fasste: »Ich weiß nicht, wie die anderen mich sehen. Aber ich selbst komme mir vor wie ein kleiner Junge, der am Strand spielt und sich freut, wenn er hier und da eine besonders schöne Muschel findet, während der große Ozean der Wahrheit völlig unentdeckt vor ihm liegt.«

Albert Einstein und das amputierte Glied

Johannes Kepler war ein merkwürdiger Mann. Im Weltall kannte er sich aus, er konnte sogar die Laufbahnen der Planeten berechnen. Doch auf der Erde, unter Menschen, fühlte er sich unwohl. Sie blieben ihm fremd. »Die Ruhe, mit der er seinen Arbeiten nachging und die Flöten der Schmeichler gänzlich überhörte, hatte ... etwas Außermenschliches, unbegreiflich Gefühlloses, aus ferner Eisregion Herwehendes ... Er hatte kein Herz. Und eben deshalb hatte er vor der Welt nichts zu fürchten. Er hatte kein Gefühl, keine Liebe ...« Menschen, die Kepler näher kannten, stöhnten: »Ein reiner Engel! Aber ist er es wirklich? Ist er vielmehr nicht grausam mitleidslos?« Es ist kein sympathisches Bild, das der Schriftsteller Max Brod in seinem Roman *Tycho Brahes Weg zu Gott* von Johannes Kepler zeichnet. An einer Stelle lässt er Brahe sogar über den berühmten Mathematiker resümieren: »Du nimmst auf nichts Rücksicht, gehst deinen heiligen Weg geradeaus ... Du dienst eigentlich nicht der Wahrheit, sondern nur dir selbst, das ist deine Reinheit und Unberührtheit.«

Doch war Kepler wirklich solch ein mitleidloses Monster, das ohne Rücksicht auf Verluste seinen Weg ging und paradoxerweise gerade in dieser übermenschlichen Konsequenz mitunter wie ein Engel oder Heiliger wirkte? Die Frage stellt sich freilich gar nicht – denn Brod beschrieb in seinem Roman eigentlich gar nicht Johannes Kepler, sondern Albert Einstein, den er Anfang des 20. Jahrhunderts in Prag getroffen hatte. Brod selbst gab später zu, dass er den Erfinder der Relativitätstheorie als Modell für seine Kepler-Figur genommen hatte. Natürlich hatte er sie ein wenig überzeichnet, doch Einstein war deutlich hinter der historischen Maske zu erkennen. Der Chemiker Walther Nernst war pikanterweise gerade bei Einstein zu Gast, als er in Brods Buch las und ihm spontan die Worte entschlüpften: »Dieser Kepler, das sind ja Sie!« Es ist nicht bekannt, wie Einstein darauf reagierte. Vielleicht war er gekränkt, vielleicht aber auch geschmeichelt, denn auf eine Stufe mit Johannes Kepler gestellt zu werden, und sei es als Ego-Monster, dürfte ihm gefallen haben.

Als Albert Einstein am 14. März 1879 in Ulm geboren wurde, war nicht abzusehen, dass er einmal wie Kepler das physikalische Weltverständnis revolutionieren und zu einem der bekanntesten Wissenschaftler überhaupt werden sollte. Sein Baby-Kopf war außergewöhnlich groß und eckig, so dass seine Mutter schon an eine Missgeburt dachte. Seine ersten verständlichen Worte sprach er im Alter von drei Jahren, und dann murmelte er sie immer wieder vor sich hin, um sie sich besser einprägen zu können. Außerdem war er insgesamt ziemlich still, dafür aber mit umso größerem Appetit ausgestattet. Kurz gesagt: Albert war ein pummeliger Junge mit großem Kopf, der wenig bis gar nicht sprach und an seinen Mitmenschen nur wenig Interesse zeigte.

Dazu passte, dass er meistens alleine spielte. Was aber nicht nur an seinem eigenen Desinteresse an Spielkameraden lag, sondern auch daran, dass ihn andere Kinder eher langweilig fanden. Denn Albert baute gerne und ausdauernd mit seinen Anker-Steinen (einem Klassiker unter den Spielzeugen) oder konstruierte Hochhäuser aus Spielkarten, die er auf bis zu 14 Stockwerke hochziehen konnte. Nicht umsonst nannte ihn sein Kindermädchen »Pater Langweil«. Gesellige Spiele waren nichts für Albert, und wenn er ausnahmsweise an ihnen teilnahm, übernahm er gern die Rolle des Schiedsrichters. Denn er hatte ein ausgeprägtes Gerechtigkeitsempfinden, neigte aber auch zu Aggressionen, wenn er sich ungerecht behandelt fühlte.

1881 bekam Albert ein Schwesterchen. Man hatte ihm erzählt, dass er fortan jemand Neues zum Spielen habe, und er verstand das offenbar in dem Sinne, dass man ihm ein neues Spielzeug schenken würde. Jedenfalls fragte er, als man ihm Maja das erste Mal zur geschwisterlichen Begutachtung vorstellte: »Ja, aber wo hat es denn seine Rädchen?« Ein paar Jahre später warf er ihr in einem Wutausbruch eine große Kegelkugel an den Kopf, ein anderes Mal beackerte er sie mit einer Kinderhacke, allerdings eher aus »wissenschaftlichem« Interesse. Hier zeigte sich bereits ein nerdtypischer Charakterzug, den Einstein auch als Erwachsener nicht ablegte: nämlich die Bereitschaft, aus Leidenschaft für eine Sache das Wohl seiner Mitmenschen zu ignorieren.

Wichtig war ihm hingegen die Musik. Mit fünf Jahren begann Albert mit dem Geigenspiel. Das Talent dazu hatte er von seiner Mutter Pauline, die ihn auch gerne am Klavier begleitete. Einstein bezeichnete das Musizieren später als »eine innere Notwendigkeit« – es half ihm, seine inneren Spannungen loszuwerden. Seine Geige nannte er »eine alte Freundin«, mit der er über alles reden könne. Er betonte aber auch, dass er es mit ihr nie zu echter Virtuosität und Individualität gebracht hätte. Sein musikalisches Motto lautete vielmehr: »Hören, spielen, lieben, verehren – und das Maul halten.«

Mit sieben Jahren kam Albert auf eine öffentliche Grundschule in München. Als doppelter Außenseiter – Nerd und Jude – wurde er von seinen Mitschülern nicht gerade schonend behandelt. Er flüchtete für eine Weile in die Religion und verfasste sogar eigene Lobpreisungen auf Gott, die er dann auf dem Schulweg sang. Doch das blieb nur eine Episode.

Weniger vergänglich sind dafür die Legenden über sein Schulversagen. Tatsache ist: Am Anfang war er weder wirklich schlecht noch wirklich gut. Als er aufs Gymnasium kam, wurde es allmählich besser. Brillieren konnte er vor allem in Mathematik und Latein, und richtig schlecht war er eigentlich nur in Sport. Ein typisches Nerd-Profil eben, zu dem auch die Tatsache passt, dass er regelmäßig den Zorn der Lehrer auf sich zog, weil er ihre Autorität untergrub.

1894 geriet die Elektrotechnik-Firma des Vaters ins Straucheln, so dass die Familie zwecks Perspektivensuche nach Italien zog. Nur der Sohn sollte in München bleiben, um seine Ausbildung abzuschließen. Albert spielte da jedoch nicht mit. Er verließ die Schule anderthalb Jahre vor dem Abitur, um seiner Familie nach Italien zu folgen. Was ihn letzten Endes dazu veranlasst hat, ist bis heute rätselhaft. Ob er seine Familie vermisste? Dagegen spricht, dass er später die »philiströse Atmosphäre« seines Elternhauses anprangerte. Oder konnte er einfach die Lehrer nicht mehr ertragen? Hierfür spricht zumindest die Äußerung seines Griechischlehrers, der schon allein in Alberts körperlicher Anwesenheit eine Provokation sah.

Immerhin verstand es Albert, seine Eltern zu beruhigen, indem er in einer Schweizer Schule seine Matura ablegte und sich schließlich am Züricher Polytechnikum zum Studium der Physik und Mathematik einschrieb. Doch die dortigen Vorlesungen empfand er schon bald als unzumutbar, weil sie nur an der Oberfläche der physikalischen Wirklichkeit kratzten, aber keine weitergehenden Erklärungen liefern konnten. Also glänzte er in den Vorlesungen durch Abwesenheit und verließ sich für die Prüfungen auf die Mitschriften seiner Kommilitonen. Mit dieser Einstellung hatte er natürlich keine Chancen auf eine akademische Karriere. Aber das was ihm ohnehin egal – nicht zuletzt deshalb, weil er am Polytechnikum eine Frau namens Mileva Maric kennenlernte.

Es kommt nicht oft vor, dass sich ein Nerd verliebt. Doch wenn, dann tut er es mit Haut und Haaren. Und genau das passierte Albert Einstein. Mit Mileva, die ebenfalls Mathematik und Physik studierte, konnte er über seine Theorien reden, oder er konnte mit ihr musizieren. Mit ihr wollte er gegen das verhasste Establishment mitsamt seiner bornierten Schrumpfköpfe antreten. Einstein genoss in diesen Jahren das Gefühlsdrama eines trotzigen Genies, das sich gegen den »Autoritätsdusel« und die Mittelmäßigkeit seiner Zeit auflehnte, und Mileva spielte dabei die Rolle des Sidekicks, des Freundes und der Liebhaberin, ohne die er ins Bodenlose gestürzt wäre. »Ohne Dich«, so schrieb er ihr, »fehlt es mir an Selbstwertgefühl, Arbeitslust, Lebensfreude – kurz, ohne Dich ist mein Leben kein Leben.«

Es ging etwas prosaischer weiter. 1902 bekam Mileva eine uneheliche Tochter, deren Schicksal unbekannt ist. Die meisten Biographen gehen heute davon aus, dass sie unmittelbar nach der Geburt zur Adoption freigegeben wurde, denn ein uneheliches Kind hätte Alberts anstehende Verbeamtung beim Patentamt in Bern gefährdet. Ein Jahr später heirateten Albert und Mileva – unmittelbar nach dem Tod seines Vaters und gegen den Willen seiner Mutter. Die Hochzeit war unspektakulär, es gab weder eine große Feier noch eine Hochzeitsreise. Als Einstein mit seiner frisch angetrauten Ehefrau nach Hause kam, stellte er fest, dass er wieder einmal die Schlüssel drinnen liegen gelassen hatte. Das passierte ihm öfter, doch diesmal war es natürlich noch etwas peinlicher als sonst.

Das Ehepaar bekam zwei Kinder: 1905 Hans Albert, 1910 Eduard. Ihnen sollte kein glückliches Leben beschieden sein, der Jüngere endete sogar in der Psychiatrie. Einsteins

Söhne kamen nur schlecht damit klar, dass sie im Leben ihres Vaters keine Rolle spielten – und dass er sich ebenso radikal von Mileva trennte, wie er sich seinerzeit in sie verliebt hatte.

Schon kurz nach der Geburt des ersten Sohnes fühlte sich Einstein durch die wachsende Familie eher eingeengt als bereichert, denn er wollte Physikgeschichte schreiben. Und das gelang ihm auch: 1905 wurde *sein* Jahr, das »Annus mirabilis«. Einstein verfasste vier Arbeiten, die das allgemeine Physikverständnis von Grund auf erschütterten, darunter die Abhandlungen zur speziellen Relativitätstheorie und über den molekularen Aufbau von Materie.

Die Familie allerdings verlor in seinem Leben zunehmend an Bedeutung. Einstein war nun froh, wenn er, weit weg von zu Hause, in seinem Sessel beim Patentamt (wo es nur wenig Arbeit, aber viel Zeit zum Nachdenken gab) sitzen konnte, um über physikalische Probleme zu brüten. Wenn er zu Hause war, dann nur körperlich. Seine Gedanken galten der weiteren Ausarbeitung der Relativitätstheorie, aber nicht seiner Familie.

Im Jahre 1907, Einstein befand sich gerade im Patentamt, schoss ihm folgender Gedanke durch den Kopf: »Wenn sich eine Person im freien Fall befindet, dann spürt sie ihr eigenes Gewicht nicht.« Er bezeichnete ihn später als den »glücklichsten Gedanken« seines Lebens, denn er begriff zum ersten Mal, dass Schwerkraft und Beschleunigung äquivalent sind, also einen gleichen Wert besitzen. Es war die Geburt der »allgemeinen Relativitätstheorie«.

Einsteins Ruf in der Wissenschaftlerszene wuchs. Man berief ihn zum Physikdozenten an der Universität Zürich, später wurde er in Prag zum Professor ernannt, bevor er in gleicher Funktion wieder nach Zürich zurückkehrte. Außerdem wurde er immer öfter zu Kongressen eingeladen, und

Max Planck wollte Einstein zum Mitglied der Preußischen Akademie der Wissenschaften ernennen. Seine Frau Mileva, selbst eine begabte Physikerin, saß derweil mit ihrem Sohn zu Hause und klagte: »Was kann man machen, der eine bekommt die Perlen, der andere die Schachtel.« Im Hinblick auf die moralische Entwicklung ihres Gatten machte sich bei ihr Skepsis breit: »Ich hoffe und wünsche nur, dass der Ruhm keinen schlechten Einfluss auf seine menschliche Seite ausübt.«

Vermutlich war es aber weniger der Ruhm als Einsteins Fokussierung auf seine Studien, die letzten Endes sein Verhältnis zu Mileva zerrüttete. Als ihr zweiter Sohn zur Welt kam, steckte ihre Ehe schon in einer tiefen Krise. Sie sahen sich nur noch selten, und Mileva traf es besonders hart, dass Einstein auch seine mathematischen und physikalischen Überlegungen nicht mehr mit ihr besprach. Das Wissenschaftler-Duo war zerbrochen. Mehr noch als die Ignoranz des Karrieristen war es der Narzissmus des Nerds, der zur inneren Trennung führte. Echte Gefühle konnte Einstein nur für *seine* Sache, zu *seinem* Fachgebiet empfinden. Mileva hatte ihre Zeit an seiner Seite gehabt, als er noch studierte und ein Anfänger auf seinem Gebiet war. Doch nun brauchte er sie nicht mehr, weil er sich mittlerweile mit Max Planck, Marie Curie und anderen Forschergiganten über seine Theorien austauschen konnte.

1912 knüpfte Einstein die ersten zarten Bande mit Elsa Löwenthal, einer drei Jahre älteren Cousine, die er schon aus Kindertagen kannte. Sie war nicht nur mit ihm verwandt, sondern ihm auch optisch recht ähnlich. »Eine wilde Frisur war eine der vielen Familiencharakteristika, die Elsa und Einstein teilten«, schreiben die Einstein-Biographen Roger Highfield und Paul Carter. »Fotografien zeigen sie mit derselben ausgeprägten Nase, den gleichen vorstehenden Augenbrauen und dem gleichen entschiedenen Kinn ... Auf vielen Fotografien wäre das Paar ununterscheidbar, wenn man Elsa einen Schnurbart aufmalen würde.« Es waren also wohl keine erotischen Motive, die Einstein antrieben, und intellektuelle Aspekte waren wohl auch nicht ausschlaggebend für seine Partnerwahl. »Ihr Hauptinteresse war dem Haushalt gewidmet«, berichten die beiden Biographen. »Elsa liebte es, für Menschen zu sorgen, für sie zu kochen, es ihnen gemütlich zu machen.« Sie verbreitete genau die schwäbisch-spießige Atmosphäre, die Einstein als Kind zunächst genossen und später in seiner Studentenzeit als »philiströs« abgelehnt hatte. Jetzt, als Physiker von Weltruf, wollte er wieder zu ihr zurück, und genau das bot ihm Elsa Löwenthal. Da störte es ihn auch nicht, dass sie aus ihrer geschiedenen Ehe zwei Kinder mitbrachte.

1914 wurde Einstein zum Direktor des Kaiser-Wilhelm-Instituts für Physik in Berlin ernannt – und dort wohnte auch Elsa. Mileva und die Kinder kamen zwar zunächst mit, doch schon bald kam es zu Konflikten, die ein weiteres Zusammenleben unmöglich machten. Nach nicht einmal einem Jahr zog die Familie ohne den Vater zurück nach Zürich.

Einstein arrangierte sich ziemlich schnell mit der neuen Situation. Er zog in eine Wohnung am Kurfürstendamm und vertiefte den Kontakt mit Elsa. Die Geschichte mit Mileva war für ihn erledigt: »Mit der Trennung bin ich höchst zufrieden, trotzdem ich nur selten etwas von meinen Buben höre. Der Frieden und die Gemütsruhe tun mir ungemein wohl, nicht minder als das wirklich hübsche Verhältnis zu meiner Cousine.« Elsas Wohnung im Bayerischen Viertel lag nur eine Viertelstunde Fußweg entfernt.

Mileva hingegen war verzweifelt und kam mit der Trennung nur schwer zurecht. Sie erlitt mehrere Nerven- und Kreislaufzusammenbrüche und wurde so krank, dass ihr

Arzt alle Hoffnung fahren ließ. Doch Einstein wollte davon nichts wissen, unterstellte ihr sogar, dass sie ihre Krankheit nur simulieren würde, um der drohenden Scheidung zu entgehen, denn dies, so sein Argument, sei »typisch für das schwache Geschlecht«. Als er merkte, dass sie tatsächlich mit dem Tode rang, verschob er noch einmal seine Scheidungspläne, nicht ohne zu betonen, dass sie für ihn »wie ein amputiertes Glied« sei: »Ich werde ihr niemals wieder nahe kommen.«

Die Scheidung erfolgte am 14. Februar 1919 wegen, wie es im Gerichtsprotokoll hieß, »natürlicher Unverträglichkeit«. Wenig später heiratete Einstein seine Cousine. Sie sah ihre Aufgabe vor allem darin, ihrem Gatten die bestmögliche Umgebung für seine Arbeit zu schaffen. Dazu gehörte auch, ihn bei Bedarf von der Öffentlichkeit abzuschotten – ein Bemühen, das von ihm öfter unterlaufen wurde, weil er eitel war und nur allzu gerne Hof hielt. Dadurch konnte es passieren, dass Elsa einen Gast dazu anhielt, seinen Aufenthalt kurz zu gestalten, Einstein dann aber viele Stunden lang mit ihm plauderte, vor allem dann, wenn er jung, attraktiv und weiblich war. Elsa schluckte diese Affronts zunächst herunter, doch im Laufe der Jahre wurde die Stimmung zwischen den Eheleuten immer frostiger. Der Physiker erging sich zunehmend in allgemeinen Tiraden zur Ehe (»Ein erfolgloser Versuch, einen Zufall zu etwas Dauerhaftem zu machen.«) und zu Frauen (»Es wäre doch möglich, dass die Natur ein Geschlecht ohne Hirn erschaffen hätte.«), während Elsa sich mehr und mehr zurückzog. Wie der amerikanische Biochemiker Leon Watters berichtete, genoss sie wohl die Reisen und Ehren, die der Erfolg ihres Gatten mit sich brachten, »doch sie vermisste die Sympathie und Zärtlichkeit, nach der sie sich sehnte, und fand sich in dieser Hinsicht sehr allein«. Offenbar vermochte Einstein auch in seiner zweiten

Ehe keine Intimität und partnerschaftliche Beziehung herzustellen.

Kurz vor seinem Tod schrieb er an den Sohn seines verstorbenen Freundes Michele Besso: »Was ich aber am meisten an ihm [Besso] bewunderte, ist der Umstand, dass er es fertig gebracht hat, viele Jahre lang nicht nur im Frieden, sondern sogar in dauernder Konsonanz mit einer Frau zu leben – ein Unterfangen, in dem ich zweimal ziemlich schmählich gescheitert bin.« Und das waren nicht die einzigen sozialen »Unterfangen«, an denen er scheiterte. Der geniale Physiker hat es nie vermocht, sich anderen Menschen nahe zu fühlen und ein Wir-Gefühl zu entwickeln. Einstein selbst hat dies einmal in einem Gedicht treffend zum Ausdruck gebracht:

Unbehaglich macht mich stets das Wörtchen »wir«
Denn man ist nicht eins mit einem andern Tier,
Hinter allem Einverständnis steckt
Stets ein Abgrund, der noch zugedeckt.

Pierre und Marie Curie: Zwei Nerds und die Büchse der Pandora

»Die Menschheit braucht zweifellos praktische Persönlichkeiten, die aus ihrer Arbeit einen maximalen Nutzen zu ziehen verstehen und, ohne das Allgemeinwohl zu vernachlässigen, ihre eigenen Interessen vertreten. Sie braucht aber auch Träumer, für die die uneigennützigen Ergebnisse ihres Werks so wichtig sind, dass es ihnen unmöglich ist, an die materiellen Vorteile zu denken, die sie sich sichern könnten.

Diese Träumer verdienen zweifellos keine Millionen, da sie keinen Reichtum anstreben. Trotzdem sollte eine gut informierte Gesellschaft dafür sorgen, dass sie über entsprechende Arbeitsbedingungen verfügen und frei von materiellen Sorgen sich völlig der wissenschaftlichen Forschung hingeben könnten.«

Als Marie Curie zum Ende ihres Lebens diese Sätze niederschrieb, dachte sie wohl in erster Linie an sich selbst und an die vielen Jahre, die sie zunächst zusammen mit ihrem Mann Pierre und dann allein in einem klapprigen Schuppen mit Forschungsarbeiten unter widrigsten Bedingungen verbrachte. Sie spricht aber auch über den Nerd im Allgemeinen und beschreibt seine Eigenschaft, sich so tief in sein Werk versenken zu können, dass er die Welt und auch seine eigenen Bedürfnisse vergessen kann. In einem aber täuschte sich die Physikerin und zweifache Nobelpreisträgerin: dass nämlich die träumenden Nerds keine Millionen verdienen könnten. Mark Zuckerberg, Bill Gates und Steve Jobs haben sogar Milliarden erwirtschaftet, ohne wirklich danach zu streben – weil sie mit ihrem so überragenden wie spezifischen Talent zur richtigen Zeit am richtigen Ort waren und exakt in eine passende Marktlücke vorstießen.

Marie Curie hatte da weniger Glück. Denn mit ihrer Arbeit öffnete sie das Tor zum Reich der Radioaktivität. Es war ein mutiger und historischer Schritt – den sie teuer bezahlen musste.

Es gibt Menschen, die kommen als Nerd zur Welt. Andere fallen in der Schule durch ihre Klugheit auf und werden von missgünstigen Schülern in die Rolle des Außenseiters gedrängt. Manchmal sind es aber auch besonders harte Schicksalsschläge, die einen Nerd formen. Genau das geschah bei Marie Curie, die am 7. November 1867 als Maria Skłodowska in Warschau geboren wurde.

Sie war das jüngste von fünf Kindern, alle nannten sie »Mania«. Kaum war sie vier Jahre alt, musste sie beobachten, wie ihre Mutter Bronisława sichtbar an Gewicht verlor und Blut zu husten begann. Es sollten zwar noch neun Jahre bis zur Entdeckung des Tuberkelbakteriums vergehen, doch die kluge und gebildete Bronisława, die sich bis zur Schuldirektorin hochgearbeitet hatte, wusste genug von Infektionen, um fortan keinen engeren Kontakt zu ihren Kindern mehr zuzulassen. Sie benutzte ihr eigenes Geschirr und verzichtete auf jegliche Zärtlichkeit, wendete sich sogar schroff ab, wenn eines ihrer Kinder sie umarmen wollte. Später konnte sich Marie Curie an keine Umarmung und keinen Kuss ihrer Mutter erinnern. Sie wuchs behütet, aber ohne körperliche Zärtlichkeit auf. Denn auch ihr Vater, ein Lehrer für Physik und Mathematik, verstand sich zwar auf wissenschaftliche Diskurse mit seinen Kindern (schon ein trivialer Sonnenuntergang konnte ihn zu astronomischen Vorträgen hinreißen), aber weniger aufs Schmusen. Mania wurde durch dieses Klima der Distanz nachhaltig geprägt. Sie sollte zeit ihres Lebens Probleme damit haben, sich anderen Menschen körperlich zu nähern.

Während die Mutter mit ihrer ältesten Tochter schließlich in einen zweijährigen Kuraufenthalt fuhr, blieben die Geschwister beim Vater in Warschau. Fortan verschwand jegliche Spontaneität aus dem Haus der Skłodowskis. Die Tage und Abende der Kinder wurden sorgfältig in Lern- und Übungszeiten unterteilt. Als einzige Entspannung las ihnen der Vater am Samstag, stets um die gleiche Zeit, aus Büchern wie *David Copperfield* vor. Es gab also zwar immer noch keine Küsse und Umarmungen, doch wenigstens an intellektuellen Reizen fehlte es nicht.

Es verwundert kaum, dass eine solche Familie kluge Kinder hervorbringt. Doch Mania übertraf sie alle. Mit vier

Jahren kam sie in die Schule, denn sie konnte bereits lesen, und wenn man ihr nur ein einziges Mal aus einem Buch vorlas, konnte sie später das Gehörte auswendig und fehlerlos rezitieren. Die anderen Schüler ihrer Klasse waren ein bis zwei Jahre älter als Mania, trotzdem avancierte sie problemlos zur Klassenbesten.

Als Bronisława aus ihrer Kur zurückkehrte, ging es ihr schlechter als vorher. Zu allem Überfluss wurde das Haus nun auch noch von einer Typhus-Infektion heimgesucht, von der die älteste Tochter dahingerafft wurde. Damit verlor die Mutter endgültig ihren Lebenswillen – sie starb im Mai 1878. Mania verfiel daraufhin in eine tiefe Depression. Viele Monate lang verkroch sie sich in irgendwelche Ecken zum Weinen. Und sie machte etwas, was sie auch später als Erwachsene immer tat, wenn es ihr schlecht ging: Sie vergrub sich in ihre Bücher. Mit Krisensituationen konnte sie nur umgehen, indem sie sich zwang, die gesamte Aufmerksamkeit auf ein bestimmtes Thema zu richten, das sie von ihrem Schicksal ablenkte. Dieser – für Nerds durchaus typische – Mechanismus wurde zu einem wichtigen Motor ihrer Genialität.

1879 wechselte Mania ans Russische Gymnasium. Polen stand damals unter Herrschaft der Zarenmonarchie, und die Machthaber versuchten, Warschau so weit wie möglich zu »russifizieren«. Ein aussichtsloses Unterfangen in einem Land, das in seiner Geschichte immer wieder okkupiert worden war und Übung darin hatte, sich gegenüber »Entpolnisierungen« zu behaupten. Immerhin reichte es, um die Stimmung an den Schulen zu vergiften. Mania musste schon bald erfahren, wie ihre Lehrer die polnischen Schüler schikanierten, doch sie hatte Selbstbewusstsein genug, ihrerseits dem pädagogischen Personal die kalte Schulter zu zeigen. Eine Lehrerin rügte sie einmal wegen ihrer Arroganz und sagte: »Ich verbiete dir, mich so von oben herab anzusehen.« Worauf Mania, die einen Kopf größer war als die Pädagogin, trocken konterte: »Wenn ich aber nicht anders kann?« Trotz allem schloss sie das Gymnasium als Klassenbeste ab – im Alter von nicht einmal 16 Jahren.

Doch gesundheitlich war Mania angeschlagen. Die Schicksalsschläge der vergangenen Jahre lasteten schwer auf ihrer Seele und griffen nun mehr und mehr auch ihren Körper an. Sie lag oft tagelang in einem verdunkelten Zimmer, sprach kaum und aß viel zu wenig.

Der Vater erkannte, dass etwas passieren musste, und schickte Mania aufs Land, zu zwei Brüdern seiner verstorbenen Frau: Henryk und Wladislaw Boguski. Mania begriff schon bald, dass die beiden Männer ganz anders waren als ihr Vater. Sie galten in der Familie als schwarze Schafe: Henryk stand im Ruf eines geschäftsuntüchtigen Trottels, der vom Einkommen seiner Frau lebte, und Wladislaw war als Tunichtgut verschrien, der Musik und Literatur liebte und sich glücklich schätzte, eine Frau mit stattlicher Aussteuer geheiratet zu haben. In dieser Atmosphäre des Müßiggängertums entdeckte auch Mania die Leichtigkeit des Seins. Die wissenschaftliche Literatur kam unters Bett, stattdessen waren Federball, Angeln oder Erdbeerpflücken angesagt. Ständig kamen interessante Leute zu Besuch, man machte Musik und mitunter auch nur Blödsinn. Mania blühte auf wie niemals zuvor. An ihre Schulfreundin Kazia schrieb sie: »Manchmal lache ich ganz für mich, und ich betrachte meinen Zustand vollkommener Dummheit mit großer Befriedigung.« Endlich erlebte sie die Kindheit, die sie vorher nicht haben durfte.

Nach etwa einem halben Jahr zog Mania zu einem anderen Onkel, der weiter südlich in den Karpaten lebte. Er war ein begnadeter Geiger, und auch hier kam Mania in ein Haus voller Bücher, Musik und Kunst. Besonders verlockend war freilich das »Kulig«, eine Mischung aus Tanzparty, Kostümball und Pferdeschlittenfahrt. Hier entdeckte das mittlerweile bildhübsche Mädchen ganz neue Seiten an sich: »Du kannst Dir nicht vorstellen, wie entzückend diese Feste sind – vor allem dann, wenn die Kleider schön und die Kerle gut angezogen sind.« Das verstockte Außenseiterkind aus Warschau avancierte genüsslich zur blühenden Landpomeranze auf der Suche nach Erotik und Ekstase: »Aus Krakau kamen ein paar attraktive junge Männer, die allesamt wunderbare Tänzer waren. Solche guten Tänzer findet man sonst nirgends ... An einem Abend tanzten wir um acht Uhr morgens unseren letzten Tanz: eine weiße Mazurka ... Am Ende mussten wir unsere durchgetanzten Schuhe wegwerfen.«

Die Zeit auf dem Land dauerte nicht viel länger als ein Jahr, doch für die Persönlichkeitsentwicklung der Marie Curie kann sie gar nicht hoch genug bewertet werden. Die Wissenschaftlerin bekam später stets ein Glitzern in den Augen, wenn sie davon erzählte. Ohne diese glückliche Zeit wäre sie vermutlich emotional verarmt und hätte das Schicksal so vieler unglücklicher Nerds geteilt, die mit ihrer Begabung und ihrer Besessenheit in einer Kammer einsam vor sich hin vegetierten und in der Bedeutungslosigkeit versanken. Möglicherweise hätte sie auch aus Verzweiflung irgendeinen Mann geheiratet, der ihre besonderen Talente nicht geschätzt hätte, oder sie hätte sogar während eines depressiven Schubs ihrem Dasein ein Ende gesetzt. Doch als Mania von ihrem Landausflug zurückkam, hatte sie genug Kraft getankt, um nicht nur am Leben zu bleiben, sondern es auch selbständig auf die richtigen Gleise zu wuchten.

Denn ihr Vater erzählte zwar gerne, dass Bildung vom Geschlecht unabhängig sein müsse, doch tatsächlich investierte er fast ausschließlich ins Medizinstudium seines einzigen Sohnes. Diese Ungerechtigkeit wollte Mania nicht hinnehmen. Sie überredete ihre größere Schwester Bronia zu einem Pakt: Erst sollte die Große nach Paris zum Medizinstudium gehen, während die Kleine in der polnischen Provinz als Gouvernante das notwendige Geld dafür zusammenkratzte, und wenn Bronia dann Ärztin wäre, könnte sie ihrerseits der Schwester das Studium an der Sorbonne ermöglichen. Mania war zum Zeitpunkt dieses Deals noch keine 17 Jahre alt.

Der Plan ging auf. Bronia absolvierte ihr Medizinstudium, und dann war die Reihe an ihrer kleinen Schwester, sich an der berühmten Sorbonne einzuschreiben. Mania studierte Mathematik, Biologie und Physik – und schloss 1893 als Jahrgangsbeste ab. Ein Jahr später lernte sie jenen Mann kennen, mit dem sie das wohl bemerkenswerteste Ehepaar der Wissenschaftsgeschichte bilden sollte: Pierre Curie.

Es war die Liaison zweier hochbegabter Nerds. Pierre war ebenfalls sehr sensibel und wirkte oft abwesend, weil er sich hundertprozentig auf seine Gedanken fokussieren konnte. Zudem war er zwar herausragend in den Naturwissenschaften, aber unterdurchschnittlich im sprachlichen Ausdrucksvermögen. Er konnte nicht einmal richtig schreiben: Seine Schrift blieb lebenslang die eines Kindes, die Rechtschreibung war eine Katastrophe. Sein Vater sah ein, dass der Junge mit diesen Eigenschaften kaum schultauglich sein würde, und unterrichtete ihn daher selbst, später kümmerte sich ein Privatlehrer um ihn. Dieser pädagogische Sonderweg stellte sich als richtige Entscheidung heraus: Auch Pierre machte bereits mit 16 Jahren sein Abitur, mit 19 arbeitete er als Forscher, und mit 21 entdeckte er zusammen mit seinem Bruder das Phänomen der »Piezoelektrizität«.

Trotz seiner beachtlichen Erfolge als Wissenschaftler wurde Pierre erst relativ spät zum Professor berufen, was einfach daran lag, dass er sich nie um diesen Posten bemüht hatte. Und um Frauen kümmerte er sich auch nicht; er hielt sie lediglich für Verführungskünstlerinnen, die den Mann von höheren Aufgaben ablenkten: »Die Frau, weit mehr als wir, liebt das Leben um des Lebens willen: Geniale Frauen sind selten. Wenn wir Männer also, von einem geheimnisvollen Gefühl getrieben, einen Weg beschreiten wollen, der uns von der Natur entfernt, wenn wir alle unsere Gedanken einem Werk widmen, das uns den Nahestehenden entrückt, haben wir mit den Frauen zu kämpfen.«

Doch dann kam Mania, die genau eine dieser genialen Ausnahmen unter den Frauen war. Pierre spürte sofort ihre tiefe Wesensverwandtschaft. Später schrieb er, er habe bei allen Entscheidungen seines Lebens gezögert, nicht aber bei seiner Hochzeit mit Maria Skłodowska. Am 26. Juli 1895 wurde sie in einer schlichten Zeremonie zu Marie Curie.

1897 kam ihre erste Tochter Irène zur Welt. Die Mutter gab dabei nicht einen Laut von sich, sondern ertrug die gesamte Prozedur mit zusammengebissenen Zähnen. Trotz des Babys setzte Marie ihre wissenschaftliche Arbeit fort. Sie schrieb an einem grundlegenden Text zur Physik, machte sich aber parallel dazu wissenschaftliche Notizen über die Entwicklung von Irène: über ihre Kopfgröße, ihre Angewohnheiten beim Saugen an der Brust und die Entwicklung ihrer psycho-motorischen Fähigkeiten: »Sie fremdelt nicht mehr. Sie singt viel. Sie klettert auf den Tisch.«

Das Ehepaar erforschte aber auch etwas, das den Menschen noch heute Angst macht: die Welt der radioaktiven Strahlen. 1898 stellte Marie die Hypothese auf, dass Pechblende ein neues Element enthält, das noch stärker strahlt als das bereits bekannte Uran. Um dies zu bestätigen, besorgten sich die Curies kiloweise Pechabfälle aus den Joachimsthaler Silberbergwerken in Böhmen. In einem undichten, feuchten Schuppen, in dem es ständig zog, experimentierten sie mit diesem radioaktiven Abfall, bis sie schließlich erst das Polonium und dann das Radium entdeckten, ein Element, das tatsächlich 900-mal stärker strahlt als Uran.

Die Romanze zwischen Pierre und Marie erweiterte sich zu einer Ménage à trois – mit »ihrem« neuen Element, dem faszinierenden Radium. Ihre zweite Tochter Éve bemerkte später dazu: »Aus den Arbeitstagen werden Monate, werden Jahre. Pierre und Marie verlieren den Mut nicht. Die widerstrebende Materie fasziniert sie. Verbunden durch ihre Liebe und ihre geistigen Passionen, leben sie in der Bretterbaracke die unnatürliche Existenz, für die sie beide geschaffen sind.«

Die Curies arbeiteten bis zur geistigen und körperlichen Erschöpfung. Hinzu kamen die radioaktiven Strahlen, denen sie sich völlig ungeschützt aussetzten, weil sie noch nichts von deren Gefahrenpotential wussten. Marie hatte immer wieder mit schweren Hautentzündungen zu kämpfen, bei Pierre fraßen sich die Geschwüre infolge der Strahlen bereits durch die Knochen, so dass er beim Gehen humpelte. Am 19. April 1906 überquerte er gedankenverloren eine der belebtesten Kreuzungen von Paris, als ein Pferdefuhrwerk auf ihn zuhielt. Aufgrund seiner Gehbehinderung konnte er nicht mehr ausweichen: Ein Pferd erwischte ihn und stieß ihn unter das Fuhrwerk, dessen linkes Hinterrad seinen Schädel zerquetschte. Pierre Curie war da gerade 49 Jahre alt.

Nach seinem Tod litt Marie unendliche Qualen – und ging wieder an die Arbeit, weil sie sich nur so von ihrem Schmerz ablenken konnte. Bis zwei, drei Uhr morgens saß sie täglich im Labor, schlief dann ein paar Stunden, und kehrte anschließend wieder zurück zu Bunsenbrenner und

Reagenzgläsern. Sie betrieb Raubbau an ihrer Gesundheit, und der forderte seinen Tribut. Einmal sackte sie ohnmächtig im Labor zusammen – um schon in der nächsten Nacht wieder im Labor zu stehen.

Ihre Kinder hatten nur noch wenig von ihrer Mutter, die auch körperlich immer weiter auf Distanz zu ihnen ging. Um ihre Ruhe zu haben, verbot sie ihnen sogar zeitweise das Sprechen und Lachen. Marie Curie versagte ihren Kindern damit das, was schon ihre eigene Mutter ihr nicht hatte geben wollen. Sie starb am 4. Juli 1934 an einer »aplastischen perniziösen Anämie« – sie gilt als typische Folgeerkrankung einer radioaktiven Verstrahlung.

Mittendrin und doch daneben

Die großen Nerds in Musik, Kunst und Literatur

Kann der Künstler ein Nerd sein? Ist der Nerd nicht viel zu unsinnlich, unästhetisch, leidenschaftslos und kopfgesteuert, als dass ein großer Maler, Schriftsteller oder Musiker aus ihm werden könnte? So stand für den russischen Erzähler Maxim Gorki unverrückbar fest: »Sehnsucht nach dem Schönen schafft die Kunst.« Und Goethe gab den dringenden Rat: »Wer von den Künsten nicht sinnliche Erfahrung hat, der lasse sie lieber.«

Sinnlichkeit und Sehnsucht nach Schönheit – all das klingt wunderbar, passt aber nicht zum Nerd, der bei einer Berührung oft zusammenzuckt und dessen Blick eher abwesend als sehnsuchtsvoll wirkt. Wie er überhaupt nur wenig von dem zeigt, was wir als Gefühlsleben bezeichnen. Der Maler Caspar David Friedrich sagte: »Des Künstlers Gefühl ist sein Gesetz.« Doch beim Nerd hat man eher den Eindruck, dass er Gefühle als lästig oder sogar gefährlich einschätzt und sich selbst Gesetze gibt, um die Gefühlswelt unter Kontrolle zu bringen – man denke nur an den kategorischen Imperativ. Nerd und Kunst scheinen einfach nicht zueinanderzupassen.

Doch auf den zweiten Blick gibt es durchaus Gemeinsamkeiten. Wie etwa der berüchtigte Wahrnehmungstunnel, in den sich der Nerd zurückzieht, um ganz für *sein* Werk da zu sein. Eine stille Kammer oder ein Sitz in der hintersten

Ecke der U-Bahn kann als Tunnel dienen, Nerds und Künstler können aber auch spontan während eines Spaziergangs oder sogar eines Gesprächs abdriften und ihre Gesprächspartner dadurch irritieren. Der Künstler, so der Schriftsteller Paul Ernst, »hat das höchste soziale Glück, außersozial zu sein«. Dieses Attribut gilt auch für den Nerd.

Zudem ist die Kunst ein weites Feld mit vielen Facetten. Sicherlich finden sich in ihr viele Typen, die sich von ihrer Intuition treiben lassen und ihren spontanen Impulsen nachgeben, aber es gibt auch das eher systematisch puzzelnde Genie, das in seinem Schaffensprozess wohlbedacht einen Stein auf den anderen setzt. Dazu gehören Musiker, die gigantische Sinfonien verfassen, konzeptionelle Künstler, die in sich zusammenhängende Bilderfolgen anfertigen, und Schriftsteller, die mit ihren Werken gezielt eine Gesamtaussage verfolgen. Unter solchen Künstlern findet man besonders oft den emsigen und kopfgesteuerten Nerd.

Arthur Conan Doyle (1859–1930) etwa war ein sehr ungeselliger Mensch. Der Erfinder von *Sherlock Holmes* war bekannt dafür, dass er sich mitunter ohne Vorankündigung aus geselligen Treffen in die hinterste Ecke des Zimmers zurückzog, um dort an einem Text zu schreiben. Dabei störte es ihn auch nicht, wenn um ihn herum gelacht und gelärmt wurde. Wer nähere Details zum Nerd-Charakter von Doyle erfahren will, betrachtet am besten den Dr. Watson aus seinen *Sherlock Holmes*-Romanen. Denn diese Arzt-Figur, ähnlich intelligent und schrullig, aber zurückhaltender und weniger eitel als der Detektiv, schuf Doyle nach seinem eigenen Ebenbild. In Filmen wurde Watson zwar oft zum dümmlichen Stichwortgeber degradiert, doch das hat rein gar nichts mit der literarischen Vorlage zu tun.

Weitere Schriftsteller mit nerdhaften Charakterzügen waren Jonathan Swift (1667–1745), Hans Christian Andersen

(1805–1875), Herman Melville (1819–1891) und Heinrich von Kleist (1777–1811), der seine Geliebte – von einem selbstgezimmerten Katheder aus! – mit Vorträgen zu Physik, Kulturgeschichte und dem ethischen Wert der Ehe langweilte. Der deutsche Schriftsteller Arno Schmidt (1914–1979) lässt in seinen Romanen gerne hochbegabte Nerds auftauchen, die dann freihändig Logarithmentafeln erstellen und komplizierteste Mathematikprobleme lösen. Schmidt selbst rühmte sich ebenfalls solch herausragender Fähigkeiten, doch tatsächlich war er ein Hochstapler. Der Soziologe Martin Henkel attestiert ihm: »Arno Schmidt verstand auch von Mathematik nichts. Jeder halbwegs verständige Leser konnte seit 1951 wissen, dass Schmidts Angabe, er habe Mathematik studiert, ein Bluff war.« Dafür war er freilich ein Text-Nerd sondergleichen, der sich durch die apartesten Textkonvolute der deutschen Literatur quälte und selber einige davon verfasste.

Gottfried Benn (1886–1956) brachte es demgegenüber als Mediziner tatsächlich zu einem abgeschlossenen Studium und zeigte auch weitaus deutlichere Zeichen eines Nerds. »So einfühlsam er in seinen Gedichten sein konnte, so abweisend und berechenbar war er mitunter in seinem Leben«, beklagt der Philologe Tobias Hierl. Nicht umsonst schaffte es Benn neben Arno Schmidt, Ernest Hemingway (1899–1961) und Bertolt Brecht (1898–1956) als Hauptfigur in ein Buch mit dem vielsagenden Titel *Genie & Arschloch*, das 2009 von Manfred Chobot herausgegeben wurde.

Nerds unter den Malern und Bildhauern waren etwa Jack Butler Yeats (1871–1957), Salvador Dalí (1904–1989) und Michelangelo (1475–1564). Der italienische Maler und Bildhauer wurde von seinem Biographen Giorgio Vasari wie folgt beschrieben: »Schon in seiner Jugend war er hauptsächlich mit seiner Arbeit beschäftigt, er brauchte zum Leben nicht mehr als ein wenig Brot und Wein, und das blieb so bis ins hohe Alter. Er brauchte nur wenig Schlaf; außerstande, sich eine Pause zu gönnen, stand er oft mitten in der Nacht auf, um mit seinem Meißel zu arbeiten.« Setzt man hier anstelle von Brot und Wein die moderneren Alternativen Chips und Cola und für den Meißel den Computer, würde dieses Bild auch dem modernen Nerd gerecht. Hierzu passt, dass Michelangelo von Zeitgenossen als ungesellig, bärbeißig und schwierig beschrieben wurde; nicht selten bauschte er Konkurrenten zu Todfeinden auf. Viele bekannte Psychiater haben sich mit Michelangelo beschäftigt, darunter Sigmund Freud und Robert Liebert. In jüngerer Zeit wird Michelangelo aufgrund seiner autistischen Züge als typischer Asperger-Fall verhandelt.

Edvard Munch (1863–1944) und Vincent van Gogh (1853–1890) zeigten zwar viele Charakteristika eines Nerds, doch sie litten auch unter schweren Krankheiten: Der norwegische Maler war manisch-depressiv, und bei van Gogh, der einem Freudenmädchen in Arles ein Stück seines linken Ohrs überreichte, wurden mittlerweile mehr als ein Dutzend Krankheiten diskutiert, vom Ménièreschen Schwindel über Syphilis, Depressionen und Epilepsie bis zur Porphyrie, die als Stoffwechselerkrankung nicht nur die neurologischen Ausfälle des Malers, sondern durch ihren Einfluss auf die Lichtwahrnehmung auch seine eigenwilligen Farbkompositionen erklären könnte.

Wolfgang Amadeus Mozart (1756–1791) und Ludwig van Beethoven (1770–1827) werden in Filmen gerne als völlig unterschiedliche Typen dargestellt, wobei Amadeus die Rolle des sinnlichen, ewig-kindlichen Chaoten und seinem tauben Kollegen die Rolle des missmutigen Misanthropen zugeschrieben wird. Tatsache ist: Beide waren Vollblut-Nerds, die vermutlich sogar – so jedenfalls der Trend in der aktuellen

Künstler-Psychiatrie – eine ausgeprägte Asperger-Symptomatik zeigten. Über Mozart schreibt der Autismus-Experte Michael Fitzgerald: »Obwohl er sich seiner Einzigartigkeit und seiner Bedeutung als Künstler bewusst war, war er zu naiv, um zu begreifen, dass er die Welt davon überzeugen musste.« Mozarts Verhältnis zu anderen Menschen war ein ständiges Missverständnis: Er dachte immer, dass alle auf seiner Seite seien, und wenn sie es dann nicht waren, war er unendlich enttäuscht. Bei Beethoven war die Unfähigkeit zur sozialen Interaktion ähnlich stark ausgeprägt, nur war er deutlich aggressiver. So weiß der Musikwissenschaftler Maynard Solomon zu berichten: »Außerhalb der Musik verstand er rein gar nichts vom sozialen Leben; in Gesellschaft anderer Menschen war er ständig missgelaunt, wusste er nicht, wie er mit ihnen verkehren sollte.« Aber wenn über Musik oder auch nichtalltägliche Themen wie Philosophie und Medizin geredet wurde, war Beethoven mittendrin. Dann übernahm er sogar oft das Zepter – und langweilte seine Gesprächspartner mit endlosen Nerd-Vorträgen.

Weitere Nerds aus der Geschichte der E-Musik sind Erik Satie (1866–1925), Béla Bartók (1881–1945), Glenn Gould (1932–1982) und Derek Paravicini (geb. 1979). Aus der Rockhistorie sind J. J. Cale (geb. 1939), Marty Balin (geb. 1942), Tom Waits (geb. 1949), Mike Oldfield (1953), Gary Numan (geb. 1958) und Daniel Johnston (geb. 1961) zu nennen.

Auch stilistisch ist die Gegenwartsmusik vom Nerdtum nicht unberührt geblieben: Der Nerdcore oder Geeksta Rap – gesungen wird über Computerthemen, Science-Fiction, Wissenschaft und schlechte Ernährung – hat sich bereits als eigenes Genre etabliert. Die Lyrics hören sich etwa so an: »I'm a geek, spelled G double E K. I meet my boys in the basement about every day. A card table, comic books and cans of coke, that we blow out of our nose after a Star

Wars joke.« Und neuerdings liest man sogar von Künstlern, die ganze Alben aus der 8-Bit-Musik alter Computerspiele generieren.

Der kreativste, schrägste und faszinierendste Nerd der jüngeren Musikgeschichte ist aber wohl immer noch Frank Zappa. Er sagte einmal: »Ohne Abweichung von der Norm ist Fortschritt nicht möglich.« Prägnanter kann man wohl kaum erklären, warum man den Einfluss der Nerds auf die Kulturgeschichte niemals unterschätzen sollte.

Frank Zappa: Sex-Spiele in Cucamonga

Ganz klar: Popeln ist ekelhaft. Wenn uns gleichwohl jemand aus der Schulzeit als Popel-Klauber im Gedächtnis geblieben ist, dann meistens die Streber, Underdogs und Eckensteher – also die Nerds. Wie etwa Ronnie und Dwight.

Die beiden jungen Männer wuchsen Anfang der 1960er Jahre in der kalifornischen Stadt Ontario auf. Ronnie hatte die Highschool abgebrochen, und seine Eltern waren den ganzen Tag arbeiten, so dass er das Haus praktisch für sich allein hatte. Genug Gelegenheit also, um sich dort jeden Tag mit Dwight zum Pokern und Musizieren zu treffen. Ronnie spielte Gitarre und sein Kumpel das Saxophon, und später kam noch ein verrückter Gitarrist, Schlagzeuger und Komponist hinzu: Frank Zappa. Aber der war frisch verheiratet und musste daher tagsüber Geld verdienen, indem er Post- und Grußkarten entwarf. Also saßen die beiden anderen oft ohne ihn in Ronnies Bude, wo sie dann unentwegt zockten und musizierten. Und popelten! In einem Anfall juvenilen Unfugs begannen sie irgendwann, die Fundstücke ihrer Nasenexkursionen an die Fensterscheibe von Ronnies Zimmer zu kleben – monatelang. Dwight nannte es schließlich das »Projekt Grünes Fenster«. Doch eines Tages kam Ronnies Mutter zufällig ins Zimmer, und ihr Entsetzen kann man sich leicht ausmalen. Sie bestand auf eine sofortige Säuberungsaktion, andernfalls würde Ronnie hochkant aus dem Haus fliegen.

Die beiden machten sich also ans Fensterputzen. Zunächst mit mäßigem Erfolg, denn die Schleimbrocken klebten fest an der Scheibe. Doch dann kam ihnen die Idee, mit Scheuermitteln und Kittmesser zu arbeiten, und tatsächlich schafften sie es, wie Zappa sich später erinnerte, »die verdammten Dinger endlich abzubekommen«. Er verarbeitete die Geschichte im Song *Let's Make the Water Turn Black*. Darin wurde neben der Popel-Orgie auch noch das Pinkeln in Tontöpfe thematisiert, weil man lieber musizieren wollte, als den Proberaum zu verlassen, um das einige Meter entfernte Klo aufzusuchen. Im Winter war das kein Problem, weil der Urin gefror; doch als der Frühling kam, verbreitete sich ein bestialischer Gestank.

Let's Make the Water Turn Black ist ein ziemlich schräger Song – doch das war erst der Anfang. Zappa sollte die Rock-Geschichte noch um so manchen dadaistischen Beitrag bereichern. Denn im Unterschied zu vielen anderen Musikgrößen, die krampfhaft schräg und innovativ sein wollten, war das, was er machte, wirklich revolutionär. Zappa kannte im wahrsten Sinne des Wortes keine Hemmungen, er brachte die unterschiedlichsten Musikrichtungen zusammen, die unterschiedlichsten Instrumente und auch die unterschiedlichsten Musiker. Und er ließ sich in keine kommerzielle Schublade stecken – auch wenn er gerade dadurch enorme kommerzielle Erfolge erzielte.

Es stellt sich natürlich die Frage nach dem Motor für diese

kreativen Extremleistungen. Bei Musikern denkt man automatisch an Drogen, doch davon wollte Zappa nichts wissen. Er rauchte und trank (zu) viel Kaffee, aber ansonsten brauchte er keine Kicks zur Erweiterung des Bewusstseins. Lange Zeit konnte er noch nicht einmal zwischen Haschisch und Heroin unterscheiden, und die Flower-Power-Bewegung seiner Zeit betrachtete er wie alles andere auch: ironisch und ohne innere Anteilnahme. Einmal steckte ihm jemand nach einem Pink-Floyd-Konzert einen Brocken Haschisch zu. Zappa warf einen ratlosen Blick darauf und fragte, sehr zum Erstaunen der umstehenden Hippies: »Was ist denn das?«

Zappas Kreativität lebte nicht vom Kontrollverlust, sondern gerade dadurch, dass er immer und jederzeit die Kontrolle haben wollte. Das unterschied ihn von anderen innovativen Rock-Genies wie etwa John Lennon oder Jimi Hendrix. Zappa ließ sich nicht von seinen Ideen treiben, sondern entwickelte sie systematisch weiter, begleitete ihr Werden und Reifen wie eine überfürsorgliche Mutter ihre Kinder, vom ersten Hauch einer Ahnung bis zum Vertrieb der fertigen Tonträger. Andere Genies neigen dazu, sich zu verzetteln – diese Gefahr bestand bei Zappa nie.

Doch was trieb ihn an? Seine Zeitgenossen charakterisierten ihn einhellig als Workaholic, der sich durch nichts und niemanden von seiner Arbeit ablenken ließ. Auch nicht durch Frauen und Liebe, obwohl er zwei Mal verheiratet war, die Prüderie des Katholizismus geißelte und Lieder über Penis-Größen und Gruppensex verfasste. Doch die Muse war ihm stets wichtiger als der Eros. Sex bezeichnete er einmal als bloße mechanische Freisetzung von Energie und Körpersäften, »als hormonelle Unterhaltung«. Und seine zweite Ehefrau Gail behauptete: »Frank hat nie geliebt ... und unsere Beziehung ist nur deshalb von Dauer, weil Frank und ich versuchen, so wenig wie möglich miteinander zu sprechen.«

Stattdessen fokussierte sich der Musiker auf seine Arbeit. Er hatte den berüchtigten »Tunnelblick«, und das nicht nur im übertragenen Sinne: Auf Konzerten starrte er beim Gitarren-Solo ebenso entrückt wie hochkonzentriert ins Nirgendwo. Auch ansonsten war ihm ein etwas irrer Blick zu eigen, der viele Menschen beunruhigte. Aber Zappa war nicht verrückt. Er war einfach nur *der* Nerd unter den Größen der Rockmusik.

Dieses Schicksal deutete sich schon früh an. Denn die Welt schien ihn bereits bei seiner Geburt nicht so recht haben zu wollen. Er lag in Steißlage, und der Arzt hatte seiner Mutter, weil er an dem Tag bereits neun Geburten und keine Lust mehr auf weitere hatte, einen Wehenhemmer verabreicht, so dass sich die ohnehin schon problematische Prozedur noch weiter hinzog. Erst nach 36 Stunden Pressen und Schmerzen kam Frank endlich zur Welt, am 21. Dezember 1940. Die Nabelschnur hatte sich um seinen Hals gewickelt, und die Haut war welk und schwarz.

Doch Frank erholte sich. Gleichwohl war er anders als die übrigen Kinder. Mit drei Jahren trug er einen Matrosenanzug, und an seinem Hals baumelte eine Holzpfeife, mit der er seine Umgebung nervte. Ansonsten hatte Frank eher Probleme mit seiner Umwelt als die mit ihm. Wie etwa mit den häufigen Umzügen. Sein Vater arbeitete für das amerikanische Verteidigungsministerium und ließ sich immer wieder versetzen. Zur Zeit von Franks Highschool-Abschluss 1958 hatte die sechsköpfige Familie bereits achtmal den Wohnort gewechselt. Sein zweites Problem war seine schwächliche Konstitution: Er litt an Asthma und an ständigen Infektionen der Atemwege. Die Umzieherei und die vielen Krankheiten führten dazu, dass Frank keine nachhaltigen Beziehungen und Freundschaften aufbauen konnte. Er blieb stets ein Außenseiter, der versuchte, sich mit Clownereien bei seinen Mitschülern beliebt zu machen. »Er war ein angenehmer Mensch, aber immer ein bisschen seltsam«, erinnerte sich eine Mitschülerin.

Frank mied gesellige Veranstaltungen und vergrub sich stattdessen zu Hause zwischen Bücherstapeln oder nähte Kleidung für seine Puppen – was natürlich nicht gerade jungentypisch ist, aber dem erwachsenen Zappa später bei seinen Tourneen den Vorteil verschaffte, bei Bedarf seine Bühnenkleidung reparieren zu können. Zu seinen weiteren Hobbys zählte das Experimentieren mit hochexplosiven Substanzen. »Mein Vater wollte, dass ich etwas Wissenschaftliches machte«, erzählte Zappa in einem Interview, »und ich interessierte mich auch für Chemie, doch meine Eltern wollten mir keine richtige Ausrüstung besorgen, weil mich nur Sachen reizten, die in die Luft flogen.« Also experimentierte Frank mit den Dingen, die er in seiner Umgebung fand, etwa mit Gewehrkugeln, die er aus einer benachbarten Garage geklaut hatte und die er in kleine orangegelbe Feuerkugeln verwandelte. Ein anderes Mal bastelte er aus Feuerwerksresten eine Bombe, die genau zwischen seinen Beinen hochging und ihm, wie er später gern erzählte, »fast die Eier wegsprengte«. Als 15-Jähriger füllte er eine explosive Zink- und Schwefelmischung zusammen mit Stinkbombenpulver in ein paar Pappbecher aus der Schulcafeteria, um sie just am Elternsprechtag zu zünden. Von der stinkig-explosiven Mixtur blieb etwas übrig; diesen Rest verstaute Zappa in seinem Schließfach – wo er von der Schulleitung gefunden wurde. Dem Schulverweis entging er nur, weil seine Mutter dem Direktor glaubhaft versichern konnte, dass die Familie ohnehin bald wieder umziehen und den pyromanischen Sohn mitnehmen würde.

Seine ersten musikalischen Erfahrungen sammelte Zappa als Schlagzeuger in einer Schulband. Da war er elf Jahre alt. Er war kein sonderliches Talent an den Drums, aber schon als 12-Jähriger komponierte er sein erstes Stück: ein Solo für die Snaredrum, das er *Mice* nannte. Seine ersten musikalischen Vorbilder fand er im Rhythm & Blues, womit er zweifelsohne auf der Wellenlänge der meisten Kinder seiner Zeit lag. Ein weiteres Vorbild war aber auch der in Frankreich geborene Edgard Varèse, ein Vertreter der »Neuen Musik«, die bewusst mit den bewährten Stilmitteln der Klassik brechen wollte. Dinge wie Harmonie, Melodie und Rhythmus spielen darin keine Rolle mehr. Für den ungeschulten Zuhörer ist das äußerst gewöhnungsbedürftig, die meisten finden keinen Draht dazu. Nicht umsonst schrieb Varèse selbst über sein Stück *Ionisation*: »Nichts als Trommeln – dissonant und schrecklich, die schlimmste Musik der Welt.« Mit solcher Musik erobert man natürlich nicht die Charts, der Name Varèse ist bis heute nur wenigen Eingeweihten bekannt. Aber der junge Zappa schwärmte für ihn. Als er *Ionisation*, ein Werk für 13 Schlagzeuger und 37 Schlaginstrumente, erstmals auf den Plattenteller der Familie legte, dauerte es nur wenige Minuten, bis seine Mutter hereingestürmt kam und ihm verbot, diese Scheibe jemals wieder abzuspielen. Als ihr Sohn daraufhin energisch protestierte, sagte sie: »Okay, dann geh mit dem Plattenspieler in dein Zimmer.« Von da an sah sie Frank nur noch selten – und der Plattenspieler verschwand sogar für immer aus ihrem Leben.

Ihr Sohn begab sich mit den gesammelten Werken von Varèse in die Einsiedelei seines Jugendzimmers. Er markierte sich die besten Stellen auf den LPs mit Kreide, um sie wieder und wieder zu hören. Wenn er genug davon hatte, legte er Scheiben von Howlin' Wolf, Muddy Waters und

Lightnin' Slim auf. Er pendelte also zwischen zwei Welten, die unterschiedlicher nicht sein konnten: dem einfachen, harten Chicago-Blues auf der einen und dem hochkomplizierten, schmerzhaften Varèse auf der anderen Seite. Das ist ungefähr so, als würde man einen ganzen Abend lang abwechselnd exklusive Cocktails und Bier aus der Flasche trinken. Normale Menschen tun so etwas nicht – doch für den Nerd kann so etwas ein echtes Vergnügen sein.

Zappa interessierte sich als Folge dieser musikalischen Früherziehung immer mehr fürs Komponieren. »Ich mag es einfach, wie Noten auf dem Papier aussehen«, sagte er. »Ich fand es faszinierend, da sind diese Noten, und jemand, der Bescheid weiß, schaut sich das an, und dann werden sie zu Musik. Für mich war das wie ein Wunder.« Er kaufte sich eine feine Kalligraphie-Feder und ein Fässchen Tinte – und legte los.

Seine Karriere als Schlagzeuger geriet jedoch ins Stocken. Als er in einer R&B-Band spielte, teilte man ihm bald mit, dass er einfach grottenschlecht an den Drums sei. Kein Takt, keinen Groove, und außerdem schlug er viel zu häufig aufs scheppernde Blech. Zappa schwante, dass er keine musikalische Allround-Begabung war: »Mich wollte keiner mehr am Schlagzeug engagieren – zu meinem Spiel konnte einfach niemand tanzen.«

Stattdessen begann er, sich als Filmemacher zu betätigen. Er befestigte die 8-mm-Kamera seines Vaters an einer Wäscheleine und schwenkte sie so lange herum, bis die Feder abgelaufen war. Und dann noch mal, und noch mal, und so weiter, bis er einen mehrfach belichteten Film produziert hatte, den er »Motion« nannte. Auch das war schräg, blieb aber Episode. Bald kehrte er zurück in die Welt der Töne, hörte tibetische und arabische Musik und betätigte sich auch wieder als Drummer – für eine R&B-Band, die überwiegend aus Musikern bestand, die einerseits gut genug waren, um Franks mäßiges Schlagzeugspiel auszugleichen, andererseits aber auch schwarz genug, um seinen Vater zu verärgern. Denn Francis Zappa wollte von der »kreischenden Neger-Musik« seines Sohnes nichts wissen. Die Spannungen in der Familie nahmen deutlich zu.

Eine Weile experimentierte Frank mit der ebenfalls schwer genießbaren Zwölftonmusik, bei der es eher auf Arithmetik als auf Harmonie ankommt. Doch dann – er war fast 16 Jahre alt – stieß er auf das Instrument, mit dem er später zur Legende werden sollte: die Gitarre. Sein erstes Modell hatte eine dermaßen hohe Saitenlage, dass er nur Soli spielen konnte, aber keine Akkorde. Das störte ihn zunächst nicht weiter, denn er wollte ja keine Lagerfeuersongs zum Besten geben, sondern mit *seiner* Musik experimentieren. Ohnehin konnte er nicht gleichzeitig singen und Gitarre spielen. Frank Zappa war eben eher eine geniale Inselbegabung als ein Allrounder.

Die Schule lief jetzt nur noch nebenbei. Frank dürfte auf dem Schulhof ohnehin ein seltsames Bild abgegeben haben: Er rauchte pausenlos, gab obszöne Unflätigkeiten von sich, trug eine riesige Sonnenbrille auf der Nase und versteckte seinen Kopf unter der Kapuze seines blauen Parka. Außerdem trug er jetzt schon den diabolischen Schnurr- und Ziegenbart, der später zu seinem Markenzeichen werden sollte.

Nichtsdestoweniger gab es Menschen in seiner Umgebung, die ihn zu schätzen wussten. Wie etwa Ernest Tossi, der stellvertretende Direktor der Highschool im kalifornischen Lancester. Er hatte Franks IQ-Testergebnisse gesehen und sofort erkannt: »Der Junge hat das Talent eines Genies.« Die beiden wurden Freunde. Frank lud den Pädagogen sogar zu sich nach Hause ein, was bei ihm ausgesprochen selten vorkam. Auch sein Musiklehrer, William Ballard, erkannte die besondere Begabung des aufmüpfigen Jungen, und ermöglichte ihm, einen Kurs in Harmonielehre zu besuchen. Später würdigte Zappa die beiden Männer in den Danksagungen zu seinen Plattenalben, weil er nur zu gut wusste, dass sein Talent ohne diese beiden Pädagogen und andere Förderer vermutlich im bedeutungslosen Nirgendwo versickert wäre.

Am 13. Juni 1958 war Zappas Highschool-Zeit beendet, obwohl ihm zwanzig Punkte zum Abschluss fehlten. Seine Vermutung: »Sie wollten mich wohl nicht noch ein weiteres Jahr da haben, und mir erging es ebenso.« Ende des Jahres zog die Familie noch einmal um, nach Ontario in Kalifornien. Die Spannungen zwischen Frank und seinem Vater waren so unerträglich geworden, dass der Sohn schließlich auszog.

Frank wollte sich sein Geld als Komponist von Filmmusik verdienen, doch das Projekt ging schief. Stattdessen machte er das, was viele Nerds machen: Er ernährte sich auf allerunterstem Niveau; er aß fast ausschließlich Chili aus der Dose und Hotdogs, die er auf eine Gabel spießte und über der offenen Gasflamme briet. Fortwährend hatte er Verdauungsprobleme, Anfang der 60er Jahre wurde bei ihm ein Zwölffingerdarmgeschwür diagnostiziert. Doch selbst daraus wusste er einen kreativen Funken zu schlagen: Er komponierte ein Stück namens *Duodenum*, dem lateinischen Wort für Zwölffingerdarm.

Im Frühjahr 1960 schrieb sich Zappa zum Musikstudium in Alta Loma ein. Dort beeindruckte er die Lehrer, die ihn für »extrem intelligent« hielten, nicht zuletzt auch deshalb, weil er sich den Lernstoff der einzelnen Vorlesungen bereits vorher aneignete, egal, wie schwer er war. Doch Zappa blieb lediglich ein Semester an dem College, dann hatte er erreicht, was er wollte: Er hatte die Grundlagen der Musik verstanden und zudem noch ein Mädchen namens Kathryn kennengelernt, das er wenig später heiratete.

Sie versuchten ein bürgerliches Leben zu führen: Sie arbeitete als Sekretärin bei einer Bank, er als Postkartengestalter. Doch auf seiner Visitenkarte stand: *F. V. Zappa: Komponist – Meister der Bluesgitarre.* Die Musik ließ ihn nicht mehr los. Ende 1963 war seine Ehe mit Kathryn bereits am Ende. Was er natürlich auch wieder künstlerisch verarbeitete. Im Cover-Text zu seinem Album *Freak Out* heißt es: »Heiratete, als ich zwanzig war ... ein tolles Mädchen: Hab fast ihr Leben ruiniert.«

Zappa gründete im kalifornischen Provinzstädtchen Cucamonga ein Tonstudio namens *Studio Z.* Gemeinsam mit einigen anderen Musikern arbeitete er Tag und Nacht, doch der große Erfolg blieb aus. Sie lebten von Kartoffelbrei, den man einige Häuser weiter umsonst bekam, wenn man Blut spendete. Sofern mal etwas Geld übrig blieb, holten sie zusätzlich Brot und Erdnussbutter. Zappa spürte, wie sich sein Verdauungstrakt regelrecht zusammenkrampfte. Die Wände von *Studio Z* schmückte er mit Erinnerungsstücken aus seinem windschiefen Leben: seiner Scheidungsurkunde, den Absagebriefen von Plattenfirmen und der Androhung der Verkehrsbehörde, ihm den Führerschein abzunehmen.

Nach und nach zog das *Studio Z* immer mehr Leute an, die dort zum Teil auch längerfristig unterkamen, wenn sie keine andere Bleibe hatten. Dazu zählten auch eine junge, rothaarige Frau namens Lorraine Belcher und ihre Freundin, ein weißes Mädchen mit farbigem Kleinkind. Für ein Provinznest wie Cucamonga war das ein Skandal, doch Zappa störte das überhaupt nicht.

Eines Tages bekam er Besuch von einem angeblichen Gebrauchtwagenhändler, der fragte, ob man ihm für einen

Herrenabend ein Tonband mit »eindeutigen Szenen« einspielen könnte. Er zählte eine ganze Reihe von sexuellen Aktivitäten auf, die darin unbedingt vorkommen sollten. Zappa war einverstanden und akzeptierte auch das Honorar von 150 Dollar – Anfang der 60er eine beachtliche Summe. Was er aber nicht wusste: Der Gebrauchtwagenhändler war in Wirklichkeit ein Beamter der örtlichen Polizei.

Frank und Lorraine turnten noch am gleichen Abend über die Matratzen, ließen diese quietschen und nahmen 30 Minuten Grunzen, Stöhnen, Gekicher und entsprechende Hintergrundmusik auf. Wohlgemerkt: Sie nahmen lediglich ein Band auf, zum echten Sex kam es nicht. Am nächsten Morgen wurden die beiden von der Polizei festgenommen, draußen vor der Tür wartete bereits das Blitzlichtgewitter der Presse. Zappa wurde der Verschwörung zur Pornographie angeklagt. Dafür konnte einem ein Richter damals durchaus zwanzig Jahre Gefängnis aufbrummen.

Beim Prozess versammelte der Richter Zappa, Lorraine und die Anwälte in seinem Zimmer, um sich das Belastungsmaterial anzuhören. Er fand es so lustig, dass er zu lachen anfing. Offenbar hatte Zappa hier schon sein unnachahmliches Talent des subversiven Humors hineingelegt. Jedenfalls wurde Lorraine noch nicht einmal angeklagt, und Zappa kam mit sechs Monaten davon, von denen er nur zehn Tage absitzen musste. Außerdem durfte er fortan nicht mehr zum Militär eingezogen werden, was er wohl kaum als Strafe empfunden haben dürfte.

Trotzdem hinterließ die Porno-Affäre rund um *Studio Z* und Zappas anschließender Gefängnisaufenthalt in *Zelle C* ihre Spuren. Nach seiner Entlassung war er ein anderer Mensch. Der American Way of Life hatte sich ihm in seiner ganzen Verlogenheit gezeigt und war für ihn für immer gestorben. Ihm galt von nun an sein ganzer Spott, wie etwa in seinem Hit *Bobby Brown*, der ihn die Spitzen der Charts erklimmen ließ und noch heute, Jahre nachdem Zappa am 4. Dezember 1993 dem Krebs erlag, auf jeder guten Party gespielt wird. »Zelle C war das Trauma seines Lebens«, erklärt Barry Miles in seiner Zappa-Biographie, »und in mancher Hinsicht war er den Rest seines Lebens damit beschäftigt, sein pornographisches Tonband Amerika in den Rachen zu stopfen, immer und immer wieder. Er wollte den Amerikanern zeigen, wie ihr Land wirklich war.«

Ob die Amerikaner willens oder imstande waren, Zappas Botschaften zu verstehen, darf bezweifelt werden, doch das hat ihn nie sonderlich gestört. Ihm war es egal, ob sich das Publikum für seine Werke interessierte oder wenigstens darüber ärgerte. Zappa konnte zwar ein guter Entertainer sein, doch wenn er auf der Bühne stand oder im Plattenstudio produzierte, tat er es allein für sich und seine Musik. Dieses – für einen Nerd durchaus typische – Verhalten zeigte er nicht erst seit Cucamonga. Schon seine Lehrerin Cybil Gunther berichtete über den damals Elfjährigen: »Ich weiß nicht, ob er die Aufmerksamkeit mochte, aber er mochte, was er tat. Ich hatte immer den Eindruck, dass er es für sich selbst tat. Dass es ihm ziemlich egal war, ob da wirklich Zuhörer waren oder nicht.«

George Orwell: Man sieht viel mehr, wenn man auf dem Kopf steht

Jacintha hatte nur gehört, dass Eric ein ziemlich schräger Vogel sei; ein Einzelgänger, der genug an sich selbst habe, so dass er keine anderen Menschen brauche. Doch sie kannte ihn noch nicht persönlich. An einem Sommertag im Juni 1914 trafen sie sich dann das erste Mal, im Garten von Jacinthas Familie. Eric stand auf dem Kopf. Leicht irritiert fragte sie ihn, was er denn damit bezwecken würde. »Man sieht viel mehr von der Welt, wenn man auf dem Kopf steht, als wenn man richtig herum steht«, lautete seine Antwort. Jacintha nickte. Eric und sie wurden gute Freunde.

Als er im Januar 1922 nach Burma ging, trennten sich ihre Wege. Er schrieb ihr unentwegt Briefe, doch sie antwortete ihm nicht. Erstaunlich, denn die beiden hatten sich gut verstanden. Mehr als 50 Jahre später verfasste Jacintha eine Biographie mit dem Titel *Eric And Us*. Der Leser erfuhr auch hier zunächst nichts Näheres darüber, warum sie den Kontakt zu ihm abgebrochen hatte. 2006 jedoch erschien das Buch mit einem Nachwort ihrer Cousine Dione Venables, und dieses Post scriptum hatte es in sich. Denn darin wurde unverblümt der Verdacht geäußert, Eric habe versucht, seine Jugendfreundin kurz vor seiner Abreise zum Sex zu drängen. Der Briefwechsel der Familie scheint ihr rechtzugeben: Demnach kam Jacintha nach ihrem letzten Treffen mit Eric ziemlich verschmutzt und derangiert nach Hause, mit zerrissenem Hemd und einer Schramme an der Hüfte. »Dieser Vorfall könnte erklären, warum sie ihm auf seine Briefe nicht geantwortet hat«, schließt Venables. Der Kontakt zwischen Jacintha und Eric verebbte. Dadurch bekam sie auch nicht mit, wie er sich als Schriftsteller das Pseudonym George Orwell zulegte. Erst 1949 realisierte Jacintha, dass hinter dem weltberühmten Namen ihr Jugendfreund steckte. Man schrieb sich wieder und telefonierte gelegentlich sogar miteinander, doch zu mehr kam es nicht. George Orwell alias Eric Blair starb am 21. Januar 1950 an Tuberkulose. Jacintha ging zu seinem Begräbnis, ohne sich zu erkennen zu geben.

Was an jenem verhängnisvollen Tag vor seiner Abreise nach Burma tatsächlich geschehen ist, lässt sich nicht mehr rekonstruieren. Ein Vergewaltigungsversuch ist nicht auszuschließen, aber unwahrscheinlich. Es war wohl eher ein tollpatschiger Verführungsversuch. Jacintha selbst verlor nie ein Wort über diesen Vorfall. Sie verteidigte ihren Jugendfreund sogar, als er sich später selbst als stinkendes, hässliches Monster beschimpfte; das hätte sie wohl kaum getan, wenn er seinerzeit über sie hergefallen wäre. Außerdem war sie zwei Jahre älter als er und damals kräftig genug, um sich den zierlichen Eric vom Leibe halten zu können.

Eric Blair wurde am 25. Juni 1903 im indischen Motihari geboren. Sein Vater Richard – Indien war damals noch englische Kolonie – überwachte die Opiumexporte, und man könnte ihn wohlwollend als englisch-verschroben bezeichnen. Zeitgenossen beschrieben ihn als »niemals lächelnde und ziemlich furchteinflößende Figur, die nur selten redete«. Weder an seiner Frau noch an seinen Kindern (neben Eric gab es noch zwei Töchter) zeigte er Interesse, ihn faszinierten eigentlich nur drei Dinge: Kino, Bridge und Golf. Im persönlichen Umgang war Vater Blair ausgesprochen schwierig: Er wirkte passiv und schwach, konnte aber auch wütend werden und sich als autokratischer Tyrann aufspielen. Als Mutter Ida mit den Kindern, wie damals für Kolonialfamilien üblich, zwecks besserer Ausbildungschancen nach England aufbrach, war sie froh, eine Weile ohne ihren Gatten leben zu dürfen.

Ob Eric die Verschrobenheit von seinem Vater geerbt hatte? In jedem Falle zeigte er schon in seiner Kindheit deutliche Anzeichen eines Nerds. Er war gerade sechs Jahre alt, als er den Plan fasste, später einmal Schriftsteller zu werden – eher ungewöhnlich für ein Kind, das gerade mal eingeschult worden ist.

Aber Eric war ohnehin ungewöhnlich. Auf seiner ersten Schule, einem angesehenen Internat, zeigte er einerseits überdurchschnittliche Leistungen im Unterricht, andererseits wurde er stark gemobbt. Die Mitschüler verspotteten ihn wegen seiner Ungeschicklichkeit, und einmal prügelte ihn sogar ein Lehrer windelweich, weil er ins Bett genässt hatte. Orwell selbst bekannte, dass man ihn einfach nicht habe ausstehen können: »Denn ich hatte kein Geld, ich war schwach, ich war hässlich, ich war unbeliebt, ich hatte chronischen Husten, ich war feige, und ich stank.«

Mit dieser negativen Selbstbeschreibung hat er wohl etwas übertrieben, wie seine Jugendliebe Jacintha später zu Protokoll gab. Sie beschrieb Eric zwar als unauffällig und distanziert und beklagte sich auch darüber, dass er manchmal mit Schleuder und Steinen auf Kaninchen schoss, doch sonst fand sie nichts Unangenehmes an ihm: »Wenn er gestunken hätte, wäre ich sicherlich nicht in seiner Nähe geblieben.«

Aber ungewöhnliche Interessen hatte er schon. Sport lehnte er ab, dafür las er viel und begeisterte sich für Naturbeobachtung, explosionsträchtige Chemie-Experimente sowie für übernatürliche Phänomene und Vampire. Sein Charakter war ebenfalls schwierig. An seiner zweiten Schulstation, dem Eton College in der Nähe von Windsor, legte sich der mittlerweile Pubertierende des Öfteren mit seinen Lehrern an, die er gerne mit seinem angelesenen Wissen oder üblen Scherzen brüskierte. Sein Tutor erinnerte sich, dass Eric »so viel Ärger machte, wie er nur konnte«. Die Mitschüler nervte er mit endlosen, besserwisserischen Nerd-Vorträgen. »Immer wollte er über alles Mögliche diskutieren, und ständig kritisierte er seine Lehrer und Mitschüler«, erinnert sich John Wilkes, der Sohn des College-Direktors. »Meistens hatte er die besseren Argumente auf seiner Seite – oder er dachte zumindest, dass er sie auf seiner Seite hätte.« Auf diese Weise macht man sich natürlich keine Freunde. Die Schule hatte große Probleme mit Eric, und er hatte große Probleme mit ihr. Seine Noten stürzten am Ende ziemlich in den Keller.

1922 ging Eric nach Burma, um dort für die englische Kolonialpolizei zu arbeiten. Das war natürlich kein Job, der zu seinen schriftstellerischen Ambitionen passte, aber seine Familie glaubte, dass Eric, der nur mit Ach und Krach seinen Schulabschluss geschafft hatte, dort bessere Perspektiven hätte. Und er wurde ein guter Polizist, denn die Welt nach den eigenen Ordnungsvorstellungen zu formen gehört ja zu den Lieblingsbeschäftigungen eines Nerds. Zeitweise war er für die Sicherheit von etwa 200 000 Menschen verantwortlich. Allerdings haderte er mit der Brutalität und Ausbeutermentalität der Kolonialherren. Als er 1927 an Dengue-Fieber erkrankte und nach England zurückkehren musste, war er froh, die Polizei-Karriere hinter sich zu lassen. Er beschloss, endlich seinen Schriftstellertraum zu leben.

Doch seine Autorenlaufbahn stockte zunächst. Was nicht nur am Desinteresse der Leser lag, sondern auch daran, dass Eric es nicht schaffte, sich ein wiedererkennbares stilistisches Profil aufzubauen. 1933 legte er sich das Pseudonym George Orwell zu – eine Kombination aus King George und einem Fluss im Osten Englands. Während der 1930er Jahre veröffentlichte er mit mäßigem Erfolg seine ersten Bücher mit deutlich sozialkritischem Anspruch und arbeitete daneben als Lehrer, Journalist und Literaturkritiker. Als Orwell im Juni 1936 Eileen O'Shaughnessy heiratete, hatte er nicht einmal genug Geld für die Ringe.

Viele Menschen aus seiner Umgebung waren überrascht, dass die Hochzeit überhaupt stattfand. Denn Orwell galt als schwer vermittelbar auf dem Partnermarkt. Er war ein »In-house madman«, also ein verrückter Stubenhocker, der sich in seinen vier Wänden um nichts kümmerte als das Schreiben. Er hatte eine flache, leblose Stimme, neigte zu Jammertiraden, konnte aber auch in welpenähnliches Winseln ausbrechen, wenn er seine Leibspeise bekam: Pudding. Eine solch eigentümliche Mischung aus Temperamentmangel und Infantilität sieht und hört man öfter bei einem Nerd, und bei Frauen kann man damit normalerweise nicht punkten. Überdies betonte Orwell selbst immer wieder, dass er optisch und auch geruchlich unattraktiv sei.

Obwohl er den Frauen sexuelle Unersättlichkeit vorwarf (»In jeder Ehe kommt es irgendwann einmal dazu, dass der Mann vor dem Geschlechtsverkehr flüchten will.«), bändelte er mit anderen Frauen an, während er mit Eileen zusammen war. »Ich war manchmal untreu gegenüber Eileen und behandelte sie schlecht ... aber unsere Hochzeit war absolut richtig.«

Vermutlich hatte er damit sogar recht. Denn die Biographen sind sich einig, dass Orwell und Eileen eine gute Ehe führten. Sie war die einzige Person, die ihm wirklich nahe war. Allerdings opferte sie dafür ihr eigenes Leben. Denn während Orwell mehr und mehr im Schreiben aufging, musste sie mit irgendwelchen Jobs für ihr gemeinsames Auskommen sorgen, obwohl sie als Oxford-Absolventin in Psychologie durchaus eine eigene Karriere hätte verfolgen können. Außerdem pflegte sie ihren Gatten, wenn er krank wurde, was häufiger vorkam. Kurzum: Eileen musste ihre eigenen Ansprüche zurückstellen und lebte mehr für ihn als für sich selbst. Orwell wiederum genoss diese Zuwendung, ohne zu registrieren, welche Entbehrungen Eileen auf sich nahm. Mit *Animal Farm* gelang ihm 1945 das erste Buch, das in die Literaturgeschichte einging, kurz darauf mit *Nineteen Eighty-Four* das zweite. Seine Frau erlebte das nicht mehr.

Sie starb 1945 während einer Operation – mit gerade mal 39 Jahren.

Orwell litt schwer unter diesem Verlust. Er suchte verzweifelt Halt, indem er zahlreichen mehr oder weniger fremden Frauen einen Heiratsantrag unterbreitete. Fast alle gaben ihm einen Korb. Nur eine nicht: Sonia Brownell heiratete ihn, als der Schriftsteller bereits auf dem Totenbett lag. Sie war die Tochter eines britischen Kolonialoffiziers. Orwell kehrte also quasi zu seinen Wurzeln zurück.

Andy Warhol: Einsam auf der Party

Valerie Solanas war wütend. So wütend, dass sie aus ihrer 32er Beretta drei Kugeln auf Andy Warhol abfeuerte. Nur eine traf ihn, die allerdings mit verheerender Wirkung. Sie bohrte sich in Warhols linken Lungenflügel und pflügte sich dann weiter durch Galle, Magen, Leber und Speiseröhre, bevor sie durch den rechten Lungenflügel wieder austrat. Die Ärzte mussten mehrere Male operieren, um das Leben des Künstlers zu retten. Für kurze Zeit war er sogar klinisch tot.

Doch Andy Warhol, die so fragil wirkende Pop-Art-Ikone, war zäh. Schon nach einer Woche Intensivstation begann er, sich zu erholen, und führte stundenlange Telefongespräche mit Freunden, denen er sein Bedauern darüber ausdrückte, dass niemand das Attentat auf Film festgehalten habe. Die Ärzte und Krankenschwestern wunderten sich über ihren Patienten, der nicht im mindesten traumatisiert schien, obwohl er, wie weithin bekannt, eine geradezu panische Angst vor Friedhöfen und Beerdigungen hatte. Stattdessen verspürte er eine grimmige Befriedigung, dass der Mordanschlag ihn noch bekannter gemacht hatte, als er ohnehin schon war. Außerdem stellte er fest, dass die Mitarbeiter seiner Kunstwerkstatt, der »Factory«, in seiner Abwesenheit problemlos weiterarbeiteten und der Absatz seiner Kunstwerke steil nach oben ging. »Mir wurde klar, dass ich mit meinem Unternehmen sozusagen ein kinetisches Geschäft besaß«, erzählt er in scinem Buch *The Philosophy of Andy Warhol*, »es lief auch ohne mich weiter«. Während andere ehemalige Firmenchefs unter dem Gefühl des Nicht-gebraucht-Werdens leiden, empfand Warhol dies als die Krönung seines Schaffens; er hatte den Künstler-Olymp erklommen, indem er sich selbst überflüssig gemacht hatte.

All das klingt ziemlich eitel, und Andy Warhol war ein eitler Mensch. Was im Kunstbetrieb nichts Besonderes ist. Außergewöhnlich war aber, was Warhol nach dem Attentat mit seinem geschwächten und von den vielen Operationen gezeichneten Körper anstellte: Er ließ ihn nämlich immer wieder malen und fotografieren. Besonders bekannt wurde ein Foto von Richard Avedon. Es zeigt Warhol in einer schwarzen Lederjacke mit nacktem Oberkörper, der wegen seiner großen Narben geradezu martialisch entstellt wirkt. Die Künstlerin Alice Neel wiederum malte ihn sitzend, mit einem Stützkorsett um seinen androgynen, ausgemergelten Oberkörper, die Hände gefaltet und die Augen geschlossen, als sei er ein Märtyrer.

So wenig schamhaft Andy Warhol in der exhibitionistischen Zurschaustellung seines geschundenen Körpers war, so schamhaft verbarg er sein Seelenleben und so penibel achtete er darauf, dass ihm niemand wirklich nahe kam. Es ist vermutlich gerade dieser – durchaus nerdtypische – Zwiespalt, der seinen Charakter bestimmte.

Andy Warhol wurde am 6. August 1928 in Pittsburgh geboren, als jüngster von drei Söhnen. Seine Eltern stammten aus einem Dorf im äußersten Nordosten der Slowakei. Die Warholas, so ihr ursprünglicher Name, hatten es nicht leicht. Der Vater war Bauarbeiter, und als Andy geboren wurde, war er gerade arbeitslos. Mutter Julia besserte das Familienbudget auf, indem sie Obst- und Gemüsedosen in blecherne Blumen verwandelte und für ein paar Cents verkaufte. Sie tat das mit allergrößtem Eifer, denn weil sie sich weigerte, Englisch zu lernen, hatte sie außer ihrer Familie niemanden, mit dem sie sich unterhalten konnte. Julia Warhola war zweifelsohne eine außergewöhnliche Frau – und das gab sie weiter an ihren jüngsten Sohn.

Andy war gerade vier Jahre alt, als er auf die Schule kam. Es wurde zum Desaster. Schon am ersten Tag wurde er von einem älteren Mädchen geohrfeigt, worauf er einen Heulkrampf bekam. Seine Mutter entschied, die Einschulung zu verschieben. Andy kam daraufhin 1934 auf eine andere Schule und dort direkt in die zweite Klasse, weil man den einen Fiasko-Schultag versehentlich als komplettes Schuljahr anrechnete. Der kleine Warhol absolvierte sein erstes Schuljahr trotzdem ohne Probleme, obwohl er bis dahin kaum ein Wort Englisch gesprochen hatte.

Mit sechs Jahren erkrankte er an Scharlach und wenig später an Chorea minor, einer schweren neurologischen Störung, bei der die Gliedmaßen und Gesichtsmuskeln unkontrolliert zucken. Andy musste längere Zeit das Bett hüten und wurde dabei von seiner Mutter umsorgt, die ihm Filmmagazine, Comics und Malbücher brachte – prägende Einflüsse für sein späteres Leben und künstlerisches Schaffen. In der Schule geriet er immer mehr zum Außenseiter, nicht nur wegen seiner schwächlichen Konstitution und längeren Abwesenheit, sondern auch, weil sich infolge der schweren Erkrankungen eine unheilbare Pigmentstörung eingestellt hatte, die ihn bleich werden ließ wie ein Albino. Andy wurde gemobbt und zog sich daraufhin endgültig in seine Comic- und Hollywood-Welten zurück, die dem zierlichen, kränkelnden und blassen Jungen aus Pittsburgh um ein Vielfaches besser schienen als die Realität. Er sammelte fleißig Autogramme großer Filmstars und fertigte zahllose Zeichnungen von ihnen an – im Wechsel mit Superman, Micky Maus und anderen bekannten Comicfiguren seiner Zeit. Die Schule absolvierte Andy wie nebenbei, ohne große Mühe und mit guten Noten, was seine Klassenkameraden natürlich zusätzlich erzürnte.

Im Mai 1942 starb sein Vater an einer Bauchfellentzündung. Andys ältere Brüder mussten arbeiten gehen, während er selbst zur Highschool geschickt wurde. Dies entsprach nicht nur dem letzten Wunsch des Vaters, sondern auch die Mutter spürte, dass in diesem Jungen ein Talent heranwuchs, das nicht verkümmern durfte. Und sie hatte recht. Die Lehrer erkannten Andys künstlerische Begabung und schickten ihn zu Kursen des Carnegie Museum of Art – aus Überzeugung, nicht aus Sympathie. Denn Andy hatte sich mittlerweile in einen schwierigen und isolierten Nerd verwandelt. Sein Kunstlehrer erzählte später: »Ich kannte keinen, der talentierter war als Andy Warhol. Als Person hingegen war er wenig attraktiv oder angenehm. Er nahm kaum Rücksicht auf andere, war das Gegenteil von liebenswürdig. Zu jener Zeit war er sehr unbeholfen im Umgang mit anderen und wirkte oft schroff ... Auf jeden Fall aber schien er von Anfang an sein Ziel zu verfolgen.«

Im Herbst 1945 schrieb sich Warhol am Pittsburgher Carnegie Institute of Technology als Kunst- und Design-Student ein. Das erste Semester bestand zum großen Teil aus Philosophie-Vorlesungen, denen er überhaupt nichts abgewinnen konnte. Die Versetzung in den nächsten Studienabschnitt gelang ihm nur aufgrund seiner Zeichnungen, in denen er einen immer individuelleren Stil entwickelte. Wobei seine Werke beim pädagogischen Personal keineswegs einhellige Zustimmung fanden: Die einen fanden sie grottenschlecht, die anderen waren fasziniert. Den studentischen Geselligkeiten blieb Andy fern, und wenn er mal auf einer Party auftauchte, setzte er sich mit seinem Zeichenblock in irgendeine ruhige Ecke und malte eine Seite nach der anderen voll. Außerdem trat er einer Tanztheatergruppe bei. Er war zwar völlig untalentiert – sein Lehrer verglich ihn sogar mit einer »tauben Nuss« –, aber ihm gefiel das Drumherum. Fortan kleidete er sich nämlich mit schwarzen Rollkragenpullovern, wie es die Tanzstudenten üblicherweise taten. Er muss ein eigentümliches Bild abgegeben haben, jedenfalls nannten ihn die Kommilitonen »Andy, the red-nosed Warhola« – vermutlich, weil die dunkle Kleidung und seine Gesichtsblässe seine rote wulstige Nase in den Vordergrund rückten.

Aber das Mobbing der Schulzeit blieb ihm erspart: Die Studenten akzeptierten ihn als ungeselligen Exoten, der merkwürdig aussah und vom Malen besessen war. An einer Kunsthochschule kommt so etwas ja öfter vor. Weniger Verständnis brachte man freilich seiner emotionalen Kälte entgegen, mit der er bisweilen für Entsetzen sorgte. Als sich sein Freund Freddie Harko im LSD-Rausch aus dem Fenster einen Hochhauses gestürzt hatte, entlockte ihm das den Kommentar: »Warum hat er mir nicht gesagt, dass der das tun will? Wir hätten es filmen können.« Und als ihm der Fotograf Dick Rutledge von seinen Selbstmordabsichten erzählte, fragte er den Suizidkandidaten, ob er ihm nicht vorher seine Armbanduhr vermachen könnte, denn die würde ja bei einem Fenstersturz möglicherweise kaputtgehen. Worauf Rutledge die Uhr von seinem Handgelenk riss und nach Warhol warf – der das wertvolle Stück auffing und bis zum Ende seines Lebens behielt.

Sexuell bewegte sich Warhol ebenfalls in der Unverbindlichkeit, gelegentliche homoerotische Beziehungen blieben ohne Tiefgang. »Er war ein sadistischer Voyeur, der exhibitionistische Masochisten für seine Bedürfnisse brauchte«, erzählt der Kunsthistoriker und Pop-Art-Kenner Henry Geldzahler. Das heißt: Warhol guckte zu und genoss es, wenn andere sich quälten. Sobald er seiner Sexualpartner überdrüssig wurde, wickelte er sie schleunigst ab.

Der Psychiater Michal Fitzgerald betrachtet Warhols Kaltschnäuzigkeit und Unverbindlichkeit als deutlichen Hinweis darauf, dass er zu den gefühls- und bindungsarmen Asperger-Kranken zählte. »Es war leicht für ihn, die Menschen aus seinem Leben zu wischen und sie aus seinem Gedächtnis zu radieren«, betont der Autismus-Experte. »Er selbst hat ja zugegeben, niemals eine wirklich enge Freundschaft gehabt zu haben.« Hierzu passt auch ein deftiges Zitat des Schauspielers Taylor Mead, der eine Zeitlang engeren Kontakt zu Warhol hatte: »Andy gab einen Scheißdreck auf andere Leute.« Und der Kunstkritiker Otto Hahn bescheinigte ihm: »Er musste alle Gefühle in und um sich herum töten, um eine saubere, mechanische Welt zu bekommen ... Denn nur in dieser – für ihn puren und berechenbaren – Welt vermochte er zu leben.«

Irgendwann in seiner Studentenzeit lernte Warhol aus seinen nerd- und aspergertypischen Macken seine unverwechselbare Stärke zu machen – indem er nämlich seine emotionale Unnahbarkeit in Kombination mit seiner Hautblässe und geradezu kindlichen Zerbrechlichkeit zu seinem Markenzeichen ausbaute und dieses gezielt für seine Zwecke instrumentalisierte. 1949 ging er nach dem Abschluss seines Studiums nach New York, um dort Zeichen- und

Malaufträge zu akquirieren. Warhol stilisierte sich zum bedürftigen und sensiblen Künstler: Er trat in zerknitterten Baumwollhosen, Rollkragenpullover und abgewetzten Turnschuhen auf, seine Probearbeiten trug er in einer Papiertüte mit sich herum, und sein fragiles, bleiches Aussehen pflegte er durch ein exzessives Schlafdefizit. Es gelang ihm tatsächlich, durch diese Mitleidstour den einen oder anderen Erfolg zu landen. So gab ihm eine Werbeagentur den Auftrag für eine Zeichnung, weil man eine Kakerlake aus seinen Arbeitsproben krabbeln sah. (War auch das nur ein genialer Selbstvermarktungscoup?)

Man kann natürlich fragen, ob es zu einem Nerd passt, dass er seine Schrulligkeit bewusst instrumentalisiert. Doch die Antwort darauf ist einfach: Es spricht nämlich nichts dagegen, dass er es tut. Denn gerade weil der Nerd diverse Probleme im zwischenmenschlichen Miteinander hat, bleibt ihm nur der Rückzug – oder aber die Offensive, indem er die Menschen manipuliert, ohne sie an sich heranzulassen.

Genau dafür entschied sich Warhol: Zelebrieren statt Integrieren, dies war die Strategie, durch die er in der Welt klarkommen wollte. Er steht damit in der kreativen Szene keineswegs alleine da. Salvador Dalí etwa machte es genauso, und Karl Lagerfeld fährt noch heute gut damit. Aus dem Munde des spanischen Surrealisten stammt ein Spruch, den Andy Warhol sicherlich unterschrieben hätte: »Ich entziehe mich den Blicken, indem ich sie auf mich ziehe, und im Schutz des herausforderndsten Dandytums ziehe ich mich in das letzte Zimmer meines Palastes zurück, um ganz für mich allein mein Gold zu betasten.«

Im Nerd-Profil von Andy Warhol darf nicht vergessen werden, dass ihm seine Selbstdarstellung wohl die eine oder andere Tür im Kunstbetrieb öffnete, doch ohne sein Talent und seinen obsessiven Fleiß hätte er es nicht zur Pop-Art-Ikone gebracht. Warhol arbeitete Tag und Nacht, und wenn er nicht arbeitete, sammelte er Ideen für weitere Arbeiten. Er bekam wohl mit, dass in New York viele kreative Leute um ihn herum, zum Teil sogar direkt neben ihm in seinem Kelleratelier hausten, doch niemals suchte er ihren Kontakt. In seiner *Philosophy* erzählte er: »Es waren alles schöpferische Leute mit vielen Problemen, aber ich habe nie etwas davon mitgekriegt. Meine Arbeitstage waren sehr lang und mir fehlte die Zeit, mir ihre Probleme anzuhören, selbst wenn sie sie mir erzählt hätten.« Das Vernachlässigen sozialer Kontakte zugunsten der eigenen Sache – in diesem Punkt war Andy Warhol ein typischer Nerd.

1950 war er bereits so bekannt, dass er einen Agenten für sich arbeiten ließ. Doch Geld war immer noch zu wenig da. Warhol wohnte im ärmlichen Osten Manhattans, in einer Wohnung ohne Warmwasser, aber dafür mit Mäusen, die er mit Katzen bekämpfte. Immerhin reichte es für den ersten Fernsehapparat – und damit verabschiedete sich der Künstler endgültig vom Rest der Menschheit: »Ich hatte den Fernseher die ganze Zeit an, vor allem wenn mir Leute von ihren Problemen erzählten. Der Fernseher war gerade amüsant genug, dass die Probleme, die man mir erzählte, mich nicht mehr tangierten. Es war eine Art Magie.« Das Fernsehen war für Warhol ein Tool, das es ihm nicht nur ermöglichte, seine Mitmenschen besser zu ignorieren, sondern ihn auch mitten ins Herz seiner künstlerischen Ambitionen traf: der technischen Herstellung und Verbreitung von Bildern.

Im September 1951 erschien in der *New York Times* eine Zeichnung Warhols mit dem Titel *The Nation's Nightmare*. Sie zeigte einen jungen Matrosen, der sich im Knien eine Spritze Heroin setzt. Das war der Durchbruch. Es folgten diverse Ausstellungen, die teilweise von den Kritikern heftig zerrissen wurden, doch Warhols Popularität wuchs unaufhaltsam. Er beschäftigte immer mehr Leute und gründete 1962 die berühmte »Factory«, in deren Hallen seine Kunstwerke, ganz im Sinne der Pop-Art-Philosophie, wie am Fließband hergestellt wurden. Offener für seine Mitmenschen wurde er dadurch keineswegs. Freunde und Weggefährten aus dieser Zeit beschrieben ihn als »skurril, entrückt, süß und bezaubernd – aber furchtbar schüchtern«. Er brachte meist nicht viel mehr heraus als ein geflüstertes »Hi«, und während Dutzende von Leuten in seinem Apartment plaudernd beisammensaßen, hockte er sich zum Zeichnen in irgendeine Ecke. Er liebte Partys, aber er wollte auf ihnen, wie beim Sex, lieber zugucken, als aktiv eingreifen. »Warhol entwickelte gute Abwehrmechanismen gegen zu große Nähe und schob immer wieder den Skizzenblock wie ein Schutzschild zwischen sich und andere Menschen«, berichtet seine Biographin Annette Spohn. Manchmal wählte er auch die Schock-Methode. Als einmal wieder mehrere Leute in seinem Apartment waren, überraschte er sie alle mit der Aufforderung: »Okay, alle sollen ihre Sachen ausziehen, ich hab meinen Skizzenblock mitgebracht.« Jedem der Anwesenden war klar, dass dies nicht als Scherz gemeint war, denn Warhol war, wie die meisten Nerds, eher humorlos.

1953 zog Andy Warhol auf die Lexington Avenue, eine der besseren Gegenden New Yorks – nicht allein, sondern zusammen mit seiner Mutter. Sie sollten fortan fast zwanzig Jahre zusammenwohnen. Trotzdem vereinsamte die Mutter immer mehr, weil sie sich nach wie vor weigerte, Englisch zu lernen, und Andy praktisch den ganzen Tag und den größten Teil der Nacht unterwegs war. Sie suchte Trost im Alkohol und verstarb 1971 an einem Schlaganfall.

Das Attentat auf Warhol, bei dem die Schauspielerin und Schriftstellerin Valerie Solanas ihn in der »Factory« aufsuchte und mit einer Pistole niederstreckte, geschah am 3. Juni 1968. Solanas gab später zu Protokoll, sie habe das Attentat verübt, weil Warhol zu viel Kontrolle über ihr Leben gehabt habe. Die Richter und auch die Öffentlichkeit rätselten, was sie wohl damit meinte. Denn sie hatte nur kurz als Schauspielerin in einem von Warhols Filmen gearbeitet und ihm ein Theaterstück namens *Up your Ass* vorgelegt, das er verfilmen sollte, dann aber im Chaos der »Factory« verlorenging. Schließlich bescheinigten Psychiater der Attentäterin eine handfeste Psychose, so dass man sich nicht weiter mit ihren Motiven beschäftigen musste. Die Journalistin Gretchen Berg erkannte jedoch nach mehreren Treffen mit Warhol, dass hinter Solanas' Äußerung weit mehr steckte als nur ein kranker Geist. »Mir wurde klar, dass Valerie aus Liebe auf Andy geschossen hat, und ich verstehe sie sehr gut, da ich ganz ähnliche Empfindungen hatte. Man flüchtete sich in heftige Reaktionen, weil man große Gefühle für Andy hatte, ihm aber aus irgendwelchen Gründen nicht näher kam. Er gab dir nicht, was du von ihm wolltest. Also ging ich weg. Sie schoss auf ihn.«

Warhol blieb von diesem Attentat bis an sein Lebensende schwer gezeichnet. Er starb am 22.Februar 1987.

Mit den Füßen im Klo

Die großen Nerds der Gegenwart

Seit dem Beginn des Computerzeitalters in den 70ern und seiner Fortsetzung im Internet in den späten 90ern befindet sich der Nerd im Aufwind. In den letzten Jahren ist er geradezu unverzichtbar geworden. Denn er ist nicht nur die letzte Rettung, wenn der eigene Laptop versagt und regungslos im Windows-Standbild verharrt, der Nerd hat auch unsere sozialen Netzwerke programmiert und gibt damit die Grammatik unserer Beziehungen vor. Es ist der Nerd, der Weltgeschichte schreibt, indem er Firewalls überwindet und Staatsoberhäupter durch die Veröffentlichung geheimer Dokumente ins Schwitzen bringt. Und nur er kann uns noch erklären, wie das tatsächlich immer schlauer werdende Smartphone in unseren Taschen eigentlich funktioniert.

Der Nerd ist so etwas wie der Hexenmeister der Moderne. Ihn umgibt eine Aura des Schamanen, der über besondere Drähte zu einem Reich besitzt, das große Macht über uns ausübt und das wir gnädig zu stimmen bemüht sind: das Reich der Mikrochips und Algorithmen. Man kann es sich daher, wie Alexander Mielke vom Weierstraß-Institut für angewandte Analysis und Stochastik resümiert, »nicht mehr leisten, auf die Nerds nicht zu hören«. Und sein Mathematiker-Kollege Simon Krohn ergänzt: »Vor fünf Jahren war der Begriff noch negativ besetzt. Heute weiß jeder, dass es gut ist, einen Nerd zu kennen.«

Das gewachsene Ansehen der Nerds hat sicher damit zu tun, dass sie mittlerweile durch eine Reihe spektakulärer Aktionen auf sich aufmerksam gemacht haben. Früher war das anders. Solange sie sich mit altgriechischer Literatur, Quantenphysik oder Zwölftonmusik beschäftigten, musste man sie nicht ernst nehmen, wenn man nicht wollte. Doch heute, wo praktisch jeder am Netz hängt und einen Laptop besitzt, wird der Nerd geradezu omnipotent, zumal er Dinge schafft, die wir niemals zustande gebracht hätten. Wenn es etwa einer Gruppe von Hackern gelingt, sich in den Zentralcomputer von Konzernen oder Ministerien einzuklinken, reagieren die einen mit Schadenfreude und die anderen mit Zornausbrüchen, doch aufmerksam werden sie alle. Wir wissen zwar nicht, wie ihre Hackereien funktionieren, aber irgendwie cool erscheint es uns in jedem Fall. Wir haben natürlich auch Angst davor, dass sich unser eigener Rechner einen Virus oder Trojaner fängt und in einen spamverschickenden Zombie oder einen Selbstbedienungsladen verwandelt, aber dies verstärkt nur unsere Häme, wenn es die angeblich hundertprozentig sicheren Systeme der Großen trifft.

Wenn *WikiLeaks* die Filmmitschnitte eines amerikanischen Militäreinsatzes ins Netz stellt, *GuttenPlag* einen Verteidigungsminister als Promotionsschwindler enttarnt oder die Anonymous-Hacker *Mastercard* und *Visa* wegen ihrer *WikiLeaks*-Blockade abstrafen, mögen egoistische Motive und persönliche Eitelkeiten zwar eine Rolle spielen, ebenso aber auch eine politische Absicht. Über diese kann man je nach Einzelfall streiten, ebenso darüber, was derlei Aktionen wirklich bewirken, aber sicher ist: Ein Nerd, der aus seiner Algorithmensuppe hin und wieder über den Tellerrand blickt, sich mit anderen verbündet und aktiv wird, ist in jedem Falle produktiver als jemand, der so tief in der trüben Suppe seiner bürgerlichen Trägheit steckt, dass er noch nicht einmal mehr weiß, wo der Tellerrand ist.

Natürlich gibt es viele digitale Game-Junkies, die am Monitor nur ihr Gehirn weichkochen und weder von der Welt draußen noch vom Innenleben ihres Gerätes irgendeine Ahnung haben. Aber sie gehören nicht im eigentlichen Sinne zu den Nerds. Denn deren Wesen besteht gerade darin, bestens informiert zu sein. Außerdem wollen sie gerne wissen, wie weit ihre Macht geht, weswegen sie mit ihren Aktionen oft genug Ziele jenseits der Bits und Bytes ins Visier nehmen. Für das Establishment werden sie dadurch natürlich zum Ärgernis.

Lebensuntüchtigkeit kann man den Nerds auch nicht mehr vorwerfen. Schon der Philosoph Thales hat ja vor 2500 Jahren gezeigt, dass auch ein Nerd fest im Leben stehen kann, als er die Ölpressen monopolisierte, um während der nächsten Olivenernte ein Vermögen einzufahren. Die Nerds des Computerzeitalters stehen ihm da in nichts nach. Bill Gates (Microsoft), Mark Zuckerberg (Facebook) und Sergei Brin (Google) wären ohne eine Portion Lebens- und Geschäftstüchtigkeit keine Milliardäre geworden. Ihre Schulzeugnisse belegen zudem, dass sie wohl keine Universalgelehrten, aber durchaus mit mehreren Begabungen ausgestattet und vielseitig interessiert sind. So beherrscht Zuckerberg Griechisch und Latein, und Gates bekam von seinem Schuldirektor attestiert, er habe auch für »Theater und Politik« Interesse gezeigt.

Andere Nerds machen zwar keine Milliarden, beweisen aber auf andere Art ihren Wert für die Gesellschaft. Wie etwa Simon Pulsifer. Er wohnt noch bei den Eltern, hat keine Freundin und nur ein Hobby: *Wikipedia*. So betrachtet, entspricht er dem Klischee des frauen- und erfolglosen Nerds. Gleichwohl: Pulsifer arbeitet schon seit Dezember 2001 für das Online-Lexikon und hat seitdem einen enormen Fleiß an den Tag gelegt – und davon profitieren wir alle. Zeitweise arbeitete er sechs Stunden pro Tag daran, heute sind es etwa zwei Stunden täglich. Bis März 2010 hatte er knapp 3000 eigene Artikel verfasst und mehr als 100 000 weitere überarbeitet. Er ist, wie die Zeitungen schreiben, »der König von Wikipedia« oder der »Wikipedia Wonderboy«.

Pulsifer fiel schon in Schule und Universität durch typisch nerdige Verhaltensweisen auf. Er entwickelte Computerspiele und glänzte als Sieger im Wissensspiel *Trivial Pursuit*. Als 14-Jähriger inszenierte er im Haus eines Freundes die Jalta-Konferenz von 1945 – und spielte selbst den russischen Diktator Josef Stalin ...

Für *Wikipedia* arbeitet Simon Pulsifer freiwillig und ohne Lohn. Seine Motivation: »Ich finde es faszinierend, dass Millionen Menschen sofort lesen können, was ich geschrieben habe.« Und diese Möglichkeit wird tatsächlich breit genutzt: Tausende lesen täglich die von ihm geschriebenen oder redigierten Artikel, darunter viele Schüler, Studenten, Lehrer, Journalisten und Politiker.

Simon Pulsifer hat also einen beträchtlichen Einfluss auf das Weltgeschehen. Doch eigentlich kennt ihn kaum jemand, außer in der Gemeinde der Wikipedianer – und von denen wird er mitunter auch noch kritisiert und beleidigt, wenn seine Texte oder Redaktionsvorschläge auf Widerspruch stoßen. Der Ton unter den Nerds ist mitunter sehr rau, sie zählen nicht zu den Anhängern von Nettigkeiten und höflichen Umgangsformen. Dass die Welt kein Streichelzoo ist, wird nirgendwo so deutlich wie bei den Computer-Geeks.

Julian Assange: Eros statt Empathie

Mike Huckabee erlebte eine Bilderbuchkarriere. Mit 17 Jahren war er Schulsprecher, mit zwanzig hatte er seinen Uni-Abschluss in Religion in der Tasche, danach arbeitete er als Pastor und als Leiter eines Kirchensenders. Schließlich zog es ihn in die weltliche Politik. Am 15. Juli 1996 wurde er Gouverneur von Arkansas, 2005 schaffte er es im *Time*-Magazin auf die Liste der fünf besten Gouverneure, und man wählte ihn zum Vorsitzenden der *National Governors Association*. Nur der große Coup – die Bewerbung auf die US-Präsidentschaft – gelang ihm nicht. Huckabee steht für konservativ-christliche Werte, betrachtet homosexuelle Partnerschaften als Sünde, lehnt Schwangerschaftsabbrüche und die Evolutionstheorie ab, befürwortet aber die Todesstrafe und lockere Waffengesetze. Medienvertreter freuen sich in der Regel, wenn sich der eloquente Expastor zu Wort meldet – man schätzt seine pointierten Äußerungen.

So auch im November 2010, als Journalisten den republikanischen Politiker auf die brisanten Enthüllungen ansprach, mit denen kurz vorher *WikiLeaks* die Diplomatie der Vereinigten Staaten bloßgestellt hatte. Huckabee war in seinem Element. Er sprach von »Hochverrat« und davon, dass »alles andere als eine Hinrichtung eine zu milde Strafe« sei für diejenigen, die das Datenmaterial an *WikiLeaks* weitergegeben hätten. Seine ohnehin schon lange Feindesliste – Darwinisten, Abtreibungsbefürworter, Schwule, Pazifisten – hatte sich um linke Computerhacker erweitert.

Dies gilt auch für Sarah Palin, deren Wertegerüst ähnlich aufgebaut ist wie das des Expredigers. Sie propagiert den freien Waffenbesitz und lehnt Abtreibungen grundsätzlich ab. Wenige Tage nach den Auslassungen von Huckabee gab die »stählerne Sarah« eine Pressekonferenz, auf der sie vorschlug, man müsse *WikiLeaks*-Gründer Julian Assange jagen wie einen international gesuchten Terroristen. Als Gouverneurin von Alaska hatte sie den Jägern gestattet, Bären und Wölfe vom Flugzeug aus zu erschießen. Wahrscheinlich stellte sie es sich mit Assange ähnlich vor.

Der Angefeindete selbst sieht solche Angriffe eher gelassen. Ihm wurde schon alles Mögliche vorgeworfen, darunter Eitelkeit, Narzissmus, Demagogentum oder Antisemitismus. Meistens ignoriert er diese Attacken, manchmal versieht er sie mit ätzend zynischen Kommentaren, in seltenen Fällen lässt er auch mal seine Anwälte eine Gegendarstellung vorlesen. In Schweden allerdings erwartet ihn nun ein Prozess wegen Vergewaltigung, und das ist Wasser auf den Mühlen seiner Gegner. Ist Julian Assange tatsächlich ein janusköpfiges Monster, das einerseits für die Freiheit des Internets und mehr Demokratie kämpft und andererseits Frauen brutal zum Sex zwingt und sich zum Diktator seiner kleinen Organisation aufschwingt? Eine schwierige Frage. Nur eines weiß man: Assange hat einen komplizierten Charakter. Und der Schlüssel dazu liegt in seiner Biographie.

Julian Assange wurde am 3. Juli 1971 im australischen Townsville geboren. Mutter Christine zog mit ihrem Sohn und ohne männlichen Partner auf die Touristen- und Aussteigerinsel Magnetic Island. Ein Jahr später heiratete sie einen Zirkusdirektor namens Brett Assange. Ihm verdankt Julian seinen Nachnamen. In einem TV-Interview schilderte Assange seinen Stiefsohn als scharfsinniges Kind, das kein Nein akzeptieren konnte und nur selten Gefühle zeigte. Als sich der kleine Julian einmal bei einem Sturz heftig weh tat, zeigte er nicht die geringste Regung, sein Gesicht blieb völlig ausdruckslos, »als wollte er partout keine Emotionen zeigen«.

Die Assanges zogen mit ihrem Zirkus umher, doch ihre Ehe scheiterte. Mutter Christine heiratete wenig später einen Musiker, der der christlichen Sekte *The Family* angehörte. Die beiden bekamen einen Sohn, doch auch ihre Beziehung ging in die Brüche. Christine fürchtete, dass ihr Exmann Julians Halbbruder unter Kontrolle bringen wollte, und zog fortan mit ihren beiden Söhnen quer durch Australien. Julians Kindheit war geprägt von Unsicherheit, Flucht und Heimatlosigkeit. Im Alter von 14 Jahren war er bereits 37-mal umgezogen.

In der Schule war Assange ein Außenseiter. Seine Mitschüler hielt er für »hoffnungslose Dummköpfe«, er verspottete sie, und sie revanchierten sich dafür mit heftigen Prügeleien. Zur einzigen Konstante in seinem Leben wurde die Welt der Netzwerke und Computer. Denn dort herrscht eine logische Ordnung: Wer sie versteht, findet sich zurecht; und wer dann auch noch kreativ mit ihnen umzugehen weiß, kann diese Welt sogar nach seinen eigenen Regeln gestalten.

Julian war 16 Jahre alt, als die Assange-Familie ein Haus direkt gegenüber eines Elektronikladens bezog. Dort stand ein Commodore 64, jene legendäre 8-Bit-Rechenmaschine mit 64 KByte Arbeitsspeicher, mit der Anfang der 80er Jahre die Epoche des Heimcomputers begann. Julian beherrschte ihn schon bald genauso routiniert wie seine elektrische Zahnbürste und begann, seine ersten Programme zu schreiben. Der Computer wurde Julians bester Freund. Dem *New Yorker*-Magazin erklärte er später die Faszination, die er beim Programmieren am PC empfand: »Es ist wie Schach. Es gibt nur wenige Regeln, aber keinen Zufall, und die Aufgabe ist anspruchsvoll.«

Julian war noch keine 17, als er von zu Hause auszog und eine Laufbahn als Hacker begann, was ihm reichlich Ärger mit den Behörden einbrachte. Dann heiratete er auch noch und wurde Vater. Die junge Ehe ging schon bald in die Brüche, und Assange und seine Exfrau lieferten sich einen bitteren Rosenkrieg um das Sorgerecht für das Kind. Die Auseinandersetzung um den heute erwachsenen Daniel setzte Julian heftig zu, er wurde depressiv, schlief eine Zeitlang im Park, sogar seine Haare wurden bleich. Offen bleibt freilich, was ihm wirklich zu schaffen machte: die Trennung von seinem Sohn, die Kränkung seines hybriden Egos oder aber die Tatsache, dass seine familiären Angelegenheiten schließlich den Gerichten, also staatlichen Autoritäten überlassen wurden, die der anarchistische Julian zutiefst verachtete.

Als Assange 2006 in die *WikiLeaks*-Welt abtauchte und Australien verließ, fragte er seinen damals 16-jährigen Sohn, ob er mitkommen wolle. Daniel lehnte ab. Seitdem herrscht Funkstille zwischen ihnen. Der Sohn charakterisierte in einem Interview seinen Vater zwar als hochintelligenten Menschen, der aber die »typischen Probleme hat, die mit hoher Intelligenz einhergehen«. So werde er beispielsweise schnell wütend, vor allem wenn er merke, dass andere Leute nicht imstande seien, »sein Arbeitslevel zu erreichen und seine Ideen intuitiv zu verstehen«.

Ein Jahr vor seinem Engagement für *WikiLeaks* fuhr Julian Assange, der seit einigen Semestern Mathematik und Physik studierte, mit dem Motorrad von Saigon nach Hanoi. In den Kinos lief zu dieser Zeit der Film *The Motorcycle Diaries*. Darin wird beschrieben, wie der junge Che Guevara auf seinem Krad Südamerika durchquerte und sich dabei vom unbedarften Medizinstudenten zum überzeugten Revolutionär wandelte, weil er auf seinen 10 000 Kilometern der bitteren sozialen Realität in Form von ausgebeuteten Minen- und Landarbeitern, vergessenen Leprakranken und korrupten Polizisten begegnete. Julian Assange hingegen wurde auf seiner 2000-Kilometer-Tour von ganz anderen Phänomenen gefesselt. Menschen tauchen in seinem Reisebericht, der im Dezember 2006 in einem Internet-Magazin veröffentlicht wurde, fast gar nicht auf, dafür aber Schlaglöcher. »Für einen Physiker besitzt ein Schlagloch ein interessantes Innenleben«, schreibt er. Sofern sich nämlich erst einmal ein Brocken aus dem Asphalt lockere, würde dies unvermeidbar in einem riesigen Schlagloch münden. Solche Erkenntnisse wirken auf den ersten Blick trivial und irgendwie auch gefühlskalt, wenn man sie auf einer Reise durch eines der ärmsten Länder Asiens gewinnt. Aber man sollte ihre Bedeutung für den jungen Assange nicht unterschätzen.

Zur Zeit von *WikiLeaks* verglich er einmal die herrschenden politischen Systeme mit einem Brett voller Nägel, die untereinander mit Fäden verbunden sind. Man könne das System nur verändern, indem man die Nägel, also die einzelnen Protagonisten herausreißt – ein Vorgehen, das man durchaus als Che-Guevara-Methode bezeichnen kann. Oder aber man kappt die Fäden, also die Informationsflüsse zwischen ihnen – was dann eher der Methode von *WikiLeaks* entspricht. Diese Strategie hat den Vorteil, dass man nur einige Fäden unterbrechen muss und sich dann die anderen Fäden von allein lösen. Anders ausgedrückt: Hat *WikiLeaks* erst einmal durch seine Indiskretionen ein paar Informationsflüsse zwischen den Mächtigen gekappt, kollabiert das System von ganz alleine, weil die einzelnen Teilnehmer des Systems das Vertrauen untereinander verloren haben. Entwickelt wurde dieses Modell der sukzessiven Entmachtung der Herrschenden durch einen Physik-Studenten, der bei seinem Motorradtrip durch Vietnam über Schlaglöcher nachdachte. Von der Bröckeltheorie der Straße zur Bröckeltheorie der Macht – so etwas schafft nur ein Nerd!

Ende 2006 ging die Whistleblower-Plattform *WikiLeaks* ins Netz, mit dem Ziel, wichtige und brisante Informationen zu veröffentlichen, die bis dahin geheim gehalten wurden. Folgt man der Gründungslegende, waren »chinesische Dissidenten, Journalisten sowie Mathematiker aus den USA, Europa, Taiwan, Australien und Südafrika« an der Gründung beteiligt. In Wirklichkeit war es lange Zeit nur ein Zwei-Mann-Unternehmen, das aus Julian Assange und Daniel Domscheit-Berg bestand.

Der deutsche Informatiker kam Ende 2007 mit dem Australier in Kontakt, anlässlich einer Veranstaltung des *Chaos Computer Clubs* in Berlin. Assange wollte Mitglieder dieses elitären Hackervereins für *WikiLeaks* gewinnen, und eigentlich standen die Chancen nicht schlecht, dass er damit Erfolg haben würde. Denn Domscheit-Berg beschreibt die *Chaos*-Mitglieder in seinem Buch *Inside WikiLeaks* wie folgt: »Sie waren alle ausgeprägte Eigenbrötler. Sehr kreative, kluge, mitunter etwas raue Menschen, die sicher keine Zeit mit falscher Freundlichkeit verschwendeten. Sie zahlten einem den vermeintlichen Mangel an Sozialkompetenz mit echter Loyalität zehnfach zurück, sobald sie einen als Mitglied akzeptiert hatten. Jeder von ihnen war 24 Stunden am Tag mit irgendetwas beschäftigt. Alle Clubmitglieder waren ausgewiesene Experten in ihren jeweiligen Spezialgebieten ...« Solche ausgewiesenen Nerds passen zu einem Projekt wie *WikiLeaks*.

Doch die Idee zündete nicht, den Hackern entging zunächst, welches gigantische Potential die Idee von Assange barg. Doch immerhin begeisterte er Domscheit-Berg, der seinen gut dotierten Informatiker-Job sausen ließ, um sich von nun an ganz *WikiLeaks* zu widmen. Eine Zeitlang wohnte Assange sogar bei ihm. Domscheit-Berg berichtet: »Julian konnte eine Konzentration an den Tag legen, die ich bei niemandem sonst erlebt habe. Er konnte tagelang mit seinem Computerbildschirm zu einer unbeweglichen Einheit verschmelzen. Wenn ich spät ins Bett ging, dann saß er noch wie ein schmaler Buddha auf der Couch. Wenn ich am nächsten Tag aufwachte: Julian in Kapuzenjacke vor dem Rechner, in exakt der gleichen Pose. Wenn ich am nächsten Abend wieder schlafen ging – Julian saß noch immer da. Er war bei der Arbeit kaum ansprechbar, meditativ versunken programmierte er, schrieb, las, ich weiß nicht was. Er sprang höchstens einmal kurz auf, unvermittelt, um seltsame Kung-Fu-Übungen zu machen ... Julian konnte tagelang am Stück konzentriert arbeiten und dann ganz plötzlich einschlafen. Er legte sich in voller Montur, mit Hosen, Strümpfen und Kapuze ins Bett – und weg war er.«

Später bekam Domscheit-Berg die weniger sympathische Seite von Assange zu spüren. Im September 2010 setzte ihn Assange mit dem Satz »Du bist suspendiert« und unter Missachtung aller basisdemokratischen Statuten von *WikiLeaks* vor die Tür. Kein Wunder, dass sich Domscheit-Bergs Buch *Inside WikiLeaks* wie die Geschichte einer enttäuschten Liebe liest.

Aber bis dahin verging noch etwas Zeit – und in der gelang es *WikiLeaks* tatsächlich, brisante und eigentlich geheime Informationen aus Politik und Wirtschaft an die Öffentlichkeit zu bringen. 2008 veröffentlichte die Plattform etwa sensible Daten des Schweizer Bankhauses Julius Bär, ein Handbuch der Scientology-Sekte sowie die E-Mails von Sarah Palin – ein Hacker hatte sie ihrem elektronischen Postfach entlockt. Palin tobte, verglich den Datenklau mit dem Watergate-Skandal und verschaffte ihm dadurch eine öffentliche Aufmerksamkeit, die er – weil es sich fast nur um belanglose Mails handelte – sonst wohl kaum erregt hätte. Die *WikiLeaks*-Enthüllungen über den Angriff von US-Soldaten auf irakische Zivilisten (»Alles klar, hahaha, ich werde draufhalten«, »Sieh dir diese toten Bastarde an!«)

und die persönlichen Einschätzungen von US-Diplomaten zu Politikern wie Guido Westerwelle (»wenig Substanz«), Angela Merkel (»meidet das Risiko und ist selten kreativ«) oder Nicolas Sarkozy (»der US-freundlichste französische Präsident seit dem Zweiten Weltkrieg«), waren da schon von weitaus größerer Bedeutung.

Seit dem Herbst 2010 sieht sich Assange schweren Anschuldigungen ausgesetzt: Er soll zwei schwedische Frauen vergewaltigt haben. Offenbar ist Assange nicht nur den komplexen schwedischen Gesetzen, sondern auch seinen eigenen, etwas neurotischen Beziehungsmustern zum Opfer gefallen. Folgt man der Darstellung der *Daily Mail*, kam der mittlerweile berühmte Whistleblower am 11. August 2010 nach Stockholm, um dort drei Tage später für den schwedischen Verein *Brotherhood-Movement* eine Rede zum Thema »Krieg und die Rolle der Medien« zu halten. Als seine Kontaktperson fungierte eine Frau namens Sarah, die von der *Daily Mail* als Exmodel, attraktive Blondine und radikale Feministin beschrieben wird. Assange und sie vereinbarten telefonisch, dass er bis zu seinem Auftritt in ihrer Wohnung unterkommen könne, weil sie bis dahin außer Haus sei. Sarah kam früher als geplant zurück, doch man einigte sich, dass er weiter bei ihr wohnen dürfte. Abends gingen sie zusammen essen, und nach der Rückkehr in die Wohnung hatten sie Sex, wobei offenbar das verwendete Kondom zu Schaden kam.

Für den nächsten Tag, den 14. August, organisierte Sarah in ihrer Wohnung eine Party zu Ehren Assanges. An diesem Tag hielt er auch seine Rede – und in der ersten Reihe der Zuhörer saß Jessica, eine Verwaltungsbeamtin aus Enköping. Sie bewunderte Assange für seine Arbeit und war dabei, als er zusammen mit einigen Bekannten mittagessen ging. Im Restaurant kamen sich die beiden näher, anschließend gingen sie ins Kino, danach verabschiedete sie sich nach Hause, und er kehrte zurück in die Wohnung von Sarah, wo ja die Party stattfand.

Am Montag darauf fuhren Jessica und Assange zusammen zu ihrem Wohnort Enköping. Sie kaufte die Zugfahrkarte für ihren Begleiter, weil der seine Kreditkarte nicht benutzen wollte – aus Angst vor den Geheimdiensten, die ihm angeblich wegen der *WikiLeaks*-Enthüllungen nachstellten. In Enköping kam es zum Sex: erst mit Kondom, doch beim zweiten Mal soll sich Assange geweigert haben, eines zu benutzen – und darüber wurde Jessica, wie sie der Polizei gegenüber aussagte, ziemlich wütend. Trotzdem frühstückten sie noch zusammen, bevor Assange zurück nach Stockholm fuhr.

Jessica hatte nun Angst, wegen des ungeschützten Geschlechtsverkehrs schwanger oder infiziert worden zu sein. Sie suchte Rat und rief bei einer Frau an, die sie auf der *Brotherhood Movement*-Veranstaltung kennengelernt hatte: Sarah. Während ihres Telefonats fanden die beiden natürlich heraus, dass sie beide offenbar binnen weniger Tage mit Assange geschlafen hatten. Sie beschlossen, zur Polizei zu gehen. Am 20. August fragten sie eine Polizistin, wie Jessica bei einer Anzeige gegen Assange vorzugehen habe. Sarah war zuerst nur als Unterstützung für Jessica dabei, doch als sie von ihrer Erfahrung mit Assange und dem gerissenen Kondom erzählte, stand für die Beamtin fest, dass man Anklage erheben könne: wegen Vergewaltigung bei Jessica (weil er gegen ihren Willen Sex ohne Kondom mit ihr hatte) und sexueller Belästigung bei Sarah (weil er Sex mit ihr hatte, obwohl das Kondom beschädigt war). Nach schwedischem Recht war dies durchaus möglich, und so wurde Haftbefehl gegen Assange ausgestellt, der allerdings bereits das Land verlassen hatte.

Wie auch immer diese Angelegenheit zu bewerten ist: Interessant ist, dass Assange offenbar keinerlei Hemmungen hat, seine Prominenz für sexuelle Affären auszunutzen. Sicher, das tun viele Männer, doch bei einem Nerd wie Assange kommt hinzu, dass er dabei offenbar nicht von größeren Leidenschaften und Besitzansprüchen und auch nicht von einem guten oder schlechten Gewissen geleitet wird. Menschen sind für ihn Funktionseinheiten, die in seinem Leben für eine gewisse Zeit eine bestimmte Rolle spielen und dann daraus verschwinden – egal ob als Geschäfts- oder als Sexualpartner. Er betrachtet ihr Kommen und Gehen eher leidenschaftslos, hadert nicht, wenn ihn jemand verlässt, und wird auch nicht euphorisch, wenn jemand kommt. Er muss sich auch keine Mühe geben, sein funktionales Weltbild zu verbergen: Ein Nerd lässt die Menschen knallhart spüren, wenn er sie nicht mehr braucht.

Das erschwert natürlich den Umgang mit ihm. Denn wer kann schon ertragen, einfach fallengelassen zu werden? Wir sehnen uns danach, einem anderen Menschen etwas zu bedeuten, doch im Herzen eines Nerds gibt es nur relativ wenig Platz für andere, denn seine Leidenschaft gilt eher seinen Projekten, Ideen, Organisationen und anderen un- oder überpersönlichen Dingen. Das führt oft zu Missverständnissen und zu Enttäuschungen bei denjenigen, die mehr von ihm erwarten.

Es verwundert daher nicht, dass ein Nerd anderen Menschen sehr weh tun kann. Vor allem dann, wenn er aufgrund seiner erotischen Ausstrahlung – unter den Nerds eher eine Seltenheit – zu bezaubern weiß, wie es bei Julian Assange der Fall ist. Oder aber, weil er sie durch seine Visionen für sich einnimmt …

Apple, Woz & Jobs: Die Nerd-Fabrik der ungleichen Steves

Die Bewohner der Toskana waren einiges gewohnt. Doch dieser Mann, der im Sommer 1985 mit seinem Fahrrad durch die Hügel Norditaliens strampelte, war noch schräger als die anderen Touristen. Er wirkte blass und kränklich, seine Haut schien seit Jahren keine Sonne mehr abbekommen zu haben, und sein ganzer Habitus verriet ihn als Großstädter, der keine körperliche Arbeit gewohnt war. Andererseits lebte er wie ein Asket: kein Fleisch, noch nicht einmal Käse, nur Obst, Gemüse und Oliven, und immer wieder setzte er sich in den Lotossitz zum Meditieren. Zum Schlafen legte er sich in einen Obstgarten unter den freien Sternenhimmel.

Steve Jobs gehörte nicht zu den hechelnden Hobby-Triathleten, die auf den Serpentinen das Letzte aus sich herausholten. Er gehörte auch nicht zu den Sightseeing-Touristen. Er schaute nicht in die Landschaft, sondern nur in sich selbst. Er hätte auch bei den Pinguinen der Antarktis oder den isländischen Geysiren sein können, denn er wollte nicht an einem bestimmten Ort, sondern nur weit weg von zu Hause sein. Weit weg von *Apple*.

Jobs steckte gerade in einer tiefen Krise. *Apple,* jene Firma, die er mitgegründet und binnen weniger Jahre zum Millionenunternehmen aufgebaut hatte, wollte ihn gerade abwickeln. Er war untragbar geworden. Nicht nur, weil er seine Mitarbeiter wie Galeerensträflinge behandelt hatte, sondern auch, weil er Intrigen gesponnen und an zu vielen Stühlen gesägt hatte, um seine Interessen durchzusetzen. So etwas mag niemand – und so verärgerte er am Ende auch jene Nerds, ohne deren loyale Kompetenz er wohl kaum zur Ikone des Computerzeitalters geworden wäre.

Steve Jobs wurde am 24. Februar 1955 in San Francisco geboren. Seine Eltern waren mittellose Studenten, die ihren Sohn zur Adoption freigaben. Er kam zu Paul und Clara Jobs, die sich seit zehn Jahren vergeblich ein Kind gewünscht hatten. Steve wurde später immer wütend, wenn man sie als seine Adoptiveltern bezeichnete, denn für ihn waren sie stets Vater und Mutter, ohne jede Einschränkung. Sie hatten ihm zweifellos alles geboten, was es zu einer glücklichen Kindheit brauchte. Doch er selbst hatte einen zu schwierigen Charakter dafür.

Als Dreijähriger stand er oft um vier Uhr morgens auf, um seine Umgebung zu nerven. Er liebte gefährliche Experimente. Einmal kam er ins Krankenhaus, weil er ausprobiert hatte, wie Ameisengift schmeckt; ein anderes Mal musste man ihn wegen einer Brandwunde behandeln, nachdem er mit einer Haarnadel in der Steckdose herumgestochert hatte. Schließlich waren seine Eltern froh, dass er sich mit Fernsehen von seinen riskanten Eskapaden ablenken ließ. Doch auch hier fand Steve kein Maß. Er hockte dermaßen lange vor der Glotze, dass seine Beziehungen zu anderen Kindern litten. So wurde er zum typischen Klassentrottel: schmal, ungesellig, unsportlich und linkisch in den Bewegungen. Ein Schulkamerad berichtete später: »Er passte irgendwie nicht zu den anderen, er war keiner von uns.«

Im Alter von 13 Jahren verkehrte Jobs öfter mit einem Jungen, der sich ebenso wenig wie er in die Schulgemeinschaft einfügte und sich besonders für Elektronik interessierte: Bill Fernandez. Die beiden wurden zu einem verschworenen Tüftlerpaar, das in der Abgeschiedenheit der Garagen und Werkstätten die Probleme mit der Welt – sprich: die fehlende Anerkennung bei Gleichaltrigen und vor allem bei Mädchen – vergessen konnte.

Durch Fernandez begegnete Jobs dem etwa fünf Jahre älteren Steve Wozniak, genannt »Woz«. Er war soeben von der Universität geflogen, weil er den Computer der Hochschule zum Ausspucken obszöner Nachrichten gebracht hatte. Dabei war Woz weniger ein aufmüpfiger Anarchist als vielmehr ein Computerfreak, der Spaß daran hatte, seine Geräte für verrückte, oft auch witzige Kunststückchen zu nutzen. Neben Elektronik interessierten ihn noch Mathematik und Naturwissenschaften, aber auch nur, soweit sie ihm bei seinen Tüfteleien helfen konnten. Mädchen kamen in seinem Leben praktisch nicht vor, er schien sie noch nicht einmal zu bemerken, wie überhaupt der »Tunnel«, in dem Woz bei seiner Tätigkeit verschwand, zu seinen hervorstechendsten Charaktermerkmalen zählte. »Er verfügte über die Fähigkeit zu vollkommener Konzentration«, berichtet der Journalist Jeffrey Young. »Häufig versank er derartig in seine Beschäftigung, dass seine Mutter sich nicht anders zu helfen wusste, als ihm mit einem Bleistift an den Kopf zu klopfen, wenn sie seine Aufmerksamkeit erregen wollte.« Mit ihm zu reden war schwer, er blühte nur auf, wenn man ihn auf Elektronik und Computer ansprach, doch dann konnte es wie ein Wasserfall aus ihm heraussprudeln. Mit anderen Worten: Woz war ein Vollblut-Nerd. Genial und hochkonzentriert auf seinem Gebiet, aber schnell gelangweilt und desinteressiert, wenn es um andere Dinge ging.

Bis zu seinem Treffen mit Woz war Steve Jobs davon überzeugt gewesen, dass ihm als Tüftler niemand das Wasser reichen konnte. Sein neuer Freund führte ihm nun jedoch vor Augen, wie begrenzt seine Kenntnisse waren. Das frustrierte ihn freilich nicht weiter. Stattdessen erkannte er, dass Wozniak zwar ein Tüftlergenie war, aber viele seiner Pläne nicht umsetzen konnte, weil ihm die notwendigen Bauteile fehlten und er zu schüchtern war, um sie sich zu besorgen. Auf genau diesem Gebiet – nämlich der Akquisition der Bauteile – sollte Steve brillieren. Denn wenn es um *seine* Sache ging, konnte er seine Menschenscheu ablegen, dann entwickelte er so viel Courage, dass er sich bis ganz nach oben durchtelefonierte und die Entscheidungsträger davon überzeugte, genau das Teil zu liefern, das er unbedingt haben musste.

Der Tüftler-Nerd Wozniak hatte also in Steve genau den Beschaffer-Nerd gefunden, den er brauchte. Die beiden wurden Freunde, und wenn sie in der Garage saßen und über die Umsetzung ihrer Pläne sprachen, waren sie die glücklichsten Menschen der Welt.

1971 entwickelten sie eine »Blue-Box«, mit der man die Telefongesellschaften überlisten und umsonst telefonieren konnte. Die Arbeitsteilung funktionierte nach dem bewährten Muster: Jobs besorgte die Bauteile, Woz übernahm die Konstruktion. Keiner von beiden verschwendete allzu viele Gedanken daran, dass ihr Gerät eigentlich dem Diebstahl diente – ohnehin waren sie der Ansicht, dass es ja nur den Telefongesellschaften schaden würde, und die gehörten zum Establishment und damit zum Feind. Jobs überredete seinen Kumpel dazu, die Blue-Box zu verkaufen, anfangs für 150, später sogar für 300 Dollar das Stück. Der Gewinn wurde geteilt – doch dabei sollte es nicht bleiben.

1973 bekam Woz einen Job als Ingenieur bei *Hewlett-Packard*, während Jobs inzwischen bei *Atari* arbeitete, einem Hersteller für Computerspiele. Durch Jobs' Vermittlung erhielt Woz den Auftrag, die Schaltkreisarchitektur für ein Automatenspiel zu konstruieren. Er brauchte dafür nicht länger als vier Tage, und während dieser Zeit machte Jobs eigentlich nichts anderes, als den Tüftler mit Cola und Süßigkeiten zu versorgen. Als Honorar gab es 5000 Dollar. Das Geld ging direkt an Jobs, der sich gegenüber Nolan Bushnell – dem Chef von *Atari* – als verantwortlicher Entwickler ausgab.

Seinem Freund Woz erzählte er, er habe nur 1000 Dollar bekommen und könne ihm deshalb nur 500 geben. Woz erfuhr von dieser Aktion erst ein Jahr später. Er soll geweint haben – aber noch hielt ihre Freundschaft.

Am 1. April 1976 gründeten die beiden im kalifornischen Cupertino die Firma *Apple*. Sie hielten jeweils 45 Prozent des Unternehmens, die übrigen 10 Prozent gehörten Ron Wayne, den sie bei *Atari* kennengelernt hatten. Er stieg allerdings schon nach wenigen Monaten wieder aus, was er, wie er sagte, auch später nie bereut habe: »Steve Jobs war ein absoluter Tornado, und ich hatte bald keine Energie mehr, mich von einem Tornado herumschleudern zu lassen.«

Die Aufgabenteilung blieb in der jungen Firma zunächst einmal so wie zuvor: Woz und seine Assistenten konstruierten, Jobs verschaffte ihnen die dazu notwendigen Materialien und kümmerte sich um den Verkauf. Immer mehr traten weitere Aspekte seiner Persönlichkeit in den Vordergrund. Zum einen seine gestalterische Kraft: Er hatte genaue Vorstellungen davon, wie die *Apple*-Computer auszusehen und was sie zu leisten hätten. Und noch zwei weitere Charaktermerkmale zeigten sich: Ungeduld und Überheblichkeit. Jobs hatte kein Verständnis für Techniker, die seine Zeitvorgaben nicht einhalten konnten, und er hasste es, wenn jemand seine Führungsrolle in Frage stellte. »Steves Stärke lag darin, dass er stets den User im Auge hatte – wie die Sachen auf dem Bildschirm wirken würden, wie das Gehäuse beschaffen sein sollte, all das«, erzählt Randy Wigginton, ein Mitarbeiter der ersten Stunde. »Aber seine Art, uns das zu erklären, war dermaßen von oben herab, dass wir ihn hassten.«

Das erste Computer-Modell der Firma, *Apple I*, hatte noch eher mäßigen Erfolg. Der *Apple II* hingegen fegte alles weg, was sich bis dahin auf dem amerikanischen Computermarkt tummelte. »Der wirkliche Sprung von *Apple II* bestand darin, dass es sich um ein fertiges Produkt handelte«, erklärte Jobs. »Es war der erste Computer, den man fertig kaufen konnte.«

Die Firma erwirtschaftete nun millionenschwere Umsätze und musste immer mehr Personal anheuern. Dazu gehörte auch ein Geschäftsführer namens Mike Scott. Eine seiner ersten Amtshandlungen bestand darin, Jobs zu einem persönlichen Gespräch auf dem Parkplatz der Firma zu bestellen. Dort sprach er das heikle Thema »Körpergeruch« an. Denn der *Apple*-Gründer war davon überzeugt, dass er aufgrund seiner streng veganen Ernährung nicht duschen müsse. Scott teilte ihm jedoch mit, dass seine Mitarbeiter es in seiner Nähe einfach nicht mehr aushielten. Jobs verstand – und brachte fortan das Duschen in seinem straffen Zeitplan unter. An einer anderen Marotte hielt er jedoch noch etwas länger fest: Nach einem harten Tag stellte er gerne seine Füße in die Toilettenschüssel, um dann immer wieder auf den Spülknopf zu drücken.

Während Woz eine Familie gründete und glücklich war, weiter tüfteln zu dürfen, avancierte Jobs zum Geschäftsmann. Er begriff, dass seine Stärke darin bestand, innovative Produkte zu planen und das entsprechende Personal für die technische Umsetzung anzuheuern. Dabei setzte er eine schier unglaubliche Energie frei, die sich, wie sein enger Freund Dan Kottke vermutete, aus einem tief sitzenden Minderwertigkeitskomplex speiste: »Ich denke, es lässt sich nicht leugnen, dass Steve stets eine Art Stachel im Herzen sitzen hatte. Tief in ihm gab es eine Unsicherheit, die ihn zwang, loszuziehen und sich selbst zu beweisen. Er war ja ein Waisenkind. Ich glaube, das löste in ihm einen Ehrgeiz aus, wie ihn die meisten von uns nie nachvollziehen können.«

Apple wurde schon bald zum Zentrum von Silicon Valley. Und es wurde zum Zentrum der Nerds dieser Welt. Denn Jobs wusste, dass das erwachende Computerzeitalter *ihre* Zeit war. Software- oder Computerfirmen brauchten die Nerds, weil sie die perfekten Arbeitnehmer waren: höchst versiert und extrem anspruchslos. Jobs verzichtete daher bei der Personalrekrutierung auf die üblichen Psycho-Tests, wie sie noch heute im amerikanischen Geschäftsleben üblich sind. Stattdessen hatte er sich einen eigenen Fragenkatalog zurechtgelegt. Dazu gehörte beispielsweise: »Wie oft haben Sie schon Acid genommen.« Oder: »Wann haben Sie Ihre Jungfräulichkeit verloren?« Wichtig war ihm außerdem, dass sich ein Bewerber gegen zwei seiner besten Programmierer in Videospielen behauptete – ein echter Nerd-Test eben. Wer da mithalten konnte, hatte den Posten so gut wie sicher.

Allerdings wurde er keineswegs fürstlich entlohnt. Jobs zahlte seinen Ingenieuren nie mehr als 30000 Dollar im Jahr – und erwartete trotzdem, dass man 80 Stunden pro Woche durchschuftete und gegebenenfalls auch sonntags antanzte. Ein Zuhause brauchte man nach den ungeschriebenen Gesetzen von *Apple* ohnehin nicht mehr. Entweder ging man gemeinsam essen, oder man ließ den Pizzaservice kommen. »Zu den Anforderungen, die ein Kandidat erfüllen musste, gehörte eine Vorliebe für Ananas-Pizza«, erinnert sich Chris Espinosa, ein *Apple*-Nerd der ersten Stunde. »Wir haben die Leute wirklich danach gefragt.« Falls jemand auch nur andeutete, dass zu Hause eine Freundin auf ihn wartete, erntete er verständnisloses Kopfschütteln.

Einige Jahre ging das Jobs-Modell tatsächlich auf. Die Herde seiner Nerds revolutionierte den Heimcomputermarkt, und da spielten Trivialitäten wie Bezahlung und Freizeit eben keine Rolle. Außerdem konnte Jobs wie niemand sonst die Menschen mit seinem Enthusiasmus anstecken und das Äußerste aus ihnen herausholen. »Er hätte Sklaven dazu bringen können, Pyramiden zu errichten, oder die Ruderer einer römischen Galeere dazu, sich mit Freuden auspeitschen zu lassen«, vermutet Jeffrey Young, ein ausgewiesener Kenner von Silicon Valley.

Doch 1985 hatten die *Apple*-Leute keine Lust mehr, sich ausbeuten zu lassen, zumal Jobs in seinem Auftreten immer selbstherrlicher wurde, so dass im *Time Magazine* sogar ein Artikel mit dem zynischen Titel »Das Buch Jobs« erschien. Er geriet zunehmend in die Isolation. Selbst Woz war nicht mehr auf seiner Seite. Der Kumpel aus alten *Apple*-Zeiten hatte nach einem Absturz mit seinem Flugzeug entschieden, sein Engagement bei *Apple* zurückzufahren. Er arbeitete eine Zeitlang als Lehrer – und das ziemlich erfolgreich, weil die Kinder spürten, dass der verschraubte Nerd am Pult sie nicht von oben herab betrachtete, sondern mit echter Begeisterung für die Sache zu ihnen sprach. Die Computer-Szene hingegen sieht Woz heute eher ironisch-distanziert. Im 2005 erschienenen Computerspiel *Civilization 4* wird er mit dem Ausspruch zitiert: »Traue keinem Computer, den du nicht aus dem Fenster werfen kannst.« Genau das passiert dann in dem Spiel: Kurz nachdem der PC erfunden wird, fliegt er aus dem Fenster ... Derzeit arbeitet Woz als »Chief-Scientist« für das mittelständische Technologie-Unternehmen Fusion-io.

Jobs und das übrige *Apple*-Management zerstritten sich immer mehr. 1985 zog man ihn sogar vor Gericht, weil er sich angeblich an Forschungsergebnissen des Unternehmens bedient hätte, um sie für seine neue Firma *NeXT* zu nutzen. Die Klage wurde schließlich fallengelassen, doch das Band war endgültig zerschnitten. Jobs verließ *Apple* – doch im Unterschied zu Woz wollte er keinesfalls kürzertreten.

Mit *NeXT* hielten sich die Erfolge zwar in Grenzen, doch wenig später folgte ein neues unternehmerisches Glanzstück: Mit *Pixar* revolutionierte er den Animationsfilm (u.a. *Toy Story, Findet Nemo*). 1996 dann kehrte er zu *Apple* zurück, wo ihm mit iPod, iTunes, iPhone und iPad spektakuläre Megaseller gelangen, die das Unternehmen endgültig auch zur Lifestyle-Marke machten. Wie kein Unternehmer vor ihm prägte er die Computer-Ästhetik einer ganzen Generation. Unter seiner Ägide wurde das Apfel-Logo zum drittbekanntesten Label der Welt, noch vor *Microsoft* und *Coca-Cola*.

Jobs' Vermögen wird vom Wirtschaftsmagazin *Forbes* inzwischen auf über sechs Milliarden Dollar geschätzt. Äußerlich gibt er dennoch mehr denn je den Nerd: Seine Markenzeichen sind Brille, schwarzer Rollkragenpullover, zerschlissene Jeans und New-Balance-Laufschuhe. Den extrem schlanken Wuchs verdankt er jedoch seinen schweren Krankheiten. 2004 wurde ihm die krebskranke Bauchspeicheldrüse herausoperiert, fünf Jahre später bekam er eine neue Leber. Möglicherweise hat er sich einfach zu viel zugemutet, zu wenig Pausen gegönnt.

Bill Gates: Der Nerd als Global Player

Es war der Abschied eines Ur-Nerds. Als Bill Gates im Mai 2008 auf einer Pressekonferenz in Tokio ankündigte, dass er zum 1. Juli seinen Schreibtisch bei *Microsoft* räumen und seinen Chefentwickler-Posten jemand anderem überlassen wolle, ging vielen Anwesenden auf, wie lange dieser schmalschultrige Mann mit der großen Brille ihr Leben begleitet hatte. 33 Jahre war er das Gesicht und der Chef jenes

Software-Unternehmens gewesen, das er zusammen mit seinem Schulkumpel Paul Allen in einer Garage gegründet und dann zum Weltunternehmen ausgebaut hatte. Bei einigen Journalisten und Vertretern des Computer-Jetsets, etwa Michael Dell und *Amazon*-Chef Jeff Bezos, machte sich daher so etwas wie Wehmut breit. Andere verspürten eher Genugtuung darüber, dass der ungeliebte *Microsoft*-Chef endlich von der Bildfläche verschwand. Die Zeitschrift *Fortune* lag genau richtig mit ihrer Feststellung: »Man kann Bill Gates lieben oder hassen, aber man kann ihn nicht ignorieren.«

Viele fragten sich, was Gates nach seinem Abschied eigentlich machen würde. Seine Antwort: Im Augenblick gehöre der Firma noch 80 Prozent seiner Aufmerksamkeit, während die Stiftung, in der er sich zusammen mit seiner Frau Melinda um Entwicklungshilfeprojekte kümmere, lediglich 20 Prozent bekomme. »Demnächst aber wird es genau andersherum sein.« Als Ergänzung zu seinen Ausführungen hatte Gates noch einen Film mitgebracht. Darin sieht man den ausscheidenden Konzernboss, wie er sinnlos in seinem Chefsessel rotiert, mit Action-Figürchen spielt und sich von einem Fitness-Coach erklären lässt, wie man mit Langhanteln ohne Gewicht trainiert. Anschließend geht er ins Tonstudio, um einen Rap einzusingen, was den Rapper Jay-Z am Mischpult zu dem Kommentar hinreißt: »Irgendwer muss es ihm sagen: Er ist furchtbar.« Gates aber lässt sich nicht entmutigen, und schon wenig später sieht man ihn, wie er den U2-Sänger Bono von der Bühne holt, um ihm auf seiner Guitar-Hero-Gitarre vorzuspielen – auch hier gibt es inoffiziell nur ein in sich hinein gegrummeltes »Fuck!« und offiziell ein »Sorry, Bill, wir sind schon komplett«. Auch George Clooney lässt sich nicht überreden, den nach Beschäftigung suchenden Frühpensionär für *Ocean's*

Fourteen zu verpflichten, und Barack Obama reagiert auf seinen Anruf mit einem »Bill wer …?«, um ihn anschließend mit Bill Clinton zu verwechseln. Keine Frage: Gates beweist in dem Video ziemlich viel Selbstironie – und verdeutlicht mit ihm sein ambivalentes Verhältnis zum Glamour: Er, der große und weltbekannte Bill Gates, war in seinem Wesen immer noch ein Nerd.

Sein Leben begann am 28. Oktober 1955 in Seattle. Die Eltern merkten schon bald, dass er anders war als seine beiden Schwestern und auch anders als die übrigen Jungen seines Alters. So sprang er immer wieder überraschend in Richtung irgendwelcher Äste und Türrahmen, um zu gucken, ob er sie erreichen konnte – ein Tick, den er auch später noch eine Zeitlang beibehielt, als er schon Chef von *Microsoft* war. Am wohlsten fühlte er sich aber, wenn er auf seinem Schaukelpferd saß. Und auch das Vor- und Zurückwippen hat er als Tick bis ins Erwachsenenalter behalten: Noch heute schaukelt er mit dem Oberkörper vor und zurück, wenn er scharf nachdenkt.

In seiner Schulzeit offenbarten sich aber noch weitere Auffälligkeiten. So konnte Bill – eigentlich Linkshänder – auch mit rechts schreiben, und er tat es immer dann, wenn er sich gerade besonders langweilte. Und Bill Gates langweilte sich relativ schnell. In der Schule war er nicht nur der Kleinste und Ungeschickteste, sondern auch derjenige, der Enzyklopädien wälzte und in Rechnen und den Naturwissenschaften brillierte. Das verschaffte ihm schon bald einen Außenseiterstatus, auch wenn er beileibe kein Streber war: Er hatte mit seinen Lehrern genauso Probleme wie mit seinen Mitschülern. Mit seiner Familie gab es ebenfalls Konflikte. Denn wenn man irgendwo gemeinsam hingehen wollte, musste man immer lange auf Bill warten und ihn zum Mitkommen drängen. »Wir fragten ihn dann, womit er eigentlich beschäftigt sei, dass er uns so warten ließe«, erzählt seine Mutter Mary. »Er antwortete: Ich denke nach.« Dafür erntete er nicht selten verständnisloses Kopfschütteln. »Denkt ihr etwa nicht die ganze Zeit nach?«, lautete seine Gegenfrage.

Die Familie spielte gerne Gesellschaftsspiele, doch mit Bill war das nicht leicht. Denn er wollte gewinnen – unbedingt. Wenn er verlor, konnte er sehr zornig werden, wie er überhaupt niemals in irgendeiner Form versagen wollte. Im Konfirmandenunterricht war er der Einzige, der binnen kurzer Zeit die Bergpredigt auswendig lernte, und bei einer Theateraufführung war er der Einzige, der sich nicht verhaspelte. Dabei bedeuteten ihm weder Religion noch Schauspielerei etwas – er wollte einfach nur der Beste sein.

Seine frühe, durch und durch nerdhafte Detailverliebtheit zeigte sich, als er sich freiwillig dafür meldete, in der Schulbibliothek nach verschwundenen oder verlegten Büchern zu suchen. Er konnte sich in diese Arbeit dermaßen hineinsteigern, dass man ihn regelrecht davon loseisen musste, damit er keinen Unterricht verpasste. Wobei Bill den Unterricht ganz gerne versäumt hätte, weil er ihn unendlich langweilig fand. In einer dunklen Bibliothek nach Büchern zu suchen, die vermutlich niemanden mehr interessierten, war ihm allemal lieber, als sich das für ihn belanglose Gerede seiner Lehrer anhören zu müssen.

In der sechsten Klasse wurde Bills mangelnde Kooperationsbereitschaft an der Schule (er spielte dort fast nur noch den Clown) so schlimm, dass seine Eltern ihn zum Psychologen schickten. Der streckte jedoch schon früh die Waffen und riet den Eltern: »Finden Sie sich besser mit ihm ab, so ist er nun mal.« Also blieb ihnen nichts anderes übrig, als Bill in die siebte Klasse der Lakeside School, einer Privatschule, zu schicken.

Auch an dieser Elite-Einrichtung hatte er zunächst ziemliche Schwierigkeiten, wie er später zugab: »Dort gab es keinen Platz für einen Clown. Ich versuchte es zwar, aber entweder mochten sie meinen Humor nicht oder Humor war gerade aus der Mode gekommen.« Doch er arrangierte sich, erreichte die notwendigen Noten, um versetzt zu werden, und in Mathematik und Naturwissenschaften war er den anderen Schülern ohnehin überlegen. Seine Vorlieben beim Lesen änderten sich jedoch. Er verschlang keine Enzyklopädien mehr, sondern die Biographien großer Führungspersönlichkeiten wie Napoleon und Roosevelt, außerdem faszinierte ihn Leonardo da Vinci. Der junge Bill Gates hatte eben eine ziemlich klare Vorstellung von den Leuten, an denen er sich orientieren wollte – es sollten nur die wirklich großen Figuren der Weltgeschichte sein.

Einschneidender für seine Entwicklung war aber sicherlich, dass die Mütter der Lakeside-Schüler den Erlös eines Flohmarktes für den Kauf eines Computerterminals zur Verfügung stellten. »Man ging davon aus, dass sich die Lehrer mit dem Computer beschäftigten und es den Schülern beibrachten«, erinnert sich Gates. »Aber so lief es nicht. Es war eher andersherum. Es gab eine Gruppe von Schülern, die regelrecht durchdrehten.« Einer von ihnen war er selbst.

Man schrieb das Jahr 1968, und damals gab es nur wenige Computerclubs. Diese existierten meistens an Universitäten und nicht an Schulen und operierten mit Geräten, die man mit Lochkarten programmieren musste. In Lakeside wurde jedoch ein sogenannter ASR-33 Teletype installiert, ein Mehrfachbenutzerterminal, das direkt mit einem Mainframe-Computer im Zentrum von Seattle in Verbindung stand. Das war extrem modern, oder, wie Bill es ausdrückte: »Da hat jemand wirklich Weitblick bewiesen.«

Von diesem Augenblick lebte er praktisch im Computerclub. Weil niemand sie in den Umgang mit der jungen Technologie einführen konnte, brachten die Mitglieder es sich selbst bei. »Wir waren ständig darauf aus, an den Computer zu kommen, und blieben bis spät in die Nacht«, erzählt Gates. »Die Pförtner mussten uns abends dann immer hinauswerfen.«

Im Computerclub lernte er den zwei Jahre älteren Paul Allen kennen. Auch er war besessen von der neuen Technologie, und auch er war bereit, in diese Leidenschaft viel zu investieren. Als die Möglichkeiten von Lakeside – vor allem in finanzieller Hinsicht, denn die Arbeitszeit an dem Mainframe-Zentrum kostete Geld – ausgeschöpft waren, fuhren die Mitglieder des Computerclubs täglich per Anhalter, Bus oder Fahrrad zu einer Firma namens »Computer Centre Cooperation« (C-Cubed), einem Ableger der University of Washington. Die Abmachung lautete: Die jungen Kerle durften die Rechenmaschinen benutzen, wenn sie dafür die neuen Programme des Unternehmens testeten. Fortan standen, wenn die Mitarbeiter C-Cubed verließen, die Lakeside-Nerds bereits auf der Matte, um an deren Geräten zu arbeiten. »Wir blieben die ganze Nacht auf«, erinnert sich Allen. Ihre Eltern wunderten sich, dass die Söhne morgens nicht aus dem Bett kamen.

Als C-Cubed pleiteging, fanden sie im Jahr 1971 eine neue Firma, die ihr Spiel mitmachte: Wieder durften sie die Rechner benutzen, nur dass sie diesmal als Gegenleistung eine elektronische Buchhaltung entwickeln mussten. Der Wissenschaftsjournalist Malcom Gladwell rechnete aus, dass Bill und Paul in dieser Zeit auf mindestens 1575 Stunden Arbeitszeit am Computer kamen. Insgesamt sammelte Bill bis zum Beginn seines Studiums mehr als 10 000 Stunden Programmiererfahrung, was ihm für die damalige Zeit – ein PC gehörte längst noch nicht zu den selbstverständlichen

Accessoires in den heimischen vier Wänden – einen gewaltigen Trainingsvorsprung verschaffte. Es war jene fruchtbare Mischung aus Talent und Eifer, die ihn zur Software-Legende machten.

Wobei neben der Arbeit auch der Spaß nicht zu kurz kam. So betätigten sich Bill und Paul gelegentlich als Computerhacker, die Passwörter klauten und Systeme zum Absturz brachten. »Damals war es eine tolle Sache, einen Computer zum Abstürzen zu bringen. Daraus konnte man eine Menge lernen«, erinnert sich Gates. Manchmal geschah dies auf ausdrücklichen Wunsch ihrer Sponsoren, um die Stabilität der Software auszutesten, manchmal aber auch nicht. Eines Tages hackte sich Bill in die Finanzbuchhaltung des Unternehmens, was man dort gar nicht witzig fand. Er wurde gefeuert, und seine Eltern verordneten ihm eine Computerpause von mehr als einem Jahr. Eine Periode, an die er sich so erinnerte: »Ich versuchte, normal zu sein – so gut es eben ging.«

Nach diesem Intermezzo stieg Bill jedoch wieder voll ins Computergeschehen ein. Er und Paul begannen, für ihre Schule ein Programm zum Organisieren der Stundenpläne zu entwerfen. Als Gegenleistung gab es wieder Rechenzeit am Computer – und die Möglichkeit, genau festzulegen, welche Mädchen zu ihnen in die Kurse kamen. Nicht dass sie als Nerds etwas mit ihnen hätten anfangen können, aber es machte ihnen Spaß, ein wenig Schicksal zu spielen. Der größte Coup gelang den Freunden jedoch, als mit ihrer Hilfe die Fehler in einem Computerprogramm aufgedeckt wurden, das die Elektrizitätsversorgung im Nordwesten der USA steuerte. Paul und Bill bekamen daraufhin tatsächlich einen Job bei der Firma und wurden von Lakeside für ein Berufspraktikum freigestellt. Zu dieser Zeit waren sie gerade mal in der neunten bzw. zehnten Klasse.

1973 machte Bill Gates seinen Highschool-Abschluss; den Test in Mathematik absolvierte er mit der höchstmöglichen Punktzahl. Anschließend bekam er einen der begehrten Studienplätze in Harvard. An der Elite-Universität machte er weiter wie gehabt: Er brillierte in den Fächern, die er mochte, und vernachlässigte alles, was ihn langweilte.

In Havard lernte er auch Steve Ballmer kennen, der ihn Jahre später als Chef von *Microsoft* beerbte. »Steve war das genaue Gegenteil von mir«, erinnert sich Gates. »Ich besuchte kaum Vorlesungen und nahm nicht am Collegeleben teil. Steve hingegen war bei allem dabei und kannte jeden.« Bills einzige Freizeitbeschäftigung bestand bis dahin im Pokern, und hätte ihn sein Kommilitone nicht mitgeschleift, wäre er vermutlich nicht auf einer einzigen Party gewesen. Gates hatte mit Ballmer also genau jenen extrovertierten Menschen an seine Seite bekommen, den ein Nerd mitunter braucht, um der Welt nicht verlorenzugehen.

Doch der Studienfreund konnte nicht verhindern, dass Bill Gates sein Studium abbrach. Zusammen mit Paul Allen gründete er *Micro-soft* (der Bindestrich verschwand dann wenig später), um der erwachenden Computerwelt ihre dringend benötigte Software zu geben. Ihr Slogan: »Ein Computer auf jeden Schreibtisch und in jede Wohnung.«

Sie bekamen schon bald jede Menge Aufträge und verbrachten ihre Zeit im Wesentlichen mit Programmieren, Pizzaessen, Kinobesuchen und Auto-Spritztouren durch die Wüste von Albuquerque. Der Gründer von *Microsoft* war gerade erst zwanzig Jahre alt geworden, und eigentlich sah er noch viel jünger aus und wirkte so, als würde er immer noch zusammen mit seinen Lakeside-Kumpels an irgendwelchen Computersystemen herumhacken.

Tatsächlich war Gates zu dieser Zeit bereits ein zupackender und bisweilen auch aggressiv und arrogant auftretender

Geschäftsmann, während er die technische Entwicklung neuer Produkte zunehmend Allen überließ. 1979 zogen sie mit ihrer Firma von Albuquerque nach Seattle. Während des Umzugs entstand ein Gruppenfoto des Teams – »die Helden des heraufziehenden Computerzeitalters sahen aus, als seien sie gerade per VW-Bus auf dem Weg zu einem Rockkonzert«, so Janet Lowe in ihrer Gates-Biographie.

1980 suchte *IBM* den Kontakt zu *Microsoft*, weil die Firma dringend ein Betriebssystem für ihre Computer brauchte. Gates verwies die *IBM*-Manager zunächst an ein anderes Unternehmen, doch als sie dort nicht fündig wurden, wandten sie sich erneut an *Microsoft*. Diesmal sagt Gates zu – obwohl er nicht einmal ansatzweise ein Betriebssystem in der Pipeline hatte. Paul Allen erinnerte sich an einen befreundeten Programmierer, der bereits ein rudimentäres Betriebssystem entwickelt hatte. Sie kauften dem Mann seine Erfindung ab, rüsteten das Programm so um, dass es auf den *IBM*-Computern lief, und nannten es MS-DOS – es machte die beiden nicht einmal 30 Jahre alten Nerds zu Milliardären und ihre Firma zum Global Player. Seit diesem Tag liegen Fluch und Segen der Computerwelt zu einem Gutteil in den Händen von Bill Gates.

Jetzt war es natürlich höchste Zeit, dass *Microsoft* professionell geführt wurde. Gates war damit überfordert, und Allen hielt sich aus der Geschäftsführung heraus. Also holte man den ehemaligen Studienkollegen Steve Ballmer ins Boot. Dessen Vorteil: Er hatte – im Unterschied zu seinem Arbeitgeber – sein Harvard-Studium in Mathematik und Ökonomie abgeschlossen. Gates hat später in Vorträgen immer wieder davor gewarnt, es ihm gleichzutun und das Studium hinzuschmeißen. »Das ging damals gut«, sagte er einmal, »würde aber heute, wo alles viel komplizierter geworden ist, kaum noch funktionieren.«

Nichtsdestoweniger suchten Gates und Ballmer (Allen schied 1983 wegen Krankheit aus) für ihr wachsendes Unternehmen nicht etwa nach angepassten Hochschulabsolventen, sondern nach sogenannten »Propellerköpfen« oder »Brainiacs«. Ihr erwünschtes Profil: eine Kombination aus Besessenheit und hoher Intelligenz, die sie weniger durch ihren Hochschulabschluss nachweisen sollten als dadurch, dass sie Donald Knuths *The Art of Programming* verstanden, jene Bibel der Software-Elite, die ein Nicht-Nerd unmöglich verstehen kann. Außerdem forderte Gates von seinen potentiellen Mitarbeitern, dass sie keinen Wert auf Äußerlichkeiten und Titel legten. Im Idealfall sollte es ihnen egal sein, wie sie auf andere wirkten. Stattdessen wollte man bei *Microsoft* von den Bewerbern wissen, warum ein Kanaldeckel rund ist. (Die Antwort: Wäre er rechteckig, könnte er in den Schacht fallen, wenn man ihn schräg stellt. Ein runder Deckel hingegen fällt niemals hinein, egal, wie man ihn dreht.) Das *Wallstreet Journal* beschrieb 1998 diesen von *Microsoft* gewünschten Idealmitarbeiter wie folgt: »Jung, intelligent, vielleicht etwas schwierig im Umgang und davon überzeugt, dass er in den meisten Dingen absolut recht hat.« Man erkennt in dieser Beschreibung unschwer den jungen Bill Gates.

Mark Zuckerberg: Milliardär in Adiletten

Mark Zuckerberg sah aus wie immer: Kapuzenpulli, graues T-Shirt, Cargo-Shorts und Adiletten, jene berühmten Badeschlappen, die man im Schwimmbad trägt, aber nicht im Winter. Er hatte Ärger mit seiner Freundin. Sie hatte ihm eröffnet, dass es keinen Zweck mehr mit ihnen habe, sie seien einfach zu verschieden, und außerdem, ergänzte sie, »wirst du durch dein Leben gehen und dir denken, dass die Mädchen dich nicht mögen, weil du ein technikverliebter Geek bist. Doch was ich dich von ganzem Herzen wissen lassen will: Das stimmt nicht. Denn sie mögen dich nicht, weil du ein Arschloch bist.«

Mark wirkte überrascht, aber keineswegs zornig. Seine Antwort lautete: »Du kannst nicht einfach Schluss machen.« Das Markante an diesen Worten war weniger der Inhalt als die Art, wie er es sagte. Aus dem Tonfall hörte man nämlich kein »Bitte, verlass mich nicht« heraus oder ein »Du blöde Schlampe«, sondern eher so etwas wie »Es passt nicht in meinen Plan, dass du mich verlässt, also geschieht es nicht.« – als hielte er es schlichtweg für unlogisch, dass sie ihre Beziehung beenden wollte. Doch für sie war die Angelegenheit gelaufen – die beiden verließen die Kneipe als frisch getrenntes Paar. Mark ging nach Hause und nahm Rache, und zwar nicht nur an seiner Freundin, sondern an den Harvard-Mädchen an und für sich. Er stellte eine Website ins Internet, auf der man sich die Bilder sämtlicher Harvard-Studentinnen betrachten und sie in einer Rangliste von supergeil bis megahässlich einordnen konnte. Außerdem hatte man die Möglichkeit, sie mit Nutztieren zu vergleichen. Die Site mit dem Namen *Facemash* schlug ein wie eine Bombe. Der Server auf seinem Laptop kollabierte, weil sich binnen weniger Stunden bereits mehrere Hundert User auf der Seite eingeloggt hatten.

Überall, auch jenseits der Hochschule, sprach man über Zuckerbergs so geniales wie unverschämtes Projekt. Allerdings wurde er auch zur Universitätsleitung zitiert, und die Harvard-Mädchen, einschließlich seiner Exfreundin, wollten nun endgültig nichts mehr von ihm wissen. Gleichwohl wurde *Facemash* zum Startschuss für die Entwicklung von

Facebook, dem mit heute 650 Millionen Mitgliedern größten sozialen Netzwerk der Welt.

Eine schöne Geschichte. Sie ist der Plot des Films *The Social Network,* der im September 2010 in die Kinos kam. Zusammen mit seinem Hauptdarsteller Jesse Eisenberg heimste er diverse Preise ein. Der Haken an der Sache: Der Plot entspricht in wesentlichen Punkten nicht der Realität. Laut David Kirkpatrick, dem Autor des Buches *The Facebook Effect,* liegt sein Wahrheitsgehalt »bei etwa 40 Prozent«.

So ist es falsch, dass Mark Zuckerberg durch eine gescheiterte Beziehung dazu inspiriert wurde, *Facemash* und später *Facebook* zu entwickeln. Er hat nämlich seit 2003, mit kleinen Unterbrechungen, dieselbe Freundin: Priscilla Chan. Im Dezember 2010 reisten sie zusammen nach China, der Heimat ihrer Eltern. Er hatte davor monatelang Mandarin gelernt, um sich in dem fremden Land besser verständigen zu können. Mehr als fraglich ist auch, ob sich Zuckerberg seiner Umwelt gegenüber wirklich so arrogant, sarkastisch, schroff und ablehnend verhalten hat, wie es im Film dargestellt wird. »Er ist unglaublich verlässlich und selbstsicher«, erklärt Kirkpatrick, und dies würde offenbar von vielen Leuten als Arroganz ausgelegt. Und mehr als spekulativ ist auch die Kernthese des Films, wonach Zuckerberg seinen besten Freund, der mit ihm zusammen *Facebook* gegründet hatte, absichtlich über den Tisch gezogen hat. »Er war immer darum bemüht, dass jeder für seine Arbeit bei *Facebook* belohnt wird«, sagt Karel Bahoun, der bei dem Unternehmen gearbeitet hat. Außerdem werde sein Charakter als linkischer und sozial inkompetenter Nerd in dem Film ziemlich übertrieben. Er sei zwar »sozial unbeholfen«, wie Bahoun erklärt, aber »durchaus lernfähig«. Wie er überhaupt in vielen Dingen viel dazugelernt habe.

Mit anderen Worten: Das Bild vom verpeilten, asozialen

und sexuell frustrierten Nerd, wie es in *Social Network* gezeichnet wird, entspricht eher einer Karikatur als der realen Person von Mark Zuckerberg. Trotzdem ist er natürlich ein Nerd. Denn wer jeden Tag Mandarin für seinen Urlaub paukt, im Pyjama zu Geschäftsterminen erscheint und als Milliardär immer noch auf einer Matratze ohne Bettgestell schläft, keinen Wecker, aber 15 graue T-Shirts im Schrank hat, trägt schon ziemlich deutliche Züge dieses Typus. Aber Zuckerberg ist nicht der aggressive, mit seiner unerschöpflichen Kreativität und intellektuellen Dominanz einschüchternde Nerd wie etwa Steve Jobs, sondern eher jemand, der die Welt um sich herum mit einer Mischung aus emotionsloser Gleichgültigkeit und kindlicher Neugierde betrachtet.

Mark Zuckerberg kam am 14. Mai 1984 in White Plains zur Welt, einer Kleinstadt im Bundesstaat New York. Er wuchs in einem jüdischen und ausgesprochen intellektuellen Umfeld auf: Vater Edward hatte im Haus der Familie seine Zahnarztpraxis, und Mutter Karen hatte als Psychiaterin gearbeitet, dann aber den Beruf wegen der Kinder – neben Mark gab es noch drei Schwestern – aufgegeben. Edward brachte seinen Sohn schon früh in Kontakt mit der digitalen Welt. Er lehrte ihn selbst das Programmieren und besorgte dem offensichtlichen Naturtalent einen Privatlehrer. Schon bald war Mark bereit für seinen ersten Einsatz.

So fand es Edward nervtötend, dass man ihm seine Patienten immer ankündigte, indem man von der Rezeption ein »Patient here!« herüberbrüllte. Er fragte seinen zwölfjährigen Sohn, ob er nicht eine Computeralternative dazu kreieren könne. Mark brauchte nur wenige Tage, um die Computer des Hauses so miteinander zu verschalten, dass man mit ihnen »chatten«, also elektronisch in Echtzeit miteinander kommunizieren konnte. Sein Programm war praktisch ein primitiver Vorläufer des *AOL* Instant Messenger, der erst ein Jahr später auf den Markt kommen sollte. Mark nannte es »ZuckNet«, und es sorgte dafür, dass das »Patient here!« verstummte.

Wie es überhaupt sehr ruhig im Zuckerberg'schen Haus wurde. Denn nicht nur die Rezeption »pingte« nun an Edward, wenn ein Patient auftauchte, auch die Familienmitglieder wählten fortan immer öfter den elektronischen Weg, um miteinander zu kommunizieren. Was allerdings Mark auch zu derben Späßen animierte. Einmal blinkte auf dem Monitor von Karen plötzlich ein Pop-up mit der Warnung auf, ihr Computer habe sich einen Virus eingefangen. Sie war schockiert. Erst als auch noch die Nachricht aufblinkte, dass ihr PC in 30 Sekunden explodieren würde, wusste sie, dass ihr Sohn hinter der Aktion steckte.

Trotz aller Affinität zum digitalen Kosmos war Mark Zuckerberg keineswegs ein Fachidiot. Er war Mitglied in einem Fechtteam und zeitweise sogar sein Kapitän, und er gewann Schul-Auszeichnungen in Mathematik, Astronomie und Physik. Das Lesen und Schreiben in französischer, hebräischer, altgriechischer und lateinischer Sprache war für ihn kein Problem, er war bekannt dafür, fließend aus der *Ilias* von Homer rezitieren zu können. Seine humanistische Bildung ging ihm auch in den turbulenten Gründerjahren von *Facebook* nicht verloren. Auf einer Konferenz versetzte er einmal die übrigen Teilnehmer in Erstaunen, als er ein Gedicht des römischen Poeten Vergil aufsagte. Es hatte zwar nicht unbedingt etwas mit dem Thema der Konferenz zu tun, aber man war trotzdem beeindruckt.

Und doch waren es Software, Internet und Computer, die Zuckerberg am meisten fesselten. Er trug ein T-Shirt mit der Aufschrift »Code Monkey«, und seine Geschwister und Mitschüler mussten akzeptieren, dass sie keine Rolle mehr spielten, sobald er am PC-Monitor in seinem Wahrnehmungstunnel versank.

Immerhin schaffte er es aber noch, ein Mädchen aufzureißen. Auf einer Party lernte er Priscilla kennen, als sie beide in einer Schlange vor der Toilette standen. Dem *New Yorker* erzählte sie später: »Er war dieser nerdige Junge, der ein wenig neben sich stand ... Er hatte auch diesen College-Humor mit dem gewissen nerdigen Touch.« Ihre Beziehung vertiefte sich, als er ihr einen Job bei *Facebook* anbot.

Schon in seiner Zeit an der Highschool erlangte Mark mit seinen Projekten die Aufmerksamkeit von Branchenriesen wie *AOL* und *Microsoft*, die er jedoch abblitzen ließ. Im Interview mit der Studenten-Postille *The Harvard Crimson* erklärte er: »Ich möchte nicht irgendeinen Job haben. Ich möchte coole Dinge machen. Ich brauche niemanden, der mir sagt, was zu tun ist, und ich will auch keinen Zeitrahmen, der mir vorschreibt, wie schnell ich etwas zu tun habe. Das ist der Luxus, den ich in meinem Leben suche.«

Im September 2002 ging er ans Harvard College. Er studierte Psychologie und Informatik – und kreierte *Facemash*, eine Seite, auf der man die Studentinnen des Campus miteinander vergleichen und bewerten konnte. Das Programm entstand nicht etwa aus Frust oder Rachegelüsten, sondern, wie es sein damaliger Zimmerkollege Arie Hasit ausdrückte, »aus reinem Spaß an der Freude«. *Facemash* fand gewaltigen Zuspruch, und Zuckerberg bekam gewaltigen Ärger, vor allem mit den Studentinnen, deren Zorn er überhaupt nicht nachvollziehen konnte. Immerhin verstand er halbwegs, dass ihn die Harvard-Direktion zur Anhörung lud, denn er hatte für sein Projekt die Universitätsrechner geknackt, um an die Fotos der Studentinnen zu kommen. Als die Dekane erkannten, dass sie es mit einem harmlosen Nerd zu tun hatten, beließen sie es bei einer Verwarnung.

Doch seine Kommilitonen hatten Blut geleckt. Sie wünschten sich endlich eine Internet-Plattform, auf der sie sich darstellen und miteinander in Kontakt treten konnten, und Zuckerberg erkannte, dass fast alle Menschen der Welt diesen Wunsch teilten. Am 4. Februar 2004 stellte er *Facebook* ins Netz. Wenig später bekam sein Projekt dann eine solche Eigendynamik, dass er sein Studium leichten Herzens abbrechen konnte.

Allerdings bekam er es auch mit den Zwillingen Cameron und Tyler Winklevoss zu tun, die ihm geistigen Diebstahl vorwarfen. Die Winklevoss-Brüder wirken als breitschultrige Ruderer und Olympioniken wie karikierte Gegenentwürfe zum schmächtigen Zuckerberg (er ist kleiner als seine Freundin), und man kann sich kaum vorstellen, dass sie lang genug am PC sitzen könnten, um ein Programm wie *Facebook* auf die Beine zu stellen. Nichtsdestoweniger behaupteten sie, die Idee für die Internet-Kontaktbörse stamme ursprünglich von ihnen, und leiteten juristische Schritte ein. Zuckerbergs Anwälte waren gezwungen, in den E-Mails ihres Mandanten zu forschen, um seine Urheberschaft für *Facebook* zu belegen. Juristisch konnten sie ihn tatsächlich entlasten, denn es fanden sich keinerlei Hinweise auf einen geistigen Diebstahl.

Moralisch hingegen ließen ihn die Mails ziemlich schlecht aussehen. So hatte Zuckerberg einem Freund gegenüber geprahlt, dass er über Tausende von E-Mails, Bildern, Adressen und Telefonnummern verfüge – »Wenn du irgendetwas über irgendjemanden in Harvard wissen willst, frag mich.« Als der Freund daraufhin wissen wollte, wie er an das Material gekommen sei, antwortete Zuckerberg: »Sie haben es mir einfach geschickt. Ich weiß nicht, warum. Sie vertrauen mir einfach. Diese Dumpfbacken.« Später bedauerte er diese Zeilen, aber sie offenbaren, dass es im Selbstbewusstsein eines Nerds immer wieder extreme Ausschläge nach oben gibt: Tief im Innern ist er davon überzeugt, dass die übrige Menschheit dümmer ist als er.

Die Plagiatsaffäre wurde mit einem Vergleich beigelegt: Die Beschwerdeführer erhielten 20 Millionen Dollar in bar und 45 Millionen Dollar in Aktien. Die Winklevoss-Zwillinge versuchten zwar später, eine höhere Summe einzuklagen, weil sie sich über den eigentlichen Wert von *Facebook* getäuscht sahen, doch ihr Vorstoß wurde abgeschmettert, Zuckerberg musste finanziell nicht nachlegen. Wobei ihm das wohl nicht viel ausgemacht hätte. Nicht nur, weil der Marktwert seines Projekts mittlerweile auf über 50 Milliarden und sein eigenes Vermögen auf mehrere Milliarden Dollar geschätzt wird, sondern auch, weil ihm persönlicher Besitz wenig bedeutet. Er wohnte jahrelang zusammen mit seiner Freundin im kalifornischen Palo Alto zur Miete, obwohl er sich längst ganze Häuserblocks hätte kaufen können, und sein Kleiderstil ist der gleiche wie noch zu Harvard-Zeiten. Wichtiger war ihm offensichtlich, die öffentliche Bildung zu unterstützen, etwa die Newark-Schulen in New Jersey, die sich im September 2010 über eine Zuwendung von 100 Millionen Dollar aus seiner Hand freuen konnten.

Diverse Unternehmen haben ihm mittlerweile mehrstellige Milliardensummen für *Facebook* geboten, doch er lehnte alle Angebote ab, denn: »Wir sind darauf fixiert, unser Projekt weiter auszubauen, und nicht darauf, es zu verlassen.« Wenn man ihn auf den finanziellen Wert seiner Firma anspricht, hört man: »Mich interessiert vor allem Wachstum. Umsatz ist zweitrangig.« Bereits vier Jahre nach Einführung veröffentlichte er Teile des Codes von *Facebook* und schuf eine Programmierschnittstelle, um freie Softwareentwickler und Drittanbieter einzubinden. Nicht wenige Experten des Neuen Marktes sahen darin einen Selbstmordversuch des

Unternehmens. Doch Zuckerberg wollte, dass die Armada der Nerds und Software-Freaks sein »Baby« zur Grundlage zahlreicher Apps machte (Anwendungsprogramme, mit denen mobile Kommunikationstechnologien wie etwa ein Smartphone betrieben werden). Eine Strategie, die offenbar aufging und zahlreiche Menschen dazu bewog, ihren Zweitwohnsitz nach Facebook zu verlegen.

Neuerdings hat das *Facebook*-Universum eine neue Qualität angenommen: Kaum eine Website kommt noch ohne den beliebten »Gefällt mir«-Button aus, eine relativ einfache App, mit der aber zahlreiche Nutzerdaten generiert werden, die dann wiederum durch zielgruppenspezifische Werbung zu Geld gemacht werden. Kritische Stimmen behaupten, dass sich das gesamte Internet langsam, aber sicher in eine Verlängerung des beliebten Zuckerberg-Netzwerks verwandele. Dem ist natürlich nicht so, schließlich haben *Apple*, *Google* und *Microsoft* sowie die zahlreichen unabhängigen und subversiven Nerds auch noch ein Wörtchen mitzureden. Sicher ist aber eins: Das Internet gehört den Nerds – und wir anderen sind nur Gäste.

Hat der Nerd eine Zukunft?
Ein Epilog

In seiner Geschichte hat der Nerd viele Wellenbewegungen mit entsprechenden Tälern erlebt. Derzeit geht es freilich zweifelsohne aufwärts. Das hat vor allem finanzielle, politische und gesellschaftliche Gründe. Es ist trivial, aber gerade deswegen auch nicht zu leugnen: Der Einfluss einer Menschengruppe wächst mit ihrer Wirtschaftskraft – und mit ihrer Fähigkeit, die Informationsflüsse und den technisch-wissenschaftlichen Fortschritt auf dem Globus zu lenken. Bei beidem haben die Nerds in den letzten Jahren deutliche Fortschritte gemacht, und es ist nicht abzusehen, dass sich daran in den nächsten Jahren etwas ändern wird.

Bill Gates, Paul Allen, Steve Jobs, Mark Zuckerberg, Eric Schmidt und Sergei Brin von *Google* sowie die *Sun-Microsystem*-Gründer Vinod Khosla, Bill Joy und Andreas von Bechtolsheim – noch nie kamen so viele Milliardäre aus den Reihen der Nerds. Sie treffen sich mit hochkarätigen Politikern und nehmen über ihre Produkte, aber auch über Unternehmensbeteiligungen und karitative Aktionen enormen Einfluss auf das Weltgeschehen.

Die Nerds sind aber nicht nur an ihrer Spitze, sondern auch in der Breite immer besser ins Rennen gekommen, weil der Neue Markt mit seinen Hochtechnologie-Unternehmen auf sie angewiesen ist. »Alte New-Economy-Konzerne wie *Google* gegen Newcomer und Börsenaspiranten wie

Facebook, und die wieder gegen kleine Start-ups wie *Smaato* überbieten sich mit Gagen und spannen sich gegenseitig die Leute aus«, erklärt die Wirtschaftsjournalistin Helene Laube. In der Branche spricht man vom »War for Talent«, in dem die Firmen alle Register ziehen, um die besten Leute anheuern zu können – von kostenlosen iPads über Yoga-Kurse und Pizzaservice für lau bis hin zum fürstlichen Gehalt ist alles im Angebot. Hochburgen dieser heißen Rennen um hochqualifiziertes Personal sind natürlich Technologie-Zentren wie das berüchtigte Silicon Valley in den USA. »Die Dotcoms dort inhalieren Leute wie Luft«, so Laube.

Es herrscht also reichlich Nerd-Bedarf, und da auch hier das Gesetz von Angebot und Nachfrage den Preis bestimmt, sind die Löhne entsprechend nach oben geprescht. Immer mehr Nerds stehen finanziell glänzend da. Ende 2009 installierte *Gruner + Jahr* sogar eine Zeitschrift namens *Business Punk,* die sich nur an Nerds wendet. Darin finden sich Textstrecken mit Titeln wie »Geekonomics« und »Desk Top Heroes«, mit denen das neue Selbstbewusstsein der finanziell und sozial erstarkten Nerds angesprochen wird. Mit derzeit 42000 Lesern hat *Business Punk* eine Leserschaft, die für ein exotisches Nischenmagazin durchaus respektabel ist.

Neben neureichen Nerds gibt es aber auch noch den Nerd traditioneller Prägung, der finanziell eher bescheiden ausgestattet ist – und trotzdem mehr Furore macht als jemals zuvor. So versorgen Plattformen wie *WikiLeaks* und *GuttenPlag* die globale Gemeinde mit brisanten Informationen, die Politiker ihren Job kosten und für diplomatische Verwicklungen sorgen können. Und wenn ein Schüler oder Student heute für ein Referat recherchieren muss, besorgt er sich seine ersten Informationen nicht etwa im Brockhaus, sondern bei *Wikipedia.*

Außerdem beginnen sich die Nerds in politischen Parteien zu organisieren, die sich für einen ungehemmten Informationsfluss und mehr direkte Demokratie starkmachen, etwa die *Piraten*. Bei der Bundestagswahl 2009 erhielten sie immerhin 2,0 Prozent, und im September 2011 zogen sie sogar mit 8,9 Prozent Stimmenanteil ins Berliner Abgeordnetenhaus ein. Die schwedischen *Piraten* hatten bereits bei der Europawahl 2009 stolze 7,1 Prozent der Stimmen erhalten. Ob dieser Trend allerdings weiter nach oben weist, ist zweifelhaft, denn zum Wesen des Nerds gehört, dass er sich nur vorübergehend auf Interessengemeinschaften einlässt, ansonsten aber lieber seinen eigenen, individuellen Weg verfolgt.

Dafür werden die Wissenschaften zunehmend durch Nerds geprägt. Die Ingenieur- und Naturwissenschaften haben an den Universitäten ohnehin längst die Führungsrolle übernommen, aber auch in den »weichen« Naturwissenschaften wie Biologie und Medizin geben immer mehr »Techies« den Ton an. Sie sind es, die Bäume mit den Genen der Durchfallbakterie *Escherichia coli* impfen, damit sie auch auf schwermetallbelasteten Böden wachsen. Sie sind es, die fluoreszierende Schweine züchten und diese Eigenschaft dann per Gentechnologie so fest im Erbgut verankern, dass ein leuchtender Eber leuchtende Nachkommen zeugen kann. Kritikern von Stammzellen- und Genforschung sträuben sich bei solchen Nachrichten die Nackenhaare, doch für einen echten Nerd ist es zunächst einmal wichtig herauszufinden, ob so etwas überhaupt möglich ist. Moralische Bedenken kommen ihm – wenn überhaupt – erst später. Als der chinesische Agrarwissenschaftler Liu Zhonghua im Jahr 2008 seine Leuchtferkel vorstellte und dabei mit Riesenbrille, Vollmondgesicht und hochgeschlossenem Hemdkragen aussah wie die Nerd-Figur aus einem japanischen Comic, sagte er nur: »Unsere Schweine zeigen, dass man durch Zellkernübertragung gentechnisch veränderte Säugetiere herstellen kann.« Mehr hatte er nicht zu sagen. Kein Wort über die gesellschaftlichen Implikationen der neuen Technologie, keine Überlegungen zu den ethischen Aspekten der Genmanipulation.

Andere moderne Medizintechniken könnten möglicherweise die Hierarchie in den Krankenhäusern durcheinanderbringen. So arbeiten Ingenieur- und Wissenschaftler-Nerds derzeit fieberhaft daran, dass man für Operationen am Menschen nicht mehr mit Skalpell und Schere arbeiten muss, sondern dabei auf Schall, Licht und Gentechnologie zurückgreifen kann. »Diese neuen minimalinvasiven Verfahren werden den Beruf des Chirurgen neu definieren«, vermutet Wladyslaw Gedroyc vom St. Mary's Hospital in London. Was konkret heißt: Der klassische Chirurg wird auf sein Kerngeschäft zurückgeführt, etwa auf das Behandeln von komplizierten Knochenbrüchen. Doch andere Eingriffe wie das Ein- und Ausschalten bestimmter Hirnregionen zur Behandlung von Epilepsie und Parkinson werden demnächst auch ohne ihn funktionieren.

Selbst die schillernde Welt von Mode, Medien und Entertainment gerät zunehmend in den Sog von Nerds. Viele von ihnen sind nicht nur schräg und innovativ, sondern zum Teil auch noch sehr jung, so dass sie entsprechend gute Zukunftsperspektiven haben. Die 15-jährige Tavi Gevinson weiß mit abenteuerlichen Mode-Kreationen zu beeindrucken, und der 14-jährige Robert Nay programmierte das iPhone-Spiel »Bubble Ball« und stieß damit »Angry Birds« – den Gaming-Hit des Jahres 2010 – vom Treppchen. Jordan Satok frickelt seit seinem achten Lebensjahr an selbstgeschriebenen Programmen herum und stellte als 17-Jähriger die Seite *App of the day* ins Netz, auf der eine stetig wachsende Community das beste Programm des Tages für mobile *Apple*-Geräte wählen kann. Die Seite hat derzeit mehr als 300 000 Zugriffe pro Monat.

Salar Kamangar ist zwar schon über dreißig und mehrfacher Millionär, doch er fährt nicht mit dem Auto zur Arbeit, sondern mit dem Segway, dem elektrisch angetriebenen Roller auf zwei Rädern. Mit seinem abgenutzten Laptop auf dem Schoß und seinem marineblauen Kapuzenpullover sieht er überdies immer noch aus wie ein Teenager, der sich in den Rechner seiner Schule hineingehackt hat.

Doch sein Ziel ist ein anderes: Er will das globale Entertainment-Business umkrempeln. Kamangar ist nämlich seit einigen Jahren Chef bei *YouTube*, und es ist durchaus möglich, dass er sein Ziel verwirklichen wird. »In zehn Jahren werden die meisten Menschen Zugang zu jedem Videokanal haben, den sie sich wünschen«, sagt er. Geliefert wird er übers Internet per *YouTube*, das dann auf allen großen Bildschirmen, also auch auf allen Fernsehgeräten, erhältlich sein soll. Die konventionellen TV-Sender werden sich dann warm anziehen müssen – oder aber mit *YouTube* kooperieren, denn dessen Nutzer laden schon jetzt 35 Stunden Videomaterial pro Minute hoch, und einige der Clips erreichen eine Zuschauerzahl, von der ein Fernsehsender nur träumen kann.

Kamangar führte 2007 ein Partnerprogramm ein, das besonders populäre Filmemacher mit Geld belohnt. Wie etwa Michelle Phan, geboren 1987 in Massachusetts. Sie zeigt in einem Clip, wie man das Lady-Gaga-Make-up aus dem Musikvideo zu *Pokerface* nachschminkt – und hat damit bislang mehr als 27 Millionen Zuschauer erreicht. Insgesamt verzeichnet Michelles Videokanal über 375 Millionen Zugriffe. Die junge Vietnam-Amerikanerin schaffte dies mit relativ geringem Aufwand, indem sie einfach tat, was ihr Spaß machte. Von *YouTube* wurde sie mit Anteilen aus den Werbeerlösen mehr als stattlich entlohnt. So etwas regt natürlich zur Nachahmung an, weswegen heute schon mehr als 10 000 YouTuber an Kamangars Programm teilnehmen. Für konventionelle Fernsehsender, deren Zuschauer oft genug ein Programm mit Gähnkrampfgarantie geboten bekommen, wächst hier eine ernstzunehmende Konkurrenz heran.

Der Nerd als Erfolgsmodell der Evolution

Die heutigen Arbeitsbedingungen mit ihren hohen Qualitätsansprüchen sowie die modernen, virtuellen Kommunikationsformen werden die Verbreitung und Bedeutung des Nerds bis auf weiteres fördern. Und es mehren sich die Hinweise darauf, dass sogar die biologische Evolution des Menschen immer mehr in Richtung Nerd geht.

So hat die Kopfform des heutigen Homo sapiens nur noch wenig mit dem massiven Schädel des Steinzeitmenschen zu tun. Der Grund: In Zeiten von Fast Food und industriellen, portionsfertigen und oft weichgekochten Lebensmitteln muss man die Nahrung nicht mehr mühselig zerkleinern, so dass die Wachstumsreize auf die Knochen und Muskeln des Kiefers ausbleiben. Die Folge: Der Kiefer wird im Verhältnis zum Schädel immer kleiner, der Mensch sieht insgesamt immer mehr aus wie jener berüchtigte »Eierkopf«, der den geistig überdimensionierten Typus kennzeichnet.

Die menschlichen Augen werden zwar nicht kleiner, dafür aber lässt ihre Fähigkeit zur Fernsicht immer mehr nach. In den Industrienationen ist mittlerweile ein Drittel der Bevölkerung kurzsichtig, in den Großstädten Asiens leiden bereits 90 Prozent der Menschen unter Kurzsichtigkeit. Die Erklärung: Durch die Naharbeit am Computerbildschirm verlagert sich der Brennpunkt des Lichts knapp hinter die Augennetzhaut. Um das auszugleichen, wächst der Augapfel in die Länge – mit der Folge, dass sich das Auge vor dem Bildschirm nicht mehr anstrengen muss, andererseits aber auch nicht mehr scharf in die Ferne blicken kann. Zudem zeigen Studien: Je mehr sich ein Mensch in seine vier Wände zurückzieht und dabei Lebensmittel mit vielen Einfachzuckern vertilgt, umso höher ist sein Risiko für Kurzsichtigkeit. Und weil insgesamt immer mehr Menschen stundenlang am Computer oder vor dem Fernseher sitzen und dabei massenweise Chips, Schokoriegel und Soft Drinks vertilgen, wird der Homo sapiens der zivilisierten Welt als solches immer kurzsichtiger werden.

Eine weitere Veränderung des Menschen in den letzten Jahrhunderten betrifft sein Skelett. Christopher Ruff von der School of Medicine in Baltimore hat einhundert fossile Beinknochenfunde geröntgt und dabei herausgefunden, dass ihre Stärke bis zum Ende der Steinzeit um 15 Prozent abnahm. Doch mit dem Beginn der Zivilisation hat sich dieser Prozess massiv beschleunigt. »In den letzten 4000 Jahren reduzierte sich die Knochenstärke noch einmal um 15 Prozent – also um den gleichen Wert, für den vorher fast zwei Millionen Jahre benötigt wurden«, erläutert Ruff. Der Grund ist auch hier die bewegungsarme Indoor-Arbeit, die weder genug Vitamin D noch genug mechanische Reize für das Knochenwachstum liefert.

Der moderne Lebensstil der Zivilisation schlägt sich auch hormonell nieder. Die Männer brauchen für ihre heutigen Tätigkeiten nur noch wenige Muskeln und somit auch nur noch wenig Testosteron für deren Wachstum. Ihre Körperkonturen werden dadurch immer weicher, und auch psychisch zeitigt der Testosteronrückgang Folgen: Das starke Geschlecht wird immer sensibler, ängstlicher und zaudernder. Die Aggressionen gehen allerdings nicht zurück – denn sensible Zauderer werden öfter frustriert, und Frust mündet bekanntlich schnell in Aggression.

Die Frauen waren in der Steinzeit einen großen Teil ihres Lebens entweder schwanger oder stillend. Heute hingegen haben sie – zumindest in unseren Breiten – weniger Kinder und stillen diese kürzer oder gar nicht. Außerdem verhüten viele Frauen mit einer Anti-Baby-Pille. »Heutige Frauen sind viel größeren Östrogenmengen ausgesetzt«, erläutert der Anthropologe Israel Hershkovitz von der Tel Aviv University, und diese Hormonschwemme ist eine der Hauptursachen dafür, dass derzeit jede achte Frau in ihrem Leben an Brustkrebs erkrankt. Die Evolution steuert nun gegen, indem sie die Brüste schrumpfen lässt, nach dem Muster: Je weniger Gewebe, desto unwahrscheinlicher der Tumor. Es ist daher nur konsequent, wenn der schwedische Autor Stieg Larsson seine Hauptfigur, die Computerhackerin Lisbeth Salander, als schmalbrüstiges Mädchen darstellt – es handelt sich dabei um ein Frauennerd-Modell, das die Evolution zum Schutz des weiblichen Körpers vorgesehen hat.

Immerhin: Wenigstens im Arm setzt die Evolution nicht auf Minimalisierung, sondern auf zusätzliche Kreationen. Denn dort wächst eine neue Schlagader: die *Arteria mediana*. Im embryonalen Stadium findet man sie noch in jedem Menschen, doch nach der Geburt bildet sie sich meistens zurück. So war es jedenfalls bisher – aber die Dinge ändern sich. Der Humanbiologe Maciej Henneberg von der australischen University of Adelaide entdeckte nämlich, dass zum Beginn des 20. Jahrhunderts nur etwa 10 Prozent der Menschen die *Arteria mediana* in ihrem Arm hatten, knapp ein Jahrhundert später jedoch schon 30 Prozent. Offenbar ist es aus evolutionärer Sicht sinnvoll geworden, den durch die Arbeit am PC-Keyboard stark belasteten Fingern eine zusätzliche Blutversorgung zu gönnen.

Man kann also festhalten: Die Evolution des Menschen hat sich in den letzten Jahren enorm beschleunigt, und sie geht immer mehr in Richtung Nerd. Schon in naher Zukunft werden die Menschen große Eierköpfe mit kleinen Kiefern und kurzsichtigen Augen haben, und ihre schwachen Knochen und Gelenke werden die durch Fehlernährung und Bewegungsmangel aufgebauten Fettmassen kaum noch bewältigen können. Den Orthopäden stehen also rosige Zeiten ins Haus. Dafür aber werden ihre Patienten durch ihre zusätzliche Schlagader im Arm immer ausdauernder ins Computer-Keyboard hacken können. Die klassische Geschlechteranatomie hat ausgedient, denn die Männer werden weiche, muskelarme Konturen annehmen und den Frauen werden nur noch kleine Brüste wachsen. Dem einen oder anderen mag dies unsexy und beängstigend vorkommen, doch er kann sich damit trösten, dass die Evolution mit dem Aussehen auch die sexuellen Vorlieben ändert.

Außerdem gilt es zu berücksichtigen, dass der Nerd in sexueller Hinsicht *kein* wegweisendes Modell der Evolution ist, weil seine soziale Verschrobenheit das »natürliche« Kennenlernen von Sexualpartnern ziemlich schwierig macht. Wie sich ein Nerd trotzdem fortpflanzen kann, aber auch, welche Schwierigkeiten dieses Unternehmen birgt, zeigt eine Szene aus der amerikanischen Sitcom *The Big Bang Theory*, in der sich die beiden Physiker-Nerds Leonard und Sheldon zu einer Sperma-Spende bei einer Samenbank entschließen. Im Wartezimmer diskutieren sie darüber, inwieweit ihr Erbgut die Intelligenz der Nachkommen garantieren kann. Sheldon ahnt in dieser Hinsicht Schlimmes: »Es gibt keine Garantie dafür, das unsere Spermien hochintelligente Nachkommen hervorbringen. Denk doch mal nach. Ich habe eine Schwester mit ziemlich derselben DNA-Mischung, und sie serviert Fast Food … Stell dir nun mal die Frau vor, die ihre Hoffnungen in meine Spermien setzt. Was ist, wenn das Kind nicht weiß, ob es ein Integral oder ein Differential verwenden soll, um den Flächeninhalt unter einer Kurve zu berechnen?« Darauf antwortet Leonard: »Trotzdem würde sie es liebhaben«, worauf es aus Sheldon herausbricht: »Ich aber nicht!« Die beiden Männer verlassen schließlich die Samenbank, klammheimlich und unverrichteter Dinge.

Bei der sexuellen Reproduktion des Menschen kann eben trotz der Möglichkeit der künstlichen Befruchtung viel Unkalkulierbares herauskommen, und so etwas können die Nerds mit ihrem extremen Kontrollbedürfnis nur schwer akzeptieren. Den »Arterhalt« zu sichern bleibt also vorerst die Aufgabe des ganz normalen Menschen, der in der Regel auch ganz normale Kinder produzieren und großziehen wird.

Aber das ist auch das Einzige, was den Aufstieg der Nerds zurzeit noch aufhalten kann.

Literaturverzeichnis

Bockris, Victor: *Andy Warhol*, Düsseldorf 1989

De Bruijn, Max: *Wie werde ich Bill Gates? Aufzucht und Lebensweise des gemeinen Nerd*, Frankfurt a. M. 2000

Buddicom, Jacintha/Venables, Dione: *Eric and us. The Postscript Edition*, Chicester 2006

Calonego, Bernadette: *Der König von Wikipedia*, in: *Süddeutsche Zeitung*, 13. September 2006

Chobot, Manfred (Hrsg.): *Genie und Arschloch. Licht- und Schattenseiten berühmter Persönlichkeiten*, Wien/Graz/Klagenfurt 2009

De Crescenzo, Luciano: *Geschichte der griechischen Philosophie*, in zwei Bänden, Zürich 1990

Domscheit-Berg, Daniel: *Inside WikiLeaks. Meine Zeit bei der gefährlichsten Website der Welt*, Berlin 2011

Fölsing, Albrecht: *Albert Einstein. A Biography*, London 1997

Fitzgerald, Michael: *Genius Genes. How Asperger Talents Changed the World*, Kansas 2007

Fitzgerald, Michael: *The Genesis of Artistic Creativity. Asperger's Syndrome and the Arts*, London/Philadelphia 2005

Forschner, Maximilian: *Thomas von Aquin*, München 2006

Geier, Manfred: *Kants Welt. Eine Biographie*, Reinbek 2005

Gibbons, Barry: *Manager, Visionäre, Wahnsinnige*, Frankfurt/Wien 2003

Gießler, Christof/Warter, Hubert: *Geniale Querköpfe*, Kempten 2007
Gladwell, Malcom: *Überflieger. Warum manche Menschen erfolgreich sind – und andere nicht*, München, Zürich 2010
Gleick, James: *Isaac Newton. Die Biographie*, Düsseldorf 2004
Glöss, Mareike: *Nerds und Geeks zwischen Stereotyp und Subkultur – Eine kulturanthropologische Untersuchung*, 2006 *http://events.ccc.de/congress/2006/Fahrplan/attachments/1162-NerdsundGeeks.pdf*
Goldsmith, Barbara: *Marie Curie. Die erste Frau der Wissenschaft*, München 2010
Görig, Carsten/Nord, Kathrin: *Julian Assange. Der Mann, der die Welt verändert*, Berlin, München 2011
Grynbaum, Michael: *Mark E. Zuckerberg '06. The whiz behind facebook.com*, in: *The Harvard Crimson*, 10. Juni 2004
Harron, Mary: *S.C.U.M – Die Vernichtung*, in: *EMMA*, März/April 1997 (Artikel über Valerie Solanas, die das Attentat auf Andy Warhol verübte)
Henig, Robin Marantz: *A monk and two peas*, London 2001
Highfield, Roger/Carter, Paul: *Die geheimen Leben des Albert Einstein*, Berlin 1994
Hughes, Kathryn: *Such were the joys*, in: *The Guardian*, 17. Februar 2007 (Artikel über George Orwell und seine Jugendliebe Jacintha)
James, Ioan: *Asperger's Syndrome and High Achievement*, London, Philadelphia 2006
Janz, Curt Paul: *Nietzsche*, in drei Bänden, München, Wien 1978
Korth, Michael: *Lexikon der verrückten Dichter und Denker*, Frankfurt a. M. 2003
Kortmann, Christian: *Der traurigste Mann im Netz*, in: *Süddeutsche Zeitung*, 29. November 2007

Kühn, Manfred: *Kant. Eine Biographie,* München 2007
Locke, Laura: *The Future of Facebook,* in: *Time,* 27. Juli 2007
Lowe, Janet: *Bill Gates. Sein Erfolgsgeheimnis,* Rosenheim 2000
Majica, Marin: *Coole Nerds,* in: *Frankfurter Rundschau,* 9. März 2010
Mertens, Mathias: *Bill Gates geht und bleibt doch,* in: *Der Freitag,* 4. Juli 2008
Mertens, Mathias/Meißner, Tobias O.: *Wir waren Space Invaders. Geschichten vom Computerspielen,* Frankfurt a.M. 2002.
Merzich, Ben: *Milliardär per Zufall. Die Gründung von Facebook,* München 2010
Miles, Barry: *Frank Zappa,* London 2004
Neubauer, Rita: *13-Jährige bringt Modewelt zum Zittern,* in: *Der Tagesspiegel,* 25. September 2009
Neffe, Jürgen: *Darwin. Das Abenteuer des Lebens,* München 2010
Ogilvie, Marilyn Bailey: *Marie Curie – a biography,* Westport 2004
Pendlebury, Richard: *The WikiLeaks sex files: How two one-night stands sparked a worldwide hunt for Julian Assange,* in: *Daily Mirror,* 24. März 2011
Prause, Gerhard: *Genies ganz privat. Die kleinen Schwächen großer Frauen und Männer,* München 2002
Raab, Klaus: *Algorithmen sind mein Leben,* in: *Der Freitag,* 8. März 2011
Rohleder, Jörg: *10 Milliarden mit 23* (Interview mit Mark Zuckerberg), in: *vanity fair,* 25. Juni 2008
Rohrer, Finlo: *Is the Facebook movie the truth about Mark Zuckerberg?,* In: *BBC News,* 30. September 2010
Sabin, Stefana: *Andy Warhol,* Reinbek 1992
Schenkel, Elmar: *Die elektrische Himmelsleiter. Exzentriker in den Wissenschaften,* München 2005

Schirrmacher, Frank: *Aufstieg der Nerds. Die Revolution der Piraten*, in *FAZ*, 21. September 2009

Spohn, Annette: *Andy Warhol. Leben – Werk – Wirkung*, Frankfurt a. M. 2008

Stokes, Mitch: *Isaac Newton*, Nashville 2010

Sundem, Garth: *The Geek's Guide to World Domination*, New York 2009

Vargas, Jose Antonio: *The Face of Facebook*, in: *The New Yorker*, 20. September 2010

Verschiedene Autoren: *Dossier: Geekonomics*, in: *Business Punk*, Januar 2011

Wadhams, Steven (Hrsg.): *Remembering Orwell*, London 1984

Warhol, Andy: *The Philosophy of Andy Warhol*, New York 1975

Waugh, Alexander: *Das Haus Wittgenstein. Geschichte einer ungewöhnlichen Familie*, Frankfurt a. M. 2009

Weischedel, Wilhelm: *Die philosophische Hintertreppe*, München 1975

White, Michael: *Isaac Newton. The last sorcerer*, Massachusetts 1999

Würzbach, Friedrich: *Nietzsche. Sein Leben in Selbstzeugnissen, Briefen und Berichten*, München 1968

Young, Jeffrey/Simon, William: *Steve Jobs und die Erfolgsgeschichte von Apple*, Frankfurt a. M. 2007

Personenregister

Eine kleine Weltgeschichte des Ärztepfuschs

Jörg Zittlau

MATT UND ELEND LAG ER DA

Berühmte Kranke und ihre schlechten Ärzte

ISBN 978-3-548-37367-6
www.ullstein-buchverlage.de

Ob Beethoven, Nietzsche oder van Gogh: Viele große Persönlichkeiten unserer Geschichte mussten sich nicht nur mit hartnäckigen und oft rätselhaften Krankheiten herumschlagen, sondern auch mit dilettierenden Ärzten. Falsche Diagnosen und Therapien, aber auch Erbschleicherei und heimtückisches Abkassieren – die grandiosen Fehlleistungen der Mediziner lesen sich wie Realsatire, manchmal auch wie ein Krimi.

»Ein spannendes, informatives und witziges Buch« *Die Welt*

US378

ullstein